文學研究叢書・現代文學叢刊

佛洛伊德讀張愛玲

鍾正道　著

目　次

第一章
緒 論

　　西格蒙德・佛洛伊德（Sigmund Freud, 1856～1939）的精神分析學說，發生在二十世紀初，是人類史上一項巨大的成就，其中四項最重要的理論——潛意識理論、本能理論、夢的理論、人類三重心理結構理論，為科學、心理學、社會、歷史、文學、藝術、醫學等諸多領域帶來前所未有的衝擊，儘管日後研究者眾，或懷疑，或反駁，或翻新，枝繁葉茂，流派紛呈，形成龐大的「佛洛伊德主義」體系，然而眾學者依然是站在佛洛伊德的基礎上，共同肯定其開啟潛意識世界、尊重人性、洞察人類深層心理的價值。朱光潛〈福魯德的隱意識說與心理分析〉一文即認為：「福魯德（佛洛伊德）的學說一方面創造心理分析一個獨立科學，使神經病治療學和變態心理學受莫大貢獻；一方面放些光彩到文藝、宗教、教育、倫理上面去。他的價值已無須申說。」[1]佛洛伊德的精神分析理論，不但作為世紀思潮的導航，同時也深切影響了中國現代文學的發展。

　　一九二〇、一九三〇年代的中國文壇，大量譯介了佛洛伊德的著作，作家自覺或不自覺的吸收了潛意識、夢、伊底帕斯情結等學說的養分，以嶄新的角度重新理解欲望、愛情、夢境、人性、本能，重新認識了「人」，加上現代主義文學「內轉」傾向的推波助瀾，因此便揮灑出截然不同於古典文學的一片風景。施蟄存曾表示：「二〇年代

---

[1] 朱光潛：〈福魯德的隱意識說與心理分析〉，原刊《東方雜誌》18卷14號，1921年；見吳立昌編：《精神分析狂潮——弗洛伊德在中國》（南昌市：江西高校出版社，2009年6月），頁15。

末到三〇年代初，佛洛伊德的理論在歐洲很時髦，聲勢浩大，維吉尼亞・吳爾芙（Virginia Woolf, 1882～1941）、詹姆斯・喬伊斯（James Augustine Aloysius Joyce, 1882～1941）都受到他的影響。中國看外國小說的人們也受到一些影響。……運用佛洛伊德學說來從事文藝創作及批評，是典型的一九二〇～一九三〇年代的文藝氣候。這一氣候早已成為文學史的陳迹。」[2]的確，當時諸多作家如海派文學第一代的葉靈鳳，創作《雷雨》的劇作家曹禺，新感覺派的穆時英、劉吶鷗以及施蟄存自己，京派的沈從文，甚至高舉革命現實大纛的左翼作家茅盾、丁玲等，作品中皆多多少少存在著潛意識的流動、欲望、亂倫、壓抑、受挫、隱喻、夢境，甚或是鬼魂等內容；而一九四〇年代海派集大成者張愛玲（1920～1995），字裡行間更處處飄散佛洛伊德的氣味。

一 研究動機

佛洛伊德認為「性」是人的本能，是人類成就的泉源。張愛玲的創作不明寫性，不見香豔淋漓的性愛場面，也沒有海派小說常見的性變態或性虐待的如實描繪；然而，越是壓抑隱忍的，其實越是洩漏得鋪天蓋地，其性味，作為隱流，潛藏在綿密的文字底下，亟待讀者深入挖掘。因為張愛玲到底是著重在「人」之上，「人的成分」是拿手好戲，小說中人性刻畫之精彩外，就從張愛玲身邊散文中對「不相干」事物的欣賞，對「此中有人，呼之欲出」濃厚的歡喜，便可見其對普通人性的興趣，那種「有掙扎，有焦愁，有慌亂，有冒險」[3]

2　施蟄存：《精神分析狂潮——弗洛伊德在中國・序》，見吳立昌編：《精神分析狂潮——弗洛伊德在中國》，頁7。

3　張愛玲：〈道路以目〉，《華麗緣——散文集一》，《張愛玲典藏》新版冊11（臺北

的人的樣貌，和佛洛伊德關心的範疇十分相似。張愛玲對於重新詮釋「人」的佛洛伊德精神分析學，若不能說涉獵深廣，也絕對不是完全陌生——〈小艾〉中，小艾遭席五爺性侵後，面對五太太房裡的日曆，「在潛意識裡彷彿有點懶得去撕它」[4]，張愛玲以「潛意識」來表現小艾對空間與時間的不自覺的排拒與恐懼；《赤地之戀》裡，劉荃與黃絹狂笑無法停止，劉荃說「我們都有點歇斯底里」[5]，那是「兇殘的時代」對人性的壓抑；《世界作家簡介》裡，張愛玲寫了一段英文自白，提到西方某些小說「視惡毒淫婦為反抗惡勢力、奮不顧身的叛徒，並以佛洛伊德心理學與中式家居擺設相提並論」[6]；〈談看書後記〉的結尾，張愛玲提到了佛洛伊德與大弟子榮格的通信，頗認同信上的「凡是能正式分析的病都有一種美，審美學上的美感」此句，而自己也提出「別的生老病死，一切人的事也都有這種美，只有最好的藝術品能比」[7]的看法；《小團圓》裡，九莉夢見一棵棕櫚樹，「突出一環一環的淡灰色樹幹非常長」，張愛玲後接旁白式的文字道，「這夢一望而知是茀洛依德式的，與性有關」[8]；《對照記》圖五十，張愛玲猶記

市：皇冠文化出版公司，2010年4月），頁46。

[4]　張愛玲：〈小艾〉，《色，戒——短篇小說集三》，《張愛玲典藏》新版冊3（臺北市：皇冠文化出版公司，2010年6月），頁121。

[5]　張愛玲：《赤地之戀》，《張愛玲典藏》新版冊6（臺北市：皇冠文化出版公司，2010年8月），頁104。

[6]　這段英文自白，原刊於約翰・魏客門（John Wakeman）編：《世界作家簡介・1950～1970，20世紀世界作家簡介補冊》（*World Authors 1950-1970, A Companion Volume to Twentieth Century Authors*）（紐約市：威爾遜出版公司，1975年）；陳耀成以〈美麗而蒼涼的手勢〉一文譯介，見陳耀成：《最後的中國人》（香港：素葉出版社，1998年8月），頁19～31；後高全之將之重新譯述，見高全之：〈張愛玲的英文自白〉，《印刻文學生活誌》1卷9期（2005年5月），頁60～65。

[7]　張愛玲：〈談看書後記〉，《小團圓》，《張愛玲典藏》新版冊8（臺北市：皇冠文化出版公司，2009年3月），頁226。

[8]　張愛玲：《小團圓》，《張愛玲典藏》新版冊8（臺北市：皇冠文化出版公司，2009

一九五五年赴美時在檀香山入境檢查，一名日裔青年誤將其身高寫為
「六呎六吋半」（約200公分，其實只有五呎六吋半，約170公分），
於是張愛玲寫道：「其實是個Freudian slip（弗洛伊德式的錯誤）。心
理分析宗師弗洛伊德認為世上沒有筆誤或是偶而說錯一個字的事，
都是本來心裡就是這樣想，無意中透露的。我瘦，看著特別高。那
是這海關職員怵目驚心的記錄。」[9]──佛洛伊德在張愛玲作品中如此
的出場，還只是順道夾帶，是為「形」；至於佛洛伊德帶給張愛玲在
創作上更入裡的影響，便是在小說結構模式、性象徵、人性刻畫、
生命認識等方面，尤其在女性心理方面浸染更深，是為「神」。嚴家
炎《中國現代小說流派史》即認為：「張愛玲的中短篇小說，著重表
現上海、香港這類大都市裡的兩性心理，尤其是女性心理。這些作品
都有佛洛伊德思想的烙印。如〈沉香屑──第二爐香〉寫了性慾壓抑
者在走投無路時的自殺；〈茉莉香片〉表現男主人公聶傳慶因得不到
父母溫愛而變態地對女同學言丹朱嫉恨與報復；〈封鎖〉寫城市戒嚴
這段特定時間裡一對在電車中邂逅的中年男女微妙的內心活動，頗似
施蟄存的〈梅雨之夕〉；〈心經〉甚至寫父女戀愛，表現佛洛伊德所
謂『戀父情意結』。〈金鎖記〉……」[10]如此在創作上的「烙印」，的是
確論，因此，不藉助佛洛伊德的精神分析學而要去翻理張愛玲隱入文
字內裡的人性皺褶，幾乎是不可能的了。

　　除了在挖掘人性上相似，佛洛伊德與張愛玲都重視服裝穿著，都
被認為性格高傲冷漠，都喜歡洩漏別人的祕密或醜事以減輕自己的心

　　年3月），頁226。

9　張愛玲：《對照記》，《對照記──散文集三》，《張愛玲典藏》新版冊13（臺北
　　市：皇冠文化出版公司，2010年4月），頁72。

10　嚴家炎：《中國現代小說流派史》（北京市：人民文學出版社，1989年8月），頁
　　167～168。

理負擔，都厭煩於限制，都不善於社交而略微自卑，更有一個重要的雷同之處——戰爭的體驗。佛洛伊德身為猶太人，歷經兩次世界大戰與歐陸許多戰爭，看盡了無數的破壞、瘋狂、仇恨以及文明與人性的恐怖，對戰爭感到可恨與失望，因而在其精神分析的發展上，戰爭起了重大的作用。他曾經發表〈關於戰爭及死亡合乎時代的看法〉（1915）一文，認為戰爭「扯下了文明長久以來日積月累的層層覆蓋，讓隱藏在我們體內的那個原始人再度現形」[11]。高宣揚的《佛洛伊德傳》也指出：「佛洛伊德對於戰爭爆發前所發生的國際危機早就心懷不滿。一九一二年，佛洛伊德在一封信中譴責各大國的爭奪，稱當時為『可恨的時代』。」[12]可見佛洛伊德對戰爭極度厭惡。張愛玲也經歷戰爭，也從事類似於使「原始人再度現形」的工作，她從一九二〇年代出生起，身處現代中國長年的動盪，尤其是大學時期親歷港戰砲火襲擊，化在〈燼餘錄〉、〈傾城之戀〉、《小團圓》的背景裡，在在內化為張愛玲觀看世界的方式，冷峻、不安、個人主義、保持距離。戰爭底下，這兩個易感敏銳的靈魂何其脆弱，佛洛伊德與張愛玲恐懼死亡。佛洛伊德在女兒蘇菲猝死之後，又遭逢幾位親友的離世，甚至後來面臨口腔癌的襲擊，從佛洛伊德晚年的學說可以發現，他似乎用另一個角度看待世界了，以回應這些令人沮喪而哀傷的經驗。佛洛伊德的第一位傳記作家弗利茲‧威托斯（Fritz Wittels）表示：一九二〇年（的《享樂原則之外》），佛洛伊德現存的每一件事，除了從希臘時代就被稱為「愛欲」的享樂原則之外，還有另一個原則：從哪裡取

---

[11] 克利斯菲德‧圖戈爾（Christfried Tögel）著，劉慧萍等譯：《夢一場→弗洛伊德》（臺北市：商周出版社，2006年7月），頁131。

[12] 此戰爭指的是一九一二到一九一三年發生在巴爾幹的兩次戰爭，俄國與奧匈帝國的勢力進一步滲透於巴爾幹地區。見高宣揚編著：《佛洛伊德傳》（臺北市：自華書店，1986年12月），頁318。

得生命，也從哪裡得到死亡。從塵土中來，也回歸塵土。其中有生的驅力，也有死亡的驅力。當佛洛伊德以這樣的想法來看待世界，其實正經歷過風華正茂的女兒過世，以及擔心數位趕赴戰場的親友的安危。[13]佛洛伊德對死亡的敏感十分明顯。

而張愛玲曾經表明自己是個怕死的人。在中學校刊《鳳藻》上，張愛玲寫上最怕「死」[14]來介紹自己；可佐證的是，對死亡的敏感與想像，在同時期的創作中即已出現，從〈遲暮〉、〈秋雨〉看來，張愛玲彼時已善於以「色彩濃厚，音韻鏗鏘」[15]的新文藝腔調去經營瀕臨死亡的美感，在用字遣詞與氛圍塑造上，屢屢呼喚著成長背景裡那「陰暗的地方有古墓的清涼」[16]的家以及前朝家族繁華不再的悵惘。《傳奇》的死亡氣息自不待言，《小團圓》裡，張愛玲也以死亡的想像開場與收尾，「所有的戰爭片中最恐怖的一幕，因為完全是等待」[17]，其面對死亡的不安與恐懼，不言可喻。佛洛伊德晚年提出了「死亡本能」的思考，張愛玲晚年以《對照記》擺出了一記死亡的手勢，回溯「悠長得像永生的童年」[18]，百年家族「只靜靜地躺在我的血液裡，等我死的時候再死一次」[19]，兩人似在隔空對話。然而，張愛玲

13　彼得・蓋伊（Peter Gay）著，梁永安等譯：《弗洛依德傳》冊3（臺北縣：立緒文化事業公司，2002年10月），頁51。

14　張愛玲的「豆瓣性格」為：最喜歡吃「叉燒炒飯」、最喜歡「Edward Ⅷ」、最怕「死」、最恨「一個有天才的女人忽然結婚」、常常掛在嘴上「我又忘啦！」、拿手好戲「繪畫」，刊於上海聖瑪利亞女校校刊《鳳藻》，一九三七年。陳子善：〈雛鳳新聲——新發現的張愛玲早期習作〉，《明報月刊》第295期（1990年7月），收錄於陳子善編：《私語張愛玲》（杭州市：浙江文藝出版社，1995年11月），頁241。

15　張愛玲：〈天才夢〉，《華麗緣——散文集一》，《張愛玲典藏》新版冊11，頁9。

16　張愛玲：〈私語〉，《華麗緣——散文集一》，《張愛玲典藏》新版冊11，頁151。

17　張愛玲：《小團圓》，《張愛玲典藏》新版冊8，頁18、325。

18　張愛玲：《對照記》，《對照記——散文集三》，《張愛玲典藏》新版冊13，頁79。

19　張愛玲：《對照記》，《對照記——散文集三》，《張愛玲典藏》新版冊13，頁47。

著力描寫亂世裡的殘破與不堪，但對戰爭本身卻沒有太大的深惡痛絕，與佛洛伊德斬釘截鐵的失望不盡相同。張愛玲在〈自己的文章〉中說：「真的革命與革命的戰爭，在情調上我想應當和戀愛是近親，和戀愛一樣是放恣的滲透於人生的全面，而對於自己是和諧。」[20]放恣飛揚與和諧平凡的並置，這正是張愛玲一直標榜的「參差對照」人生觀的體現。生死衝突是人類生命體驗的核心，兩人對戰爭與生命如此的絕對與相對的差異，將啟迪本書在理解兩人對人性、人生、文明世界等方面的觀察與思索。

張愛玲的文學創作既然與佛洛伊德的精神分析學有如此密切的關係，本書即以「佛洛伊德讀張愛玲」為題，企圖開啟張愛玲文本中有待讀者開鑿的佛洛伊德視野——當佛洛伊德閱讀張愛玲，是否能對目前的張愛玲研究帶來更深刻的啟發？是否能看見張愛玲自覺或不自覺在作品中埋設的秘密管線？佛洛伊德的精神分析學是否能進一步釐清張愛玲其人其作的難解之處？而張愛玲一生天才夢的實踐，是否能讓讀者重新去檢討佛洛伊德學說的局限？

精神分析文學批評的貢獻，不僅是開掘性象徵，而是有助了解文本構成，並揭示其深層意義；因此，本論文的研究目的即在於：分析張愛玲文本中佛洛伊德學說的質素，釐清張愛玲在人性上與佛洛伊德有何共同的觀察、並有何種局限或超越，探索張愛玲如何透過佛洛伊德去描摹生命圖像，及其與佛洛伊德學說對話的層次，進而為張愛玲在「人」的文學的歷史行列中定位，呈現其人性認識與文本的精神內涵，以確立目前張愛玲研究的精神分析研究面向，並彰顯現代文學在學習西方卓越思想文化上的努力。對目前的張愛玲研究，應是一項重

---

[20] 張愛玲：〈自己的文章〉，《華麗緣——散文集一》，《張愛玲典藏》新版冊11，頁117。

要的補充。

二　歷來研究成果

　　目前張愛玲的相關研究，已累積了豐富的成果，朝著諸多面向發展——

　　生平研究：如陳子善《沉香譚屑——張愛玲生平和創作考釋》、劉鋒杰主編《小團圓的前世今生》、王一心《小團圓對照記》等。蒼涼美學、參差對照的藝術感悟研究：如梅家玲〈烽火佳人的出走與回歸——〈傾城之戀〉中參差對照的蒼涼美學〉等。意象研究：如劉鋒杰等《張愛玲的意象世界》、許子東〈物化蒼涼——張愛玲意象技巧初探〉等。紅學與其他淵源研究：如呂啟祥〈〈金鎖記〉與《紅樓夢》〉、康來新〈對照記——張愛玲與《紅樓夢》〉、〈飛蛾投火的盲目與清醒——比較閱讀《金瓶梅》與〈第一爐香〉〉等。現代性研究：如陳暉《張愛玲與現代主義》、周蕾〈技巧、美學時空、女性作家——從張愛玲的〈封鎖〉談起〉等。影響研究：如陳芳明〈張愛玲與台灣文學史的撰寫〉、王德威〈從「海派」到「張派」——張愛玲小說的淵源與傳承〉、張瑞芬〈張愛玲散文系譜——胡蘭成、「三三」及在台灣的承接者〉、莊宜文《張愛玲的文學投影——台、港、滬三地張派小說研究》、蘇偉貞《描紅——台灣張派作家世代論》等。女性形象與意識研究：如林幸謙《歷史、女性與性別政治——重讀張愛玲》、郭玉雯〈張愛玲小說中的女性〉等。空間與歷史研究：如楊照〈在惘惘的威脅中——張愛玲與上海殖民都會〉、陳思和〈民間和現代都市文化——兼論張愛玲現象〉等。小說與電影（及其改編）研究：如李歐梵〈不了情——張愛玲和電影〉、周芬伶〈張愛玲與電影〉、李曉紅〈一九四七年上海報刊中的張愛玲電影〉、鍾正道《張

愛玲小說的電影閱讀〉、莊宜文〈百年傳奇的現代演繹──〈金鎖記〉小說改寫與影劇改編的跨文本性〉等。後殖民觀點研究：如蔡源煌〈從後殖民主義的觀點看張愛玲〉、高全之〈閻王與小鬼──後殖民張論引起的省思〉等。服飾與食物等文化研究：黃子平〈「更衣對照亦惘然」──張愛玲作品中的衣飾〉、鄧如冰《人與衣──張愛玲《傳奇》的服飾描寫研究》、黃念欣〈食與寫──張愛玲散文中的飲食表述與邊緣性〉等。家庭心理研究：如平路〈傷逝的周期──張愛玲作品與經驗的母女關係〉、張小虹〈悼亡書寫──柯蕾與張愛玲的父親幽靈〉等。接受研究：如溫儒敏〈近二十年來張愛玲在大陸的「接受史」〉、古遠清〈海峽兩岸「看張」的政治性與戲劇化現象〉、藤井省三〈張愛玲研究在日本〉、王宏志〈張愛玲與中國大陸的現代文學史書寫〉等。其他文本類型研究：如蘇偉貞〈自誇與自鄙──張愛玲的書信演出〉、姚玳玫〈從吳友如到張愛玲──近現代海派媒體「仕女」插圖的文化演繹〉等。作品綜合研究：如周芬伶《豔異──張愛玲與中國文學》、嚴紀華《看張‧張看──參差對照張愛玲》、萬燕《海上花開又花落──讀解張愛玲》等。

　　從以上種類紛繁、不斷衍生的研究角度看來，張愛玲其人其作之多元富厚，確實禁得起各種解剖刀的拆解分析，「張愛玲研究」已蔚為可觀的「張愛玲學」。雖然如此，目前國內外尚無以佛洛伊德學說來分析張愛玲小說的專著。範疇相近者，較為重要的有：

1　探討張愛玲創作心理的專著

　　王朝彥、魯丹成合著的《蒼涼的海上花──張愛玲創作心理研究》，以三零六頁的篇幅，從文藝心理學的角度，歸結了張愛玲的創

作風貌，包括其構思、意旨、材料、結構、語言、技法、修改等。[21]
雖然不是精神分析，但其對張愛玲創作背景、主體感受、藝術追求的
研究成果，頗能洞見由作者到作品的這一段心理轉換機制。

2 相關論題的學位論文

溫毓詩《張愛玲文本中的人物心理與殖民文化研究》，前半探討
文本中的人物心理，後半論析殖民文化、都市文化、現代性敘述。前
半由張愛玲「退卻」的創作心理出發，觀察其小說中的人物心理，如
〈紅玫瑰與白玫瑰〉中佟振保的自負心理，並說明外在環境對人物心
理的影響。[22] 雖為心理研究，但理論基礎稍嫌不足，挖掘可再深入。

黃瓊慧《張愛玲及其小說中母親形象研究》，主要分母親為惡毒
母親、功利母親、模糊母親、傳統母親四類，探討其內在意涵，進而
對照現實母親和文本母親，梳理張愛玲小說早期寫惡母的原因，並由
其小說觀察當時母親的處境，以及小說中疏離的母子（女）關係下的
人性弱點。[23] 此視角與本計畫將探討的「伊底帕斯情結」相關，析出
母親形象，將有助於探討母親與子女間的複雜心理關係。

朱雯彥《張愛玲小說人物之變態心理研究》，以親情、愛情、社
會影響三個層面探討張愛玲文本中人物變態心理的成因，與其所造成
的心理狀況與脫軌行為。論述基礎為變態心理學及其相關理論，明確
指出了現代人的荒涼與「不得已」的生存樣貌。[24] 文本解讀能力佳，

---

[21] 王朝彥、魯丹成：《蒼涼的海上花——張愛玲創作心理研究》（武漢市：中國地質
大學，2001年）。

[22] 溫毓詩：《張愛玲文本中的人物心理與殖民文化研究》（高雄市：中山大學中國語
文學系碩士論文，2000年）。

[23] 黃瓊慧：《張愛玲及其小說中母親形象研究》（彰化市：彰化師範大學國文學系碩
士論文，2006年）。

[24] 朱雯彥：《張愛玲小說人物之變態心理研究》（中壢市：中央大學中國文學系碩士

觀點獨特，可惜理論掌握較弱。

　　林姿梅《張愛玲傳奇之精神分析顯影》，從張愛玲生命軌跡探究其心理構成與人格特質，並理解其敘事自療的創作手段；從精神分析視域觀看《傳奇》人性欲望與文明對抗的血淚紀實與其所建構出的悲劇蒼涼基調；末以張愛玲之心理描寫、比喻及意象表現策略，深究其背後所蘊藏的深層心理象徵意涵。[25] 涵蓋層面過廣，許多議題未能深刻融入文本，僅只點到為止。

3　某些專著中，亦可散見相關的專章論述

　　水晶《張愛玲的小說藝術》中〈潛望鏡下一男性──我讀〈紅玫瑰與白玫瑰〉〉一文，以「性心理」角度解讀佟振保，其「戀物癖」與「意淫」的閱讀視角，肯定張愛玲在此方面獲得了五四以來的巨大成功。[26] 此文雖略嫌枝蔓，從《紅樓夢》的賈寶玉比到了郁達夫的〈沉淪〉，但卻開啟了以「性」研究張愛玲文本的面向，可惜後來文章未能延伸此路，而僅見佟振保單一人物的論析。

　　孫乃修《佛洛伊德與二十世紀中國作家》中的張愛玲一章，以七頁篇幅認為，張愛玲「對人物的潛意識揭示得精妙極了，這是她的小說藝術的一個很重要的因素」，她「化用」了佛洛伊德的學說，「極有深度卻不露形跡，絲毫沒有生硬搬移痕跡」，最後歸結張愛玲的小說「是中國四〇年代小說的最大創獲之一，標誌著那個時代的最高水平」[27]。由於篇幅局限，孫氏論述過於簡單，僅針對潛意識的表現發

論文，2007年）。

[25] 林姿梅：《張愛玲《傳奇》之精神分析顯影》（臺北市：國立臺北教育大學語文與創作學系碩士論文，2010年）。

[26] 水晶：〈潛望鏡下一男性──我讀〈紅玫瑰與白玫瑰〉〉，《張愛玲的小說藝術》（臺北市：大地出版社，1993年7月），頁109～142。

[27] 孫乃修：《佛洛伊德與二十世紀中國作家》（臺北縣：業強出版社，1999年5月），

言，其實，張愛玲還多方面能與佛洛伊德對話。

陳炳良《張愛玲短篇小說論集》中〈水仙與玫瑰——論〈紅玫瑰與白玫瑰〉中的佟振保〉，以納西瑟斯「自戀」的角度詮釋佟振保的性格與行為。[28]觀點準確集中，是為理解張愛玲小說人物自戀共相的必讀篇章。

鄭樹森編《張愛玲的世界》中的李焯雄〈臨水自照的水仙——從〈心經〉和〈茉莉香片〉看張愛玲小說中人物的自我疏離特質〉，以佛洛伊德學說為主，分析了〈心經〉和〈茉莉香片〉中人物的自戀人格特質——自我膨脹、自我中心、利己、自私等。[29]焦點清晰，可作為陳炳良〈水仙與玫瑰——論〈紅玫瑰與白玫瑰〉中的佟振保〉的補充。

張小虹《自戀女人》中的〈誰與更衣——張愛玲的戀衣情結〉，由小見大，由作者到小說人物，靈活論析了衣服這在張愛玲小說中的「袖珍戲劇」。[30]不但爬梳了張愛玲作為「衣服狂」的心理因素，而且也作為一把鑰匙，解讀小說人物展演衣服的意義。

張小虹《慾望新地圖》中的〈戀物張愛玲——性、商品與殖民迷魅〉，將文本分別織入精神分析的「性戀物」（sexual fetishism）、馬克思主義的「商品拜物」（commodity fetishism）、後殖民研究的「殖

頁249。

28　陳炳良：〈水仙與玫瑰——論〈紅玫瑰與白玫瑰〉中的佟振保〉，《張愛玲短篇小說論集》（臺北縣：遠景出版社，1983年），頁73～85。

29　李焯雄：〈臨水自照的水仙——從〈心經〉和〈茉莉香片〉看張愛玲小說中人物的自我疏離特質〉，鄭樹森編：《張愛玲的世界》（臺北市：允晨文化公司，1990年11月），頁103～127。

30　張小虹：〈誰與更衣——張愛玲的戀衣情結〉，《自戀女人》（臺北市：聯合文學出版社，1996年10月），頁80～87。

民凝物」（colonial fetishism）等不同觀點中。[31]可惜在「性戀物」上著墨有限，雖然透過另類閱讀翻新「性戀物」在張愛玲作品中的潛在意義，但卻忽略了人物及其母親之間的緊密關係。

藍棣之《現代文學經典：症候式分析》中的張愛玲一節，析論〈傾城之戀〉人物的症候，認為在張愛玲意識的深處，主要是對於現代物質文明的厭倦，和年輕的生命對於真感情、對於現代人心靈溝通的無比嚮往。范柳原渴望的是「一種很高的精神追求」，其真心「在現代社會裡很難追尋了」。[32]此文顛覆了一般讀者對〈傾城之戀〉的理解與范柳原對白流蘇並不真心的看法，卻也是一種觀點。

聯合文學主編《張愛玲學校》中的吳佳璇〈張愛玲滿是跳蚤的晚年華服〉一文，論析張愛玲從一九八三年秋天開始的「蟲患」，為典型的「妄想性蟲爬」（delusional infestation），是一種知覺（perception）的障礙，精神病理學稱為「次發性妄想」（secondary delusion）。此觀點援引了水晶、宋淇、張的醫生、林式同等人曾經有過的認為此為張愛玲心理作用的想法，同時指出「張愛玲的讀者與友人難以接受她晚年的蟲患是精神病的指控，應是精神疾病被誤解與烙印化（stigmatization）現象的絕佳案例」。最後，並大膽假設張愛玲去世前的皮膚狀況惡化，與遲遲未能交出滿意的《小團圓》有關。[33]此文的價值，在於首度提供了精神科專科醫師的一種看法。

某些文章雖然不是整篇純粹的精神分析，但卻以部分的借用來呈現觀點。如蘇偉貞《長鏡頭下的張愛玲》中的〈生成　書信——張愛

[31] 張小虹：〈戀物張愛玲——性、商品與殖民迷魅〉，《慾望新地圖》（臺北市：聯合文學出版社，1996年10月），頁8～49。

[32] 藍棣之：《現代文學經典：症候式分析》（北京市：人民文學出版社，2006年7月），頁232～243。

[33] 吳佳璇：〈張愛玲滿是跳蚤的晚年華服〉，聯合文學主編：《張愛玲學校》（臺北市：聯合文學出版社，2011年9月），頁11～29。

玲的創作 演出〉，談及迫使張愛玲不斷搬遷的「跳蚤事件」，書信與理論並行，標誌出張愛玲患病的圖示「痢疾——傷寒——感冒——皮膚敏感——蟲患……」，後以佛洛伊德「重複」的解放功能詮釋張愛玲晚年的重複敘事，並連結丟了工作的「詞語事件」來觀察張愛玲的心理癥結，意圖嵌合（coalescence）張愛玲的書信、創作、生活面，論證張愛玲的書信生成的創作性與帶著演出的特質。[34] 此文副以吉爾・德勒茲（Gilles Deleuze）與費利克斯・瓜塔里（Félix Guattari）的「逃逸路線」（line of flight）串連張愛玲諸多看似「不相干的事」並賦予意義，剖析相當深刻。

4 期刊論文數量約在三十篇之間，列舉下列數篇代表

陳暉〈張愛玲小說創作對弗洛伊德學說的詮釋〉，認為張愛玲小說因運用佛洛伊德學說而使作品靠近現代主義，但太過依賴現代主義，導致了藝術的缺陷，如欠缺真實感、題材狹窄、病態審美觀、缺乏社會意義等。[35] 此文批判較為嚴厲，從現代主義的負面影響，提供了另一種觀看張愛玲的方式。

余遜濤〈論張愛玲小說中的弗洛伊德主義〉，認為張愛玲將佛洛伊德主義寓於藝術真實與形象塑造之中，立足人性的剖析與揭示，而不赤裸裸的描寫性愛，並將之融合中國傳統文化，實為特色，又是缺失。[36] 此文既褒又貶，看似切中肯綮，實則四平八穩無甚特別。

韓燕紅〈弗洛伊德的精神分析學說與張愛玲的期待視野〉，從

---

[34] 蘇偉貞：〈生成—書信——張愛玲的創作—演出〉，《長鏡頭下的張愛玲：影像・書信・出版》（新北市：INK印刻文學生活雜誌出版公司，2011年8月）。

[35] 陳暉：〈張愛玲小說創作對弗洛伊德學說的詮釋〉，《忻州師範學院學報》19卷2期（2003年4月），頁6～8。

[36] 余遜濤：〈論張愛玲小說中的弗洛伊德主義〉，《東南大學學報》（哲學社會科學版）5卷5期（2003年9月），頁123～127。

「張愛玲早年生活不啻為一樁佛洛伊德精神分析學說的典型案例」角度起始，分析了張愛玲對佛洛伊德學說的接受，「她是不可能置身於潮流之外的」，認為張愛玲在在認同佛洛伊德學說，至於運用，則在有意無意間。[37] 此文論點清晰，但內容單薄。

　　楊曙〈精神分析學說與張愛玲小說〉，條分縷析，由「戀母（父）情結批評」、「本能批評」、「無意識批評與壓抑性批評」、「白日夢批評」四點分別論說。[38] 此文具體掌握了佛洛伊德學說與張愛玲小說的交融之處，論點精到準確，卻篇幅過小，未能深入開展。

　　嚴紀華〈棄兒的家庭傳奇──論張愛玲〈茉莉香片〉〉，從佛洛伊德與拉康精神分析學的角度，窺見張愛玲如何藉聶傳慶自剖、混同其自身的家庭傳奇，間接重繪一幅陷在時代心獄中的女性畫像。[39] 焦點集中，以人物欲望、作品形構的語言、讀者接受等方面呈現了精神分析、張愛玲、聶傳慶複雜對話的可能。

　　林俊男〈愛情（無）隱喻：論張愛玲的〈色，戒〉〉，指出戒指既是幻想中愛的「祕寶」（agalma），也是形成愛情隱喻的關鍵。〈色，戒〉中愛情隱喻的失敗，在於喪失的處女膜無法及時與戒指凝縮成隱喻，因而成為受延宕、未完成的命名。此文從戒指作為「祕寶」出發，揉合拉康理論與張愛玲〈色，戒〉文本，歸結張愛玲一方面遵從鴛鴦蝴蝶派的風格，書寫愛情隱喻的產生；一方面鬆動律法，暴露出愛情隱喻的永難穩固。[40] 論述新穎明確，以精神分析深入探索

[37]　韓燕紅：〈弗洛伊德的精神分析學說與張愛玲的期待視野〉，《河北工程大學學報》（社會科學版）24卷2期（2007年6月），頁57～59。

[38]　楊曙：〈精神分析學說與張愛玲小說〉，《現代語文》（文學研究版）2006年4期，頁90～92。

[39]　嚴紀華：〈棄兒的家庭傳奇──論張愛玲〈茉莉香片〉〉，《華文文學》總93期（2009年4月），頁22～30。

[40]　林俊男：〈愛情（無）隱喻：論張愛玲的〈色，戒〉〉，《中外文學》40卷2期（2011

了創作主體的愛情潛意識。

　　陳亭匀〈論張愛玲自傳體小說的夢欲象徵〉，以「情欲」與「逃亡」兩種區分張愛玲自傳體小說《小團圓》、《雷峰塔》、《易經》的夢境，兩種夢境的高度相關，當是童年時代焦慮苦楚的一路延伸。[41]此文規避「性」的動能，而刻意強調「等待」的焦慮，將重點落在《小團圓》首尾的重複之上，似嫌避重就輕。

　　站在眾家學者研究的基礎上，本書以佛洛伊德學說為理論基礎，重新檢視張愛玲文本中「人」的思考與行為，視反常、含混、多義、悖逆的段落為重要關鍵，連繫枝微末節、易受忽略的表象，以追索其在佛洛伊德學說上的重要意義，並分析創作者藝術創造的深層動機。

三　版本與觀點

　　佛洛伊德著作譯本甚多，選擇的版本為中國大陸長春出版社於二〇〇四年出版的《弗洛伊德文集》一套八卷，主要根據奧地利《佛洛伊德全集》（G.S.，12卷，維也納版，1924～1934）翻譯，並同時參閱倫敦霍格斯出版公司的《佛洛伊德心理學著作標準版全集》（S.E.，1953～1974）、英國與德國的《佛洛伊德全集》，以及美國與其他地區的版本。此本經過專門學者翻譯與精校，並經過一再修訂，是為目前最完整的佛洛伊德著作全集中譯本。至於「佛洛伊德」四字，兩岸翻譯用字不甚統一，台灣常見「佛洛『伊』德」與「佛洛『依』德」兩種版本，大陸常見「『弗』洛伊德」，而張愛玲用的是「『茀』洛『依』德」，早期還有「茀羅乙德」、「弗洛伊特」、「福魯

年6月），頁137～195。

[41]　陳亭匀：〈論張愛玲自傳體小說的夢欲象徵〉，《雲漢學刊》23期（2011年8月），頁100～111。

德」、「佛洛特」、「佛洛以特」、「弗洛伊特」等[42]——為了兼顧統一與精確，本書以臺灣書籍最常見的「佛洛伊德」為主，引文或引書名則尊重原作者的翻譯，雖然會使本書的前後譯名不一，但這樣的選擇將有利於讀者在網站或圖書館搜尋原書。

　　至於張愛玲作品的版本，本書選擇臺北皇冠文化出版公司於二〇〇九年陸續推出的「張愛玲典藏新版」。之前臺灣較為通行的版本，是該公司一九九一年後陸續出版的《張愛玲全集》典藏版，此版據平鑫濤表示，經過張愛玲「充分授權與親自校對」[43]；如今最新的「張愛玲典藏新版」問世，除了在校對上更見用心之外，還收錄了《小團圓》等近年張愛玲陸續出土的舊作，最為完備，因此作為本書的研究底本。[44]

　　在觀點上，本書主要著眼在佛洛伊德與張愛玲具有對話空間的議

---

[42]　張京媛編：〈精神分析學的專著與論文目錄〉（～1949），《中國精神分析學史料》（臺北市：唐山出版社，2007年12月），頁519～545。

[43]　皇冠負責人平鑫濤在接受訪問時表示：「由於舊的版本字體老舊，版面不清，決定重新編輯《張愛玲全集》，從一九九一年七月動手，歷時一年始告完成，每一部作品都經過張愛玲的親自校對，稿件在臺北與洛杉磯之間兩地往返，費時費力，可謂工程浩大，但至今想來倍覺珍貴，非常值得。留下一套完整的《張愛玲全集》，也堪可告慰所有喜愛她的張迷了。」見彭樹君：〈瑰美的傳奇，永恆的停格——訪平鑫濤談張愛玲著作出版〉，蔡鳳儀編：《華麗與蒼涼——張愛玲紀念文集》（臺北市：皇冠文學出版公司，1996年3月），頁181。其實這套一九九一年的「全集」除了不完整之外，尚有些許錯別字，讀者不妨以華美的袍上的蝨子觀之。

[44]　今「張愛玲典藏新版」雖然收錄了張愛玲許多陸續出土的舊作，卻不見其上海聖瑪利亞女校時期刊登在學校年刊《鳳藻》、半月刊《國光》上的少作，十分可惜——〈不幸的她〉（1932）、〈遲暮〉（1933）、〈秋雨〉（1936）、〈牛〉（1936）、〈書評四篇〉（1936～1937）、〈霸王別姬〉（1937）、〈《若馨》評〉（1937）、〈論卡通畫之前途〉（1937）、〈牧羊者素描〉（英文，1937）、〈心願〉（英文，1937）等。張愛玲在中學時期已經展現驚人的文采，國文老師汪宏聲曾言其文「神情瀟灑，辭藻瑰麗」，文名全校皆知。見汪宏聲：〈記張愛玲〉，于青、金宏達編：《張愛玲研究資料》（福州市：海峽文藝出版社，1994年1月），頁53。

題──夢境、歇斯底里、伊底帕斯情結、自戀、戀物。除了佛洛伊德精神分析學的這五項相關學說之外，還參酌了後佛洛伊德學者的看法以為補充。佛洛伊德精神分析學說，雖然遭到一些學派無情的批駁，然而更多的是站在佛洛伊德的根基上，重整建設、改頭換面，其基本觀念並沒有遭到拋棄。包括梅蘭妮‧克萊恩（Melanie Klein, 1882～1960）、雅克‧拉康（Jacques-Marie-Émile Lacan, 1901～1981）這兩位精神分析界的主將，均以佛洛伊德的觀念為前提，進而提出自己的學說。

如對「自我」生成的經過，佛洛伊德認為自我是超我與本我衝突下的產物，被動產生；克萊恩則追溯到嬰兒誕生，認為人一出生，便處於諸多心理衝突之中，有愛有恨，有好有壞，更有對死亡的恐懼，這些衝突直接刺激兒童心理，使之具有攻擊性和悲哀感，同時也發生在兒童與母親的胸脯分離的時刻。嬰兒將一個完整的客體「內攝」（introject）進去，同時統整客體的不同面向，以及自己因之所產生的情緒，他害怕內在客體與外在客體受到傷害，憂鬱和罪疚感使嬰兒想保留或使愛的客體再生，並修復之前摧毀衝動和幻想所導致的結果。[45]克萊恩強調了外部現實所造成的心理影響，更細密的建構了自我意識的發展歷程，強調了現實的意義，兼顧內部與外部世界的作用，這樣的調整，彌補了佛洛伊德過於「生物主義」的不足之處，對本書讀解張愛玲而言，確實是重要的補充觀點。

而拉康固然表明「回歸佛洛伊德」，恪遵其師佛洛伊德的文本，然而其闡發處，依然有所偏重與忽略，當然也有許多修正與創發。拉康受克萊恩的影響，發展了重要的「鏡像階段」（mirror stage）理

---

[45] 克萊恩著，林玉華譯：《兒童精神分析‧第三版序》（*The Psycho-Analysis of Children*）（臺北市：心靈工坊，2005年6月），序頁xvi。

論——嬰兒出生後，神經系統尚未成熟，無法控制身體四肢，此無助狀態引起的「破碎的身體」感烙印在嬰兒心中，並可能進入成年期的夢境裡；而到了六至十八個月期間，嬰兒便能在鏡中辨認自己的映像，了解鏡外與鏡內的自己是同一個人，以及自己與母親分屬不同個體，自己原是異於母親的「他者」（the other），此刻，嬰兒初次掌握了完整的身體感。另一方面，嬰兒雖然沒有說話的能力，但卻會用面部表情與姿勢來表現發現自我的喜悅，而對鏡內的自己產生傾慕，這是自戀本能，是嬰兒心理發育的一個重要階段。此理論同樣作為自我建構的標記，對本書在處理張愛玲人物的自我分裂上極具幫助。

　　夏志清在《中國現代小說史》指出：「張愛玲受佛洛伊德的影響，又受西洋小說的影響，這是從她心理描寫的細膩和運用暗喻以充實故事內涵的意義兩點上看得出來的。」又表示：「美國近代小說，以剽竊佛洛伊德的學說（兒子對父親天生的有敵意）為時髦，其淺薄與中國那種革命小說初無二致。一個大小說家當以人的全部心理活動為研究的對象，不可簡單的抓住一點愛或是一點恨，就可滿足。這一點，張愛玲是做到了的。」[46]張愛玲受佛洛伊德影響，以人的心理活動為研究對象的特質，的確是極為明顯的。「人」的世界的真實，是張愛玲文學創作的追求，其挖掘人性的深刻與心理層面的豐富，一直是世所公認，且與佛洛伊德密不可分；然而，還必須繼續深究的是，張愛玲在文本展演中，如何去吸收佛洛伊德精神分析學的質素？如何重新思考張愛玲創作時「如得其情，哀矜而勿喜」[47]的出發點？此中影

---

[46] 夏志清著，劉紹銘編譯：《中國現代小說史》（臺北縣：傳記文學出版社，1991年再版），頁404、413。

[47] 語出《論語》，張愛玲引用於《張愛玲短篇小說集》（香港：天風出版社，1954年）的序言，見張愛玲：〈《張愛玲短篇小說集》自序〉，《惘然記——散文集二》，《張愛玲典藏》新版冊12，頁10。

響，還廣義的包含了對話、刺激、修正、超越等意涵。

四　研究架構

　　若有一天，佛洛伊德在時空錯置的隙縫間，走進了一個置有織金雲朵紫色緞子屏風的書室，案上一個霉綠斑斕銅香爐，沉香裊裊，他翻開了檀木架上的張愛玲，「閱／越」讀了張愛玲——當「性」的維度一旦被開啟，勢必會閃過幾個念頭吧——

　　「夢境論張愛玲」：《夢的解析》（*The Interpretation of Dreams*）是佛洛伊德精神分析學的高峰之作，深入討論了夢的實質、釋夢的方法、夢的偽裝、夢的材料與來源、夢的工作、夢的過程的心理學，除了洞悉了神經症患者不為人知的心理，更指出了人類潛意識活動的奧秘；而張愛玲從〈第一爐香〉開始，便以夢的架構與夢的語言為模型，或重複或變異，衍生出一生的創作。本章擬從架構與語言著眼，論析張愛玲作品入夢與出夢的程式，迴旋於「現實—夢境—現實」的敘事框架，並探索語言上諸多妝扮完成的「性」象徵。

　　「歇斯底里論張愛玲」：歇斯底里（hysteria）是佛洛伊德進入精神分析領域最早的研究範疇，如此的「頭腦中的風暴」及其所導致的生理症狀，不是來自於先天的心理薄弱，而絕大部分是來自於對性欲的壓抑，意識層面無法覺知，而是被壓抑在潛意識中。本章擬從「性壓抑」的觀點出發，重新檢視張愛玲小說人物類似歇斯底里的生理症狀，挖掘「一級一級，走進沒有光的所在」的人物形象，在時代惘惘的威脅底層，是否還有更原始更核心的成分。

　　「伊底帕斯情結論張愛玲」：佛洛伊德學說中尤其驚世駭俗而遭人撻伐者，即是忤逆而聳動的「伊底帕斯情結」（Oedipus complex）。伊底帕斯情結是佛洛伊德精神分析學的核心，是人類的欲望形式與人

格結構上的根本議題，佛洛伊德將之置放於人類恆常不變的追索與
文明發生的基本原則的層面上。本章擬以〈茉莉香片〉、〈心經〉為
主，探索張愛玲意欲描畫的人性的最不堪——對父母的性欲望，論證
那亂倫故事、深暗無底的潛意識世界，及其所夾帶而下的閹割焦慮、
認同作用、罪疚感、自我分裂、情感矛盾等。

「自戀論張愛玲」：「自戀」（narcissism）是佛洛伊德討論性本能
的重要一門，也是張愛玲小說刻畫人物的重要質素。本章擬從佛洛伊
德的自戀學說，檢視張愛玲小說中的自戀情結——水仙性格的行為模
式、鏡像的形象塑造，連繫其「自我中心」的人生觀察，藉以分析張
愛玲刻畫小說人物的精神深度。

「戀物論張愛玲」：本章擬從佛洛伊德的「戀物」（fetishism）觀
點來閱讀張愛玲其人其作。張愛玲的戀物書寫，不只在於凸顯對現實
物件尤其是衣飾的依戀，藉由佛洛伊德的學說觀察，且能尋索出其中
隱於言外的「性」意味，內藏男性人物的閹割焦慮，以及女性人物
「作為戀物」的匱乏。《小團圓》裡的母女離齬與戀物消退，如何宣
告了張愛玲拒斥的結束，標誌了母親認同的轉折？挖掘張愛玲紛繁而
執迷的戀物，當可呈現其對人的掌握與潛意識中的欲望想像。

「佛洛伊德視野下的張愛玲」：是為結論。由「死亡本能」出
發，連結「死亡本能的召喚」、「現代文明的壓抑」、「自我分裂的迷
惘」、「強迫重複的復歸」，詮釋張愛玲作品依隨創作主體生命歷程的
改變，以文明以個體的張弛，以生以死的迴旋，總結佛洛伊德視野下
的張愛玲。

本書由夢境論先確立張愛玲習用的夢的架構與語言、顯意與隱意
互動的雙關模式，以作為佛洛伊德式解讀的前置；再由歇斯底里論，
論析人物「頭腦中的風暴」，呈現性壓抑的潛流；接著由伊底帕斯情
結深入原始欲望與戀父戀母的關係，並由伊底帕斯情結所連繫的自戀

機制，探索自我分裂者勝利即毀滅的終局；最後挖掘戀物的沉淪與超拔，連結母親認同，臨摹張愛玲的生命圖像。

第二章
夢境論張愛玲

　　佛洛伊德的《夢的解析》（*The Interpretation of Dreams*，中國大陸譯作《釋夢》），於一九〇〇年出版，是其精神分析學的代表作。這本「人類歷史上最暢銷的一份醫學論文」[1]，站立於十九世紀與二〇世紀的交界，以夢境為題材，以「性」為核心，讓佛洛伊德告別了歇斯底里的病理研究，也讓二〇世紀的人類，起腳進入了一個重新認識自己的時代。《夢的解析》深入討論了夢的實質、釋夢的方法、夢的偽裝、夢的材料與來源、夢的工作、夢的過程的心理學，洞悉了神經症患者不為人知的心理，指出了人類潛意識活動的奧秘，也深切影響了中國現代文學的發展。要寫盡現實人世的深邃與不堪，這驚世駭俗的佛洛伊德「夢」的觀點，那深暗無底的潛意識世界，也許便是張愛玲最好的選擇。

　　本章以佛洛伊德「夢」的學說來讀解張愛玲的小說。張愛玲的小說，具有濃重的佛洛伊德精神分析學的氣息，特別是對夢境的模擬——架構上，仿照入夢與出夢的程式，迴旋於「現實—夢境—現實」的敘事框架；而既為一「夢」，在文字上，出現了諸多妝扮完成的「性」象徵、雙關字、模稜語彙、超現實場景陳設，以寫實為基礎，卻凸出不合邏輯性，其曖昧的潛在意義，推動了夢中「顯意」與「隱意」的對話。張愛玲的小說以「夢」為原形，在真實與虛假、現

---

[1]　楊照：《頹廢、壓抑與昇華——解析《夢的解析》》（臺北市：左岸文化事業公司，2010年6月），頁94。

實與夢境、意識與潛意識之間，精準刻畫了複雜湧動的人性欲望，如
夢荒涼的人生。以下由「夢的框架」與「夢的語言」分別論析。

一　夢的框架：出入夢境的催眠指令

> 封鎖了。搖鈴了。「叮玲玲玲玲玲，」每一個「玲」字是冷冷
> 的一小點，一點一點連成一條虛線，切斷了時間與空間。[2]

　　從莊周夢蝶、南柯黃粱、李白在春夜感慨的「浮生若夢」，以至
曹雪芹滿紙荒唐的《紅樓夢》，「夢」已成百代同嘆的集體人生觀，
是中國古典文學裡對人生的重要設喻。喜讀《紅樓夢》而認同人生如
夢的張愛玲，善於在小說首尾，加入「入夢」與「出夢」的程式，仿
製夢者在現實與夢境邊緣的恍惚狀態，使其小說擁有了鮮明的夢的架
構。

　　〈第一爐香〉，是張愛玲初登上海文壇的敲門磚，歷來不被認為
是最出色的小說，此篇固然在藝術上難望〈金鎖記〉、〈紅玫瑰與白
玫瑰〉、〈傾城之戀〉、〈封鎖〉諸作項背，但在其「處女作」的歷史
地位上，卻是十分重要的。小說家在文壇初試啼聲的作品，通常飽含
其人格潛質、文學營養、創作意識與人生觀，充分顯示其理解世界的
方式，當可視為其後來作品翻轉變化的原形，一個不變的「初版」。
一九四三年五月，〈第一爐香〉在周瘦鵑的《紫羅蘭》雜誌面世，首
段即以點燃沉香屑的獨特視象，展現了準備要說故事的情調：

2　張愛玲：〈封鎖〉，《傾城之戀——短篇小說集一》，《張愛玲典藏》新版冊1（臺北
　　市：皇冠文化出版公司，2010年6月），頁164。

> 請您尋出家傳的霉綠斑斕的銅香爐，點上一爐沉香屑，聽我說
> 一支戰前香港的故事，您這一爐沉香屑點完了，我的故事也該
> 完了。
>
> 在故事的開端，葛薇龍，一個極普通的上海女孩子，站在半山
> 裡一座大住宅的走廊上，向花園裡遠遠望過去。……[3]

這種類似催眠的開頭手法，具有些許傳統說書的韻味，也像電影的
「淡入」（fade in）技巧，歸根究柢即是張愛玲理解世界的初版，對夢
境的視覺模擬——強迫讀者想像，使讀者由清醒的現實轉為恍惚而滑
入夢境。點上火光，引燃沉香，是入夢的指令；而結局喬琪點火吸
菸，「他的嘴上彷彿開了一朵橙紅色的花。花立時謝了。又是寒冷與
黑暗……。這一段香港故事，就在這裡結束……薇龍的一爐香，也就
快燒完了」（頁60），則作為出夢的指令，於是這則欲望故事便架構
在夢境之中，看一名純真自持的少女，如何受到姑母與男人的引誘，
一步步墮落成交際花，甘之如飴卻又痛苦萬分。郭沫若在〈批評與
夢〉中表示：「文章中插入夢境的手法，這是文學家所慣用的。文學
家所寫的夢如是純粹的紀實，那它的前塵後影必能節節合拍，即經讀
者嚴密的分析，也不會尋出破綻來。文學家所寫的夢如是出於虛構，
那就非有精密的用意在夢前布置時，便會立地露出馬腳，換句話說就
是不自然。在夢前布置是什麼意思呢？就是夢境所經的現象或夢中的
潛在內容都要在入夢前準備起去，要把生理的和心理的材料一一布置
起來，並且要把構成夢的中心意識拿穩。」[4] 由此檢視張愛玲出入夢境

3　張愛玲：〈第一爐香〉，《傾城之戀——短篇小說集一》，《張愛玲典藏》新版冊1，
　　頁6。接續引文不復贅註。
4　郭沫若：〈批評與夢〉，原刊於《創造季刊》2卷1期，1923年；見吳立昌編：《精
　　神分析狂潮——弗洛伊德在中國》（南昌市：江西高校出版社，2009年6月），頁
　　121。

的形式設計，視覺化想像的表現，即提醒讀者做好準備以跨越空間的
指令（生理的材料）十分出色之外，發現生命虛幻如消散的爐香（心
理的材料），也貼合整篇小說的思想意識，整體看來，確實是一個布
置得宜的夢境。

　　隔月，〈第二爐香〉乘勝追擊，依然著眼將「生理的和心理的材
料一一布置起來」，楔子過後的轉場，故技重施，沉香裊裊，「請你
點上你的香，少少的撮上一點沉香屑」[5]，依舊肩負起催眠與營造氛圍
的功能；而「沉香屑燒完了，火熄了，灰冷了」（頁99）的結局，象
徵羅傑生命結束的同時，也作為結束夢境的訊號。之後的〈茉莉香
片〉，則改以茶煙繚繞，於輕煙中揭開公車順著山路下山的第一幕，
它還是藉由恍恍惚惚、朦朧模糊的故事外緣牽引讀者，使讀者漸漸鬆
懈現實意識，由清醒而進入夢境。然後是〈傾城之戀〉的胡琴，〈封
鎖〉「叮玲玲」的搖鈴聲，〈金鎖記〉的月亮，〈花凋〉川嫦的死墳，
這些意象在在肩負起建構夢境的催眠任務，只是或視覺或聽覺，形式
不一。坦言之，這只是同一技巧的不斷重複。

　　到了一九四四年五月發表的〈紅玫瑰與白玫瑰〉，框架的形式才
一變。一九四四年二月，張愛玲結識胡蘭成，如花初綻，正轟轟然展
開生命中的第一段戀情，繼四月散文〈愛〉面世，隔月就推出〈紅
玫瑰與白玫瑰〉，它不同於〈第一爐香〉葛薇龍的墮落、〈傾城之戀〉
白流蘇與范柳原的心理攻防、〈金鎖記〉曹七巧的變態、〈封鎖〉吳
翠遠的幻滅，它揭示的是「青年才俊」佟振保在性欲上的壓抑以及嬌
蕊與烟鸝兩名女性的生命困境，雖然還是一則蒼涼故事，但卻是張愛
玲《傳奇》中最具「性」味的一篇。這不禁讓讀者聯想，或許是胡蘭

5　張愛玲：〈第二爐香〉，《傾城之戀——短篇小說集一》，《張愛玲典藏》新版冊1，
　　頁62。接續引文不復贅註。

成帶來的化學效應。最具「性」味，非指香豔露骨的性愛描寫，而是
建立在精緻奇異的「夢」的隱喻上。

　　以架構言，〈紅玫瑰與白玫瑰〉不再煙霧瀰漫，在敘述振保的
「女人史」之前，先推出人物總論的「楔子」，清楚明確，為這位
「最合理想的中國現代人物」[6]定調。振保的積極處世，不管在學歷、
工作、經濟、愛情、家庭、親情、名聲上，樣樣處理得妥貼周到，如
此美滿理想的人生成果，被張愛玲先提到開頭來招搖，當然是為之後
的「戳破」預行鋪路。同時，小說一開始不沿襲之前作品月亮、胡琴
音、電車聲等的視聽刺激，反推出了一套男性理論，將女性硬分為兩
種玫瑰──紅是「熱烈的情婦」，白是「聖潔的妻」，「娶了紅玫瑰，
久而久之，紅的變了牆上的一抹蚊子血，白的還是『床前明月光』；
娶了白玫瑰，白的便是衣服上沾的一粒飯黏子，紅的卻是心口上一顆
硃砂痣」（頁130），這套男性理論言之鑿鑿，確定女性由男性定義，
一則顛撲不破的定律。表面上看，這樣把人生結論放在小說開頭的
寫法，已跳脫了之前作品出入夢境的套路；然而，這其實還是對夢
的模擬，甚至更為深刻。夢經常使用的偽裝技巧便是如此。佛洛伊德
在《夢的解析》中曾表示：夢的偽裝通常使用的一種技巧，即把一件
事情的結果或一連串思想的結論表現在夢的開始部分，而把結論的前
提或事件的起因放在夢的結束。[7]的確，張愛玲放在小說結束的「第二
天起床，振保改過自新，又變了個好人」（頁177），是振保的夢醒狀
態，頂天立地的「好人」牌坊是一切悲劇的起因，這個由結果到原因

6　張愛玲：〈紅玫瑰與白玫瑰〉，《紅玫瑰與白玫瑰──短篇小說集二》，《張愛玲典
　　藏》新版冊2（臺北市：皇冠文化出版公司，2010年6月），頁130。接續引文不復
　　贅註。

7　（奧）西格蒙德・弗洛伊德（Sigmund Freud, 1856～1939）：《釋夢・第六章 夢的工
　　作》，車文博主編：《弗洛伊德文集》，冊2（長春市：長春出版社，2004年5月），
　　頁216。

的夢境確實是經過偽裝了。楔子成了全部情節走到最後居高臨下的一望，是入夢前的現實，入夢前的現實亦即結尾清醒後的現實，現實周而復始固定不變，一首一尾控管著性欲本能，振保的一生纏綿，原似一個夢境；而悠忽之間，空白的桃花扇，其實才是進入夢境的閘口：

> 那空白上也有淡淡的人影子打了底子的，像有一種精緻的仿古信箋，白紙上印出微凸的粉紫古裝人像──在妻子與情婦之前還有兩個不要緊的女人。（頁131）

這面扇子讓讀者產生視象幻覺，由一片「窗明几淨」的空白，到「淡淡的人影打了底子」，再到「第一個是巴黎的一個妓女」出現，類似電影銀幕上的「蒙太奇」（montage）效果，以視象作為楔子與情節的接榫，轉場過渡用。桃花是情色象徵，這面沒有桃花的桃花扇，何其準確的揭示了振保對性欲本能的壓抑，而成為人物生命的開場隱喻，小說敘事真正的起始。

〈紅玫瑰與白玫瑰〉的路數，顛倒內容或時間，或強調事物的反面，成為張愛玲小說對夢境的隱性模擬法則。佛洛伊德表示：「顛倒或事物轉向反面是夢工作最喜歡使用的表現手法之一，也是應用得最廣泛的方法之一。」[8]如此的敘事框架，較接近相反欲望的滿足，且可以有效逃避意識的稽查作用，因此，如〈鴻鸞禧〉結尾婁太太突兀的笑聲，〈鬱金香〉結尾女人的笑語，《秧歌》結尾熱鬧的敲鑼，〈色，戒〉結尾的眾女眷的喧笑，《半生緣》結尾叔惠與翠芝重逢的「一片笑聲」等，如此帶有「一絲淒涼的勝利與滿足」[9]，都可視為此種「顛

8　佛洛伊德：《釋夢·第六章 夢的工作》，車文博主編：《弗洛伊德文集》，冊2，頁216。

9　張愛玲：《半生緣》，《張愛玲典藏》新版冊4（臺北市：皇冠文化出版公司，2010年1月），頁347。

倒」策略的體現。然而，〈第一爐香〉式入夢出夢的催眠指令，依然
在張愛玲日後的創作中繼續出現，與「顛倒」策略雙線進行：如〈留
情〉首尾的火盆與小風爐，《怨女》首尾「大姑娘」的叫喊，《小團
圓》首尾九莉等待大考如臨大敵的慘淡，〈同學少年都不賤〉首尾的
瀏覽《時代週刊》等，確實反映了張愛玲對夢境架構的情有獨鍾，當
也是其人生觀照的體現。

　　夢的框架使張愛玲小說連繫了人生如夢幻、時代如夢魘的隱喻，
要以佛洛伊德的夢境學說來解讀其中的「夢的語言」，夢的框架實為
一重要前提。

二　夢的語言：不相干的事

　　　藍天上飄著小白雲，街上賣笛子的人在那裏吹笛子，尖柔扭捏
　　　的東方的歌，一扭一扭出來了，像綉像小說插圖裡畫的夢，一
　　　縷白氣，從帳子裡出來，脹大了，內中有種種幻境，像懶蛇一
　　　般地舒展開來，後來因為太瞌睡，終於連夢也睡著了。[10]

　　張愛玲的小說在架構上模擬了夢境，在語言上也具有濃厚的不近
情理的夢的色彩。夢是充滿意義的心理行為，其心理功能在於通過夢
的圖像促成意識與潛意識的平衡，補償意識活動。小說裡那些林林總
總的圖像化文字，即可視為小說人物意識與潛意識的平衡，潛意識中
的性欲經過偽裝，化為萬象之物，進入夢境。由此可以理解，張愛玲
的小說裡的視覺圖像為何如此紛繁奔放。夏志清在《中國現代小說

---

[10] 張愛玲：〈紅玫瑰與白玫瑰〉，《紅玫瑰與白玫瑰——短篇小說集二》，《張愛玲典
　　藏》新版冊2，頁167。

史》讚譽張愛玲說：「她的視覺的想像，有時候可以達到濟慈那樣華麗的程度。」[11]王德威〈張愛玲成了祖師奶奶〉一文也表示，張愛玲拿手的心理描寫，「多半藉著與物質世界的平行類比而凸顯出來」[12]。更需指出的是，張愛玲小說的這種夢的語言，即圖像化的語言，就佛洛伊德來說，來源是「力比多」（libido），因而飽藏「性」的訊息。

　　佛洛伊德在《夢的解析》中曾歸納夢的一項特徵：「夢中記憶明顯偏愛清醒生活經歷中的那些無關緊要和從不為人注意的元素。」[13]的確，至關重大或激動人心的事件，通常不立即出現在夢的意識中，反而是一些偶然的細節、最近經歷的一些瑣碎的元素，倒成為夢境中的主角。夢的這種傾向，與張愛玲小說中致力擷取一些看似「不相干的事」[14]的敘事策略，在某種程度上確實是吻合的。

　　夢對現實的反應，經常是象徵性的，是潛意識的替代物，每個人的夢都由兩種精神力量支配，其一為欲望，其一為稽查作用，稽查作用使欲望必須經過妝扮才得以表現。夢的元素，都是被壓抑的，被壓抑的才會需要被象徵。佛洛伊德認為，那些被壓抑的，即人生存的一切動因──性，它平常雖然因「潛抑」（repression）作用而遭意識壓制於潛意識中，但在心理底層卻依然活躍，唯有當意識控管得較不嚴密如睡眠作夢時，才透過妝扮而出現。在夢中偽裝出現的，是為「顯

---

[11] 夏志清著，劉紹銘編譯：《中國現代小說史》（臺北縣：傳記文學出版社，1991年11月），頁403。

[12] 王德威：《中國小說──晚清到當代的中國小說》（臺北市：麥田出版，1993年6月），頁337。

[13] 佛洛伊德：《釋夢‧第一章 有關夢的問題的科學文獻》，車文博主編：《弗洛伊德文集》，冊2，頁31。

[14] 張愛玲表示：「清堅決絕的宇宙觀，不論是政治上的還是哲學上的，總未免使人嫌煩。人生的所謂『生趣』全在那些不相干的事。」見張愛玲：〈燼餘錄〉，《華麗緣──散文集一》，《張愛玲典藏》新版冊11（臺北市：皇冠文化出版公司，2010年4月），頁64。

意」（manifest content），而那潛意識中隱藏的欲望本貌，是為「隱意」（latent centent）。簡言之，顯意彷彿是隱意的另一個譯本、一幅畫謎，讀者必須掌握顯意的符號與文法規則，方能了解隱意的內容。夢中「被象徵物」為數不多，但「象徵物」卻多得不可勝數。男性生殖器在夢裡以各種形貌出現，凡長形直豎的東西如手杖、傘、竹竿、樹木、筆、手、腳、領帶等；具有刺穿性與傷害性的物體，如小刀、匕首、槍矛、槍砲、鐵鎚等，皆為明顯的陽具象徵；另外水所從出之物，如水龍頭、水壺、泉水；可拉長之物，如可伸縮的鉛筆；違反地心引力而高舉直豎之物，如氣球、飛機等亦然；爬蟲類如蛇，用品如帽子、外套，數字「3」，也都是陽具經過偽裝之後的「顯意」。女性生殖器則以一切有空間性與容納性的事物為其象徵，如地坑、洞穴、小孔、缸瓶罐筒、大箱小盒、櫥櫃、口袋、抽屜、船舶、珠寶盒等，此外蝸牛、蚌、花卉、有石頭水流樹木的風景亦然；而象徵子宮的是碗碟櫃、火爐、房間；象徵陰戶的是門、嘴巴。[15]

由此看來，在入夢出夢的結構設計下，〈第一爐香〉便處處是陽具象徵——梁太太出場戴的帽子，「黑草帽沿上垂下綠色的面網，面網上扣著一個指甲大小的綠寶石蜘蛛」[16]，佛洛伊德表示「婦人的帽子無疑可解釋為生殖器，而且是男性生殖器」[17]，因帽子的中間部分翹起之故，帽子的性象徵便意味著她是內化父權價值的女性家長，權力至高，且如蜘蛛善於織網捕攫；而客廳的鋼琴上面，「寶藍磁盤裡一棵仙人掌，正是含苞欲放，那蒼綠的厚葉子，四下裡探著頭，像一窠青

---

[15] 佛洛伊德：《精神分析導論》，車文博主編：《弗洛伊德文集》，冊4，頁90～96。

[16] 張愛玲：〈第一爐香〉，《傾城之戀——短篇小說集一》，《張愛玲典藏》新版冊1，頁10。

[17] 佛洛伊德：《釋夢‧第六章　夢的工作》，車文博主編：《弗洛伊德文集》，冊2，頁232。

蛇;那枝頭的一捻紅,便像吐出的蛇信子」[18],蛇的形象更強化了陽具
的直突與陰毒,[19]而在下位的鋼琴,遭壓抑,是為女體象徵;薇龍躺
在床上,天是一把「刀子」,一隻鳥飛到頂高,「像在刀口上刮了一
刮似的」[20],一語寫盡薇龍的傷害。帽子、蛇、刀,這些意象由佛洛伊
德看來,都是明確的陽具象徵──薇龍原身處在一個充滿陽性誘惑與
強勢制裁的空間中,無法自拔。

　　而〈金鎖記〉中看似無關緊要的窗簾與樓梯,置諸文本脈絡,
亦產生不凡的意義。〈金鎖記〉中,曾兩次提到「窗簾」:一次是揭
開「邊上綴有小絨球的墨綠洋式窗簾」[21],望向季澤離去的背影,晴天
的風如白鴿,鑽進季澤的紡綢袴褂裡;一次是春熹玩鬧間抱著長安,
七巧將春熹趕出家門後,「拉上了絲絨窗簾」,並警告長安,男人碰
都碰不得,此時「一陣風過,窗簾上的絨球與絨球之間露出白色的寒
天,屋子裡暖熱的黑暗給打上了一排小洞」(頁264～265);一次是
情欲的告別式,七巧拉開窗簾流淚,目送最後一個情欲實踐的可能;
一次是灌輸長安守住金錢,拉上窗簾,拒絕情欲的實踐。兩次開關窗
簾的象徵性動作,皆富含「性」的潛台詞。佛洛伊德在《夢的解析》
中提到,有一次幫一名女夢者釋夢,女夢者夢見──她們在萊茵河上
划船,另一艘載著幾個大學生的船趕上了她們,喊著一首歌:「當瑞

18　張愛玲:〈第一爐香〉,《傾城之戀──短篇小說集一》,《張愛玲典藏》新版冊1,
　　頁14。

19　佛洛伊德表示,在神話和民間傳說中,作為生殖器象徵的許多動物,如魚、蝸牛、
　　貓、耗子(由於陰毛),在夢中起著同樣作用,而男性性器官中最重要的象徵則是
　　蛇。見弗洛伊德:《釋夢·第六章 夢的工作》,車文博主編:《弗洛伊德文集》,冊
　　2,頁233。

20　張愛玲:〈第一爐香〉,《傾城之戀──短篇小說集一》,《張愛玲典藏》新版冊1,
　　頁55。

21　張愛玲:〈金鎖記〉,《傾城之戀──短篇小說集一》,《張愛玲典藏》新版冊1,頁
　　263。接續引文不復贅註。

典皇后，躲在緊閉的窗簾後面，用阿波羅蠟燭……。」（大學生省略
的詞為「手淫」）女夢者於是要求丈夫解釋最後一個詞語的意義——
佛洛伊德表示，這個夢「遠非單純清白」，而具有強烈的性意味。[22]女
夢者前一天曾將一支蠟燭插在燭台上，並沒有弄斷蠟燭，卻夢見自己
弄斷了蠟燭——「她正在把一支蠟燭插到燭台上。但是蠟燭斷了，因
此它再也不能直立了。她學校中的女孩子說她動作笨拙。但她說這不
是她的過錯」。佛洛伊德詮釋此夢：前一天她確實把一支蠟燭插在了
燭台上，儘管它沒有折斷。在這個夢中使用了幾個明顯的象徵。蠟燭
是可以使女性生殖器興奮的物體，如果折斷了，自然就不能直立，這
意味著男子的陽痿。丈夫陽痿，不是她的過錯。[23]蠟燭是陽具象徵，
是使女體產生興奮之物，但是女夢者的先生在現實中陽痿，顯然女夢
者在潛意識中對先生的陽痿感到自責。而連結這個夢例中的窗簾象徵
與〈金鎖記〉一再出現的窗簾，「緊閉的窗簾」明顯象徵的是荒置的
女性生殖器，而「絲絨」明白指的是「陰毛」。佛洛伊德曾指出，絲
絨與苔蘚的聯想明白的是指陰毛，[24]曹七巧情欲的荒廢匱乏，可見一
斑。

　　至於上下樓梯，則為性愛象徵。樓梯同樣在〈金鎖記〉中承擔重
要的戲分，一次是曹七巧「上樓」看姜季澤離去，「提著裙子，性急
慌忙，跌跌蹌蹌，不住的撞到那陰暗的綠粉牆上」（頁262），簡直在
補償若裝糊塗後應該會得到的性愛回報；一次是世舫首次見到未來的
丈母娘，七巧形如瘋子，著青灰團龍的袍子，手捧大紅熱水袋，「門

---

[22]　佛洛伊德：《釋夢·第五章 夢的材料與來源》，車文博主編：《弗洛伊德文集》，冊
　　2，頁132。

[23]　佛洛伊德：《釋夢·第五章 夢的材料與來源》，車文博主編：《弗洛伊德文集》，冊
　　2，頁132。

[24]　佛洛伊德：《釋夢·第六章 夢的工作》，車文博主編：《弗洛伊德文集》，冊2，頁
　　245。

外日色昏黃，樓梯上鋪著湖綠花格子漆布地衣，一級一級上去，通入沒有光的所在」（頁283）；另一次是長安理好儀容下樓，走到一半，敏感得知母親說出「她再抽兩筒就下來了」，已知結婚無望，「長安悄悄地走下樓來，玄色花繡鞋與白絲襪停留在日色昏黃的樓梯上。停了一會，又上去了。一級一級，走進沒有光的所在」（頁284）。表現形式如同窗簾，長安重複著母親的生命，變成另一個七巧。佛洛伊德表示：樓梯（及類似之物）明確是性交的象徵，我們爬上頂層總是伴有節奏的運動，呼吸逐漸加快，然後幾個快步又走了下來。性交的節奏模式再現於上樓梯之中。[25] 窗簾與樓梯，以佛洛伊德的觀點看，皆呈現了七巧母女「性」事的空洞，且「大紅熱水袋」作為女性自慰之具，捧之見客，情狀尤其不堪。〈金鎖記〉的主題，原不在過度扭曲的金錢欲，而是在受父權社會忽略甚至認為並不存在的女性情欲之上。

〈傾城之戀〉白流蘇撲鏡之前的「趷趷衝衝往樓上爬」[26]，在巴丙頓道空房中的「上樓梯去」，「空得好」（頁211），以及防範范柳原的「彷彿下樓梯的時候踏空了一級」（頁202）的心理，都映照了白流蘇的性匱乏；至於其中的牙醫意象，則是小說中的亮點。先是飛機轟炸，蠅蠅盤旋，「像牙醫的螺旋電器，直挫進靈魂的深處」（頁213）；後來是兩人進城登報結婚，吱吱作響的「趙祥慶牙醫」招牌赫然對比後面的「空靈的天」，范柳原感到一種「平淡中的恐怖」（頁219）。佛洛伊德表示：陰唇與構成嘴部的口唇相當，將鼻子比作生殖器也很普通，這兩個地方出現的毛髮使這種相似性更為逼真，唯有

---

25 佛洛伊德：《釋夢・第六章 夢的工作》，車文博主編：《弗洛伊德文集》，冊2，頁232。

26 張愛玲：〈傾城之戀〉，《傾城之戀──短篇小說集一》，《張愛玲典藏》新版冊1，頁184。接續引文不復贅註。

牙齒的結構不能進行這種比喻，然而正是這種相似性和非相似性的結合，才使牙齒在性壓抑的壓抑下適合於表現的目的。[27]飛機聲與招牌聲的相似，是前後牙醫意象的表面連結，猶如夢中的顯意，而如果佛洛伊德所說的牙齒的性壓抑的表現性屬實，那麼其中又傳達了什麼樣的隱意呢？

此處必須同時對讀〈第二爐香〉。〈第二爐香〉頻繁出現的「牙齒」象徵，歷來不見明確的解讀：

> 靡麗笙輕輕的哼了一聲，也不知道她是笑還是呻吟。她說：「媽，到底愫細比我勇敢。我後來沒跟佛蘭克在電話上說過一句話。」她提到她丈夫佛蘭克的名字的時候，薄薄的嘴唇向上一掀，露出一排小小的牙齒來，在燈光下，白得發藍。小藍牙齒……羅傑打了個寒噤。[28]

蜜秋兒太太的寡母教育，有維多利亞遺風，女兒長大皆不知夫妻人事，如靡麗笙，出嫁後離了婚，因認為丈夫要求性愛是變態的行為。如此荒誕的現代傳奇，張愛玲以「小藍牙齒」作為意象，暗示羅傑將娶愫細的美好婚姻，即是羅傑走向毀滅之路。姊姊擁有的小藍牙齒，在妹妹愫細身上也見得到，愫細「笑的時候露出一排小小的牙齒，白得發藍。……小藍牙齒！但是多麼美！」（頁85）果不其然，小藍牙齒在結尾現出原形，作為吞噬羅傑之火：

> 他把火漸漸關小了，花瓣子漸漸的短了，短了，快沒有了，只

---

[27] 佛洛伊德：《釋夢·第六章 夢的工作》，車文博主編：《弗洛伊德文集》，冊2，頁251～252。

[28] 張愛玲：〈第二爐香〉，《傾城之戀──短篇小說集一》，《張愛玲典藏》新版冊1，頁84。接續引文不復贅註。

剩下一圈整齊的小藍牙齒，牙齒也漸漸地隱去了，但是在完全
消滅之前，突然向外一撲，伸為一兩寸長的尖利的獠牙，只一
剎那，就「拍」的一炸，化為烏有。（頁99）

張愛玲最後牽繫了「牙齒」與「火」的暗示。余斌在《張愛玲傳》指
出：「『小藍牙齒』與『尖銳的獠牙』構成奇異的對比，前者的美、
誘惑吸引了羅傑，後者卻冷漠地將羅傑吞噬，而它們原本是同一個東
西。沒有假借任何理性的、明確的解釋，這個意象道出了羅傑的悲劇
的複雜的內涵，深於一切語言，一切啼笑。」[29]余斌認為的「深於一切
語言」極富啟示，因為「小藍牙齒」就是一個意義不明確的夢的語
言。佛洛伊德曾援引奧托·蘭克的論文（蘭克的論文是根據佛洛伊德
的主張而作），提出夢境中的牙刺激，與青春期的手淫欲望有關，也
具有婦人分娩的意義，因而具有性交的隱意。拔牙的使物出來與手淫
的使物出來被連貫在一起，這使得佛洛伊德想起，童年時自己輕易拔
出的第一顆牙毫無疼痛之感，這與他第一次自覺手淫的時間雷同，
著實是一種掩蔽性記憶。[30]而由「小藍牙齒」到燃燒煤氣的藍火，就
必須再連結到佛洛伊德處理歇斯底理患者朵拉的經驗。朵拉作了一
個「著火」的夢，佛洛伊德經過曲折的探索之後得出結論：「濕」和
「水」的相反，簡單來說就是「火」和「燃燒」。「濕」不只和朵拉父
親提醒別再尿床有關，也和K先生性引誘的意念群有關，性引誘被
壓抑，置於夢的內容的背後。朵拉知道有一種東西在性交之中會變
濕了，而在交媾的動作中，男人也會贈送給女人某些滴狀物（drops）
液體的東西（朵拉的母親曾經想要珍珠滴墜，但父親不肯）。朵拉要

---

29 余斌：《張愛玲傳》（臺中市：晨星出版社，1997年3月），頁157。
30 佛洛伊德：《釋夢·第六章 夢的工作》，車文博主編：《弗洛伊德文集》，冊2，頁
253～254。

保護自己的性器不要被潤濕了，「濕」與「被弄髒」同義。[31]因此，火的燃燒在此處成為性交的象徵，羅傑因小藍牙齒的攻擊而自殺，他終究抵抗不了「色情狂」的罪名，而遭到整個社會的閹割。佛洛伊德即表示：「夢的工作利用禿頂、剪髮、拔牙和砍頭象徵閹割。」[32]於是讀者便能理解，〈第二爐香〉的「整個的世界像一個蛀空了的牙齒，麻木木的，倒也不覺得什麼，只是風來的時候，隱隱的有一點痠痛」（頁81）的意涵，那是社會文明對性欲壓抑的圖像；於是讀者便也能理解〈傾城之戀〉的牙醫意象，對白流蘇而言，它象徵的是陽具、父權、戰爭對身體的侵略；而對范柳原而言，它象徵的是婚姻帶來的平淡中的恐怖，是陽具的閹割，使柳原「突然打起寒戰來」[33]。

　　在夢境架構有所轉折的〈紅玫瑰與白玫瑰〉，夢境感看似變淡，但實為偽裝，其中藏有更多「性」的意味。歷來有關這篇小說的研究，有側重於振保的男性性心理者，如水晶〈潛望鏡下一男性——我讀「紅玫瑰與白玫瑰」〉，指出其中的「戀物癖」（fetishism）與「壞女人觀」，然而所點出的「性」的角度，卻未見有後來學者進一步發揮。水晶在該文表示：五四以來，寫男性心理最成功的，當數〈紅玫瑰與白玫瑰〉中的佟振保。後來，又認為在「心理」前應當再加一「性」字，而修正成「男性性心理」。[34]水晶的修正，無疑指引了讀者，「性」才是解讀〈紅玫瑰與白玫瑰〉的重要視角。的確，此篇小

31　佛洛伊德著，劉慧卿譯：《朵拉：歇斯底里案例分析的片斷》（臺北市：心靈工坊，2004 年 9 月），頁167。

32　佛洛伊德：《釋夢‧第六章 夢的工作》，車文博主編：《弗洛伊德文集》，冊2，頁233。

33　張愛玲：〈傾城之戀〉，《傾城之戀——短篇小說集一》，《張愛玲典藏》新版冊1，頁219。

34　水晶：〈潛望鏡下一男性——我讀〈紅玫瑰與白玫瑰〉〉，《張愛玲的小說藝術》（臺北市：大地出版社，1993 年 7 月），頁109。

說在模擬夢境的架構下，確實存在著許多性象徵。

〈紅玫瑰與白玫瑰〉通篇說的是佟振保的性壓抑，此壓抑源自於本我（id）與自我（ego）的衝突，而自我乃接受強大超我（superego）的命令，企圖做一名最合理想的現代人物。留學時期，振保嘗試嫖妓，非出自於本能欲望，而是「人家都當我到過巴黎了」，完全以旁人評價作為行事原則。在振保嫖妓之前，張愛玲以大段寫實文字鋪敘環境，看似枝節，實則精確展示了振保不明所以的性焦慮：

> 街燈已經亮了，可是太陽還在頭上，一點一點往下掉，掉到那方形的水門汀建築的房頂下，再往下掉，往下掉！房頂上彷彿雪白地蝕去了一塊。振保一路行來，只覺得荒涼。不知誰家宅第裡有人用一隻手指在那裡彈鋼琴，一個字一個字撤下去，遲慢地，彈出耶誕節讚美詩的調子，彈了一支又一支。……振保不知道為什麼，竟不能忍耐這一曲指頭彈出的琴聲。[35]

這段落存在許多相對立的元素：街燈與太陽（亮／暗、人為／自然），太陽與房子（男性／女性），一隻手指與鋼琴（微弱／強大、男性／女性），暑日與耶誕節讚美詩（夏／冬），這些元素極不和諧，卻又統一於振保嫖妓前的場景中。佛洛伊德《夢的解析》曾表示：夢處理對立和矛盾的方式是非常引人注目的，它特別愛把對立部分結合成一個統一體，或者用它希望的對立面來任意表現任何元素，因此，最初無法確定夢念中那些被允許出現對立面的元素，到底具有正面的意義，還是反面的意義。[36]這確實是一個必須再細讀的場景，

---

35 張愛玲：〈紅玫瑰與白玫瑰〉，《紅玫瑰與白玫瑰——短篇小說集二》，《張愛玲典藏》新版冊2，頁132。接續引文不復贅註。

36 佛洛伊德：《釋夢·第六章 夢的工作》，車文博主編：《弗洛伊德文集》，冊2，頁

夢的元素十分豐富，它是振保嫖妓的前奏，是讀者理解振保性心理的
重要關鍵。太陽，男性器象徵；房子為一空盒，女性器象徵，太陽墜
入房子裡，鮮明的性愛意象，「往下掉」又帶有陽具衰敗的意思；一
隻手指，男性器象徵；鋼琴為一空盒，女性器象徵；以一隻手指敲出
琴聲，生疏，試探，正如振保這名性愛生手，準備要破除童男之身。
當然，微小的手指與巨大的鋼琴相較，即預示著一次「最羞恥的經
驗」（頁133），而單音的聖誕旋律既無歡樂氣氛，反強化孤獨意象，
且琴鍵爬行如樓梯上下是為性愛象徵，[37] 聖誕樂聲飄散在盛暑的下午
何其荒唐詭怪，果然在三十分鐘完事之後，振保目睹法國妓女的臉
在鏡中變形，變成一張「森冷的，男人的臉，古代的兵士的臉」（頁
133），他感到羞恥的原不是去消費，而是被消費了，「他在她身上花
了錢，也還做不了她的主人」（頁133），這徹底擊垮了振保的男性自
尊。

　　至於街燈，則又是一陽具象徵。街燈高燒，暗示振保在社會中
經營的表象，上段文字的街燈與太陽，一升一落，一盛一衰，一表
一裡，一是向人炫耀的嫖妓經驗，一是畢生最「惱人的部分」（頁
132），振保的衝突人格確實含藏此圖像中。而近小說尾聲，面臨家
庭的破碎，振保望著水波裡倒映的街燈，看見暗黃的河上射出去就沒
有了的白金箭鏃，則更是陽具中心的崩潰，到達性焦慮的頂峰：

　　　　街上成了河，水波裡倒映著一盞街燈，像一連串射出去就沒有
　　　　了的白金箭鏃。車輛行過，「鋪拉鋪拉」拖著白爛的浪花，孔

210。

[37] 佛洛伊德表示，上下樓梯象徵性愛，鋼琴練習曲也是一種「階梯」，琴鍵就是一座
　　樓梯，因為它包含著音階（梯狀物）。見佛洛伊德：《釋夢‧第六章　夢的工作》，
　　車文博主編：《弗洛伊德文集》，冊2，頁241。

雀屏似地展開了，掩了街燈的影子。白孔雀屏裡漸漸冒出金星，孔雀尾巴漸長漸淡，車過去了，依舊剩下白金的箭鏃，在暗黃的河上射出去就沒有了，射出去就沒有了。（頁173～174）

髒黃是孟烟鸝和「臉色蒼黃」的裁縫疑似有染之後的色彩意象，她在振保心中變成「一塊有黃漬的舊白蕾絲茶托」或是「淺淺的白碟子，心子上沾了一圈茶污」（頁175），以致佟振保帶著女人回家時，街上污水未退所形成的「黃色的河」（頁175），以及白金箭鏃所射入的「暗黃的河」，都一致指向孟烟鸝的污穢的身體，因此，自戀的振保惋惜自己「孔雀開屏」般珍貴的男性能量，竟一度耗損在孟烟鸝身上，於是「清楚地覺得自己的手，自己的呼吸，深深悲傷著」（頁174）。此處每一個性象徵都富含著力比多，一統於象徵群中。

振保入住朋友王士洪家，在房中放不出熱水，士洪一句「你要洗澡麼？這邊的水再放也放不出熱的來，熱水管子安得不對，這公寓就是這點不好」（頁137），潛在意義耐人尋味——若公寓指的是嬌蕊，放不出熱水的「水龍頭」與「水管」就是士洪，顯然士洪的問題在於無法提供幸福給嬌蕊，嬌蕊紅杏出牆，其來有自。房子本是女體象徵，「公寓（欲）」房子的多人性質，道盡嬌蕊「鮮辣潮濕」的放浪性格，此象徵貫穿整篇小說，是振保對嬌蕊身體的欲望，也是振保遲遲不動欲念的原因。當嬌蕊以「我的心是一所公寓房子」自況，振保輕輕踢著籐椅，覷覰著嬌蕊「微微一哆」的肉體；又當嬌蕊說「你要的那所房子，已經造好了」，振保狡獪的回以「心居落成誌喜」，「許多唧唧喳喳的肉的喜悅突然靜了下來」（頁151）——情人表面上的調情說笑，甚至如詩人般的機智，一切還是關乎佛洛伊德說的潛意識中的性欲。佛洛伊德在《精神分析新論》中提到夢的顯意特徵：「它可

能有如文學作品般條理連貫，結構流暢，或者混亂不堪，甚至莫名其妙，難以理解，幾乎與胡言囈語一般；它可能包含荒唐無稽的成分或笑話，並且明顯的充滿機智的結論。」[38] 公寓系列的對話，具體的說，便是透過顯意以對性討價還價。佟振保與王嬌蕊背著王士洪暗通款曲，這是振保還可以接受的；然而在嬌蕊寫信給士洪說想離婚，公布了這段地下情之後，就讓「決心要創造一個『對』的世界」（頁133）的振保無法招架了，他畏懼的，原是嚴厲的社會眼光。此段，嬌蕊、公寓、火車透過「凝縮作用」（condensation）混合成一個荒誕的心理幻象，充滿夢境特質：

> 振保在喉嚨裡「嗄」地叫了一聲，立即往外跑，跑到街上，回頭看那峨巍的公寓，灰赭色流線型的大屋，像大得不可想像的火車，正衝著他轟隆轟隆開過來，遮得日月無光。（頁159）

佛洛伊德在《夢的解析》中表示：被車輾過是性交的象徵。[39] 前文已提及，公寓即為一空間，象徵女體；而「火車」原具有濃厚的陽具象徵意義，衝破，堅硬，雄偉，具壓倒性；而公寓在這裡卻變得「峨巍」，成為「大屋」，甚至忽然變成「大得不可想像的火車」，可知振保的潛意識中，女性性器轉易為男性性器了。夢的隱意被凝縮在火車顯意之上，火車如同一段簡縮的譯文，這是潛意識躲避檢禁的手法。振保崩潰而臥病的原因，或許在於嬌蕊的公諸於世，讓他即將面對社會價值的批判而帶來無法喘息的壓迫感；更或許是，即將面對社會價值的批判倒在其次，主要原因是他看見嬌蕊作為一名女性如此勇敢的

---

[38] 佛洛伊德著，葉頌壽譯：《精神分析引論、精神分析新論（二冊合訂本）》（臺北市：志文出版社，1997年1月），頁442。

[39] 佛洛伊德：《釋夢・第六章 夢的工作》，車文博主編：《弗洛伊德文集》，冊2，頁236。

面對自我，追求愛情，而自己竟卑怯若是，作不了自己「絕對的主人」。在這一著棋中，振保完全無法接受嬌蕊是贏家，而自己是徹底的輸家，這種「不對到恐怖的程度」（頁133），回溯到第一次的性愛場景，法國嫖妓時的挫敗又借屍還魂。

夢的語言所布置出來的超現實場景，以「雨的大白嘴唇」最怵目驚心。超現實的表現方式，本以夢的語言為基底，反對單純的反映現實，而讓潛意識來解放舊有的想像力，因此容許不合邏輯、光怪陸離的意象出現。孟烟鸝與裁縫關係匪淺，張愛玲透過「雨天」濡濕的性暗示彰顯振保的潛意識：

> 振保冷眼看著他們倆。雨的大白嘴唇緊緊貼在玻璃窗上，噴著氣，外頭是一片冷與糊塗，裡面關得嚴嚴地，分外親切地可以覺得房間裡有這樣的三個人。

> 振保自己是高高在上的，瞭望著這一對沒有經驗的姦夫淫婦。（頁171）

佛洛伊德曾表示認同斯特克爾的主張：「在夢中，身體的其他部分也可以表現為生殖器：男性性器官可以由手和腳代表，而嘴、耳朵甚至眼睛則可以代表女性生殖器的洞口。人體的分泌液──黏液、眼淚、尿、精液──在夢中可以互相替換。」[40]窗內的「3」個人（3本是陽具象徵）是現實，振保高高在上，刻意張揚其陽具威權；而窗外比例過大的濕潤嘴唇，則是振保潛意識的外化，女性陰戶成了力量過於強大而無法征服的恐怖與骯髒，落實在讀者的想像上，簡直一幅超現實主

40　佛洛伊德：《釋夢‧第六章 夢的工作》，車文博主編：《弗洛伊德文集》，冊2，頁234。

義畫作，從構圖原則之相仿看來，似乎成了一九四六年《傳奇》增訂版封面的前身。張愛玲說：「如果這畫面有使人感到不安的地方，那也正是我希望造成的氣氛。」[41]張愛玲此處造成的荒謬性，傳達了佟振保嘲笑與矛盾的心境，他是世界的主人，笑看這一對躲躲藏藏的姦夫淫婦，卻又發現這完全違背了他一心維護的「對」的律法。佛洛伊德表示：如果夢念中包含有某事「是荒謬的」成分，即如果夢者的任一潛意識思想是以批判或嘲弄為動機，那麼所作之夢便為荒謬的夢。因此和在顯夢中將夢念關係加以顛倒或利用運動抑制的感覺等方法一樣，荒謬是夢的工作用以表達矛盾的方法。[42]的確，通常表現得最荒謬的夢，都是喻意最深刻的夢。夢的荒謬性的目的，在於表達夢念的心境，一種嘲笑或矛盾的心境，佟振保的潛意識此處通過「雨的大白嘴唇」的化妝，荒謬而安全的表達了一些想說又不能說的事情，夢的機制便是如此，一如歷史上那些想說些什麼但又不能說的人，看見了事情的矛盾處，想要批判或嘲笑，而總稱自己是滑稽而愚蠢的，以逃過政府嚴密的稽查。

　　佛洛伊德曾分析過一個夢：在兩座雄偉的宮殿後面不遠處有一幢小屋，門戶緊閉，妻子領著作夢者沿著一條小街走到小屋，把門推開，之後作夢者輕易的溜進一個有些向上傾斜的院子。佛洛伊德認為，打開緊閉的門戶是最普通的性愛象徵。[43]振保發現孟烟鸝與裁縫有染之後，先是不動聲色，張愛玲也經營了類似的心理圖像：

41　張愛玲：〈有幾句話同讀者說〉，《華麗緣──散文集一》，《張愛玲典藏》新版冊11，頁295。

42　佛洛伊德：《釋夢‧第六章 夢的工作》，車文博主編：《弗洛伊德文集》，冊2，頁278。

43　佛洛伊德：《釋夢‧第六章 夢的工作》，車文博主編：《弗洛伊德文集》，冊2，頁257。

像兩扇緊閉的白門，兩邊陰陰點著燈，在曠野的夜晚，拚命
的拍門，斷定了門背後發生了謀殺案。然而把門打開了走進
去，沒有謀殺案，連房屋都沒有，只看見稀星下的一片荒煙蔓
草——那真是可怕的。（頁174）

拙作《張愛玲小說的電影閱讀》中，曾認為此段以視覺語言道出佟氏
夫妻的婚姻狀態，門為家庭象徵，鬼氣陰陰，無愛夫妻何以稱之為
家，白門後一片荒煙蔓草，家庭價值蕩然無存；[44]而若以女性陰戶角
度解讀，其實更能準確的呈現佟振保性欲本能的壓抑。「白」色，本
為白玫瑰孟烟鸝身體的專屬符號；「緊閉」指振保不常與妻歡愛，對
烟鸝的身體興致缺缺，亦指烟鸝對裁縫一事三緘其口，成為夫妻間的
猜忌；而「把門打開」後，夫妻的有性無愛更加荒寒，男性法律制裁
下的「謀殺案」罪不成立，原來潮濕溫暖的女體，再不受男性全權擁
有與定義，竟衍成一片「荒煙蔓草」。女性以身體的廢壞對抗強大的
男權中心理論，佟振保在建立「對的世界」的進程中節節敗退，焦慮
愈深。

　　困於奇異的自卑與自尊，佟振保最後只有走向自我毀滅一途。
過度自卑，表現在鮮明的「閹割情結」（Castration complex）之中；
過度自尊，則出現了攻擊行為。振保發現烟鸝出軌後，看見「家常
中有一種污穢」（頁173），於是進行一項象徵性的動作——洗腳：
「振保坐在浴缸的邊緣，彎腰洗腳，小心不把熱水濺到花朵上，低下
頭的時候也聞到一點有意無意的清香。他把一條腿擱在膝蓋上，用
毛巾揩乾每一個腳趾，忽然疼惜自己起來」（頁173），振保是自戀
者，是水仙，「小心不把熱水濺到花朵上」與「清香」，是納西瑟斯

44 鍾正道：《張愛玲小說的電影閱讀》（臺北市：東吳大學中國文學系博士論文，
　　2003年6月），頁68～69。

（Narcissus）追求的完整與美麗，不容許些微傷害；前文提及腳在夢中是陽具象徵，是自我形象與男性權力的主要來源，「揩乾每一個腳趾」，一方面具自戀意涵，一方面則是對失去男性權力感到恐懼。振保嫌棄妻子的齷齪，並轉而強化對偽裝完成的「腳」無盡疼惜，乃源自於男性「菲勒斯」（phallus）已無法做「絕對的主人」，強大的男性價值無法建立「對」的世界，這項重大的精神創傷，害怕遭察覺與處罰的閹割恐懼潛抑在人格之中，最後導致了暴力傷害的行為——「砸不掉他自造的家，他的妻，他的女兒，至少他可以砸碎他自己，洋傘敲在水面上，腥冷的泥漿飛到他臉上來，他又感到那樣戀人似的疼惜，但同時，另有一個意志堅強的自己站在戀人的對面，和她拉著，扯著，掙扎著——非砸碎他不可！非砸碎他不可！」（頁175）洋傘同是陽具象徵，此處性欲本能轉化為攻擊本能，納西瑟斯終於還是破壞了水中完美的自己，毀滅即勝利。（佟振保自戀情結的分析，詳見第五章）

　　除了上述視覺形象上的性象徵，隱意轉變為顯意時，諧音雙關也是常見的。佛洛伊德在《夢的解析》中提到，奧古斯特・斯塔克醫生曾做過一個夢，夢見其左手食指指尖上有梅毒的初期跡象（Primäraffekt），佛洛伊德原認為沒有分析下去的必要，但後來卻發現「Primäraffekt」相當於「prima affectio」（初戀），那令人厭惡的潰瘍，用斯塔克的話說，證明是「代表著帶有強烈情感的欲望滿足」[45]。這是因為兩字聲音相近所引起的雙關效應，突破謎底的關鍵常就在這樣的弦外之音。而藉由英語「花生」與「陰莖」的音近關係，讀者於是見識了嬌蕊勾搭男人的厲害：

---

[45] 佛洛伊德：《釋夢・第四章 夢的偽裝》，車文博主編：《弗洛伊德文集》，冊2，頁115。

嬌蕊放下茶杯，立起身，從碗櫥裡取出一罐子花生醬來，笑
道：「我是個粗人，喜歡吃粗東西。」振保笑道：「哎呀！這東
西最富於滋養料，最使人發胖的！」嬌蕊開了蓋子道：「我頂
喜歡犯法，你不贊成犯法麼？」振保把手按住玻璃罐，道：
「不。」嬌蕊躊躇半日，笑道：「這樣罷，你給我麵包上塌一
點。你不會給我太多的。」振保見她做出那楚楚可憐的樣子，
不禁笑了起來，果真為她的麵包上敷了花生醬。（頁144～
145）

電影《巴黎最後的探戈》有一場戲與此段甚為接近，當女孩好奇的
摸索男人的身體，男人說：「這是『陰莖』（penis）。」女孩詢問說：
「花生（peanut）？」[46]陰莖與花生兩字的發音接近，對話雖短，卻凸顯
了女孩床笫間的純真童稚，這是調情的趣味。諧音雙關，在日常對話
上足以引起許多語言趣味。而潑辣果敢的嬌蕊，端出花生醬挑逗振
保，兩人皆留學英國，是足以懂得英語的雙關趣味的，之所以非花生
醬不可，在於它充分暗示了嬌蕊對振保的性渴望，從「振保把手按住
玻璃罐」說「不」，到後來「兩人同聲大笑」，「花生」醬的偽裝完成
了一場言語上的性愛試探，通過了意識的檢查，安全合時宜又不失暗
示意義的引出嬌蕊「稚氣的嬌媚」（頁145），而讓振保的保守態度改
變。夢的工作會利用各種不同方式，賦予詞或短語以視覺形式，如雙
關語，夢的工作會以歧義作為轉換點，其中一義會表現在隱意中，另
一義則表現在顯意中。由於笑話、引語、歌曲、成語、諧音、典故等
在文化者的精神生活中作用甚大，因此讀者有理由相信，偽裝的顯意

---

[46] 電影《巴黎最後的探戈》（*Last Tango In Paris*, 1972），由（義）貝納多・貝托魯奇
（Bernardo Bertolucci）導演，（美）馬龍・白蘭度（Marlon Brando）主演，因裸露
的性愛鏡頭而轟動一時。

以帶有普遍性的言語替代物為基礎，在這裡替代了某種夢念，而直指夢最原始的動力——性欲。佛洛伊德在《夢的解析》中即認同亨森的研究（Henzen, 1890）：夢中特別經常出現妙語雙關或語詞遊戲。[47]這種模稜含混的語言，大量出現在張愛玲小說中，一直是其運用夢的機制說話的最偏愛的方式，其邏輯即建立在彼此「恰似」的關係。模稜兩可的語言，利於夢的凝縮作用，利於讓顯夢作為隱夢的微縮版，懸浮於語言表面，而讓隱藏的語意湧動奔竄，即因「恰似」的臨近，通過聯想，便能營造多元語義。佛洛伊德表示：夢念材料中固有的對比現象或「恰似」情況，構成了夢的主要基礎。[48]

　　二〇〇九年三月，《小團圓》在讀者引頸期盼下問世，這部在宋家書房一擱三十多年的長篇自傳小說，張愛玲同樣將之建構在夢的框架下：

> 大考的早晨，那慘淡的心情大概只有軍隊作戰前的黎明可以比擬，像「斯巴達克斯」裡奴隸起義的叛軍在晨霧中遙望羅馬大軍擺陣，所有的戰爭片中最恐怖的一幕，因為完全是等待。[49]

開頭與結尾文字完全一致，如同催眠指令入夢出夢的設計，將整部小說綰合在人生如一夢的隱喻中，如果〈封鎖〉的「叮玲玲」讓上海做了一個不近情理的夢，那麼《小團圓》的「大考」的「等待」，則讓九莉的一生凝縮於一場夢中，夢的語言因而得以穿過稽查作用而活躍起來。從考試出發，連結戰爭、等待的恐怖，在佛洛伊德看來，考試

---

[47] 佛洛伊德：《釋夢‧第六章 夢的工作》，車文博主編：《弗洛伊德文集》，冊2，頁263。

[48] 佛洛伊德：《釋夢‧第六章 夢的工作》，車文博主編：《弗洛伊德文集》，冊2，頁211。

[49] 張愛玲：《小團圓》，《張愛玲典藏》新版冊8（臺北市：皇冠文化出版公司，2009年3月），頁18、325。

的夢直指的便是性焦慮與童年恐懼。佛洛伊德在《夢的解析》中提到：威廉・斯特克爾首先將升學考試的夢解釋為與性體驗與性成熟有關，我的經驗經常證實他的觀點。[50]佛洛伊德贊同斯特克爾的見解，同時提出神經症患者常見的「考試焦慮」，也是導致於童年時期恐懼的增強。[51]換句話說，考試焦慮的夢是帶有性內容的夢，屬於性內容的力比多已轉化為焦慮的等待。熟讀《小團圓》的讀者應該都知道，性與童年焦慮在《小團圓》中可能是同一件事，便是盛九莉童年中母親卞蕊秋（二嬸）的缺席，以及九莉中學時期與母親在性事上的齟齬，影響了九莉日後的性心理與性觀念。張愛玲大膽的披露了九莉私密的性事與仇母心態，如果《小團圓》高度的自傳性也可以讓讀者大膽的在作者張愛玲與虛構人物九莉之間劃上一個「恰似」的符號，那麼在這「恰似」的程式執行之後，讀者應該可以得出——

　　一、張愛玲企圖透過虛構小說的名義來規避一切真實與否的問題，這正如同夢的稽查作用，因素材之虛構不真，才得以通過嚴格的稽查，獲得「顯意」的名分；

　　二、母親卞蕊秋（黃逸梵）與丈夫邵之雍（胡蘭成）是張愛玲愛之深也恨之深的兩個人，即使張愛玲遠赴美國幾乎不再連絡，不斷以「放棄」的姿態求得奇異的自尊，[52]但這愛恨情結始終糾纏在張愛玲的

50　佛洛伊德：《釋夢・第五章 夢的材料與來源》，車文博主編：《弗洛伊德文集》，冊2，頁185。

51　佛洛伊德：《釋夢・第五章 夢的材料與來源》，車文博主編：《弗洛伊德文集》，冊2，頁183。

52　蘇偉貞指出，張愛玲選擇以「永遠在放棄」的方式生活，先後放棄了父親、家庭、學業、婚姻、上海、寫作等，最後是放棄了自己，一切的放棄都為了求得自尊。見蘇偉貞：〈不斷放棄，終於放棄——張愛玲奇異的自尊心〉，《長鏡頭下的張愛玲：影像・書信・出版》（新北市：INK印刻文學生活雜誌出版公司，2011年8月），頁281～287。

潛意識中，因而浮出夢境；

　　三、「性」在張愛玲以往的作品中都是點到為止，以意象隱晦曲折的表達，《小團圓》中卻出現大膽露骨、令人咋舌的性愛描寫，足見張愛玲在其中自覺貫注的欲力之多。夢境不是任意發生的，在《小團圓》夢境書寫的程式中，勢必潛藏更多作者不自覺貫注的精神材料、欲望能量，當然還有將夢念化為圖像的心理機制。《小團圓》中的明事暗事，其實可以這麼說，通篇都是性事。

　　九莉嘴上不說，實際上滿在意小康小姐的出現，這樣的念頭被壓抑在潛意識中，九莉不自知，以為只要暗自原諒之雍到處留情即可；然而，夢的圖像卻呈現其潛意識的性焦慮，夢裡出現了一棵棕櫚樹，張愛玲主動提醒讀者，這棵棕櫚樹富含佛洛伊德式的性象徵意味：

> 她信上常問候小康小姐。他也不短提起她，引她的話，像新做父母的人轉述小孩的妙語。九莉漸漸感覺到他這方面的精神生活對於他多重要。他是這麼個人，有什麼辦法？如果真愛一個人，能砍掉他一個枝幹？
>
> 她夢見手攔在一棵棕櫚樹上，突出一環一環的淡灰色樹幹非常長。沿著欹斜的樹身一路望過去，海天一色，在耀眼的陽光裡白茫茫的，睜不開眼睛。這夢一望而知是菲洛依德式的，與性有關。她沒想到也是一種願望，棕櫚沒有樹枝。[53]

上段提到之雍身邊的女性接二連三，張愛玲以歧出的「枝幹」作比；下段如電影蒙太奇般突然轉場，進入心理空間，落實樹幹形象，十足的陽具象徵。佛洛伊德表示：「一切長形物體如手杖、樹幹和雨

---

[53]　張愛玲：《小團圓》，《張愛玲典藏》新版冊8，頁226。接續引文不復贅註。

傘（後者打開則代表勃起）可代表男性生殖器。」[54]之雍濫情，素性博愛，持續進行「這方面的精神生活」，九莉的性焦慮藉由「突出」、「非常長」的棕櫚樹幹與「耀眼」、「白茫茫」、「睜不開眼睛」的陽光表現，一面是「當然在內地客邸淒涼，更需要這種生活上的情趣」（頁225）的幫之雍找理由，以及「跟一個十六歲的正經女孩子還能怎樣」（頁226）的不斷欺騙自己，一種意識上的自我說服；一面又是「砍掉他一個枝幹」的攻擊欲望，一種潛意識上的性愛占有——張愛玲藉由與九莉同形的自傳體式，一面自覺的描繪九莉的意識與潛意識的矛盾衝突，一面也透過創作的意識行為，不自覺的滲透了自己的潛意識，對於陽性身體的迷戀，對於愛的欲求。

一九七○年代中期，張愛玲完成了《小團圓》，有人懷疑《小團圓》是為了報復胡蘭成而作，因為胡蘭成令文壇沸沸揚揚的《今生今世》販賣與張愛玲的情史，在台灣得了意，《小團圓》便是另一造的現身說法，以揭發胡蘭成的始亂終棄——從張愛玲留下的信件看來，這並不是張愛玲的創作動機。張愛玲一九七五年在致宋淇的信上曾表示：「趕寫《小團圓》的動機之一是朱西甯來信說他根據胡蘭成的話動手寫我的傳記，我回了封短信說我近年來盡量de-personalize讀者對我的印象，希望他不要寫。當然不會生效，但是這篇小說的內容有一半以上也都不相干。」[55]不到一個月又致信說：「《小團圓》是寫過去的事，雖然是我一直要寫的，胡蘭成現在在台灣，讓他更得了意，實在不犯著，所以矛盾得厲害。」[56]可見，《小團圓》並不是一部復仇

54　佛洛伊德：《釋夢·第六章 夢的工作》，車文博主編：《弗洛伊德文集》，冊2，頁231。

55　一九七五年十月十六日張愛玲致宋淇信件。見宋以朗：〈《小團圓》前言〉，張愛玲：《小團圓》，《張愛玲典藏》新版冊8，頁5。

56　一九七五年十一月六日張愛玲致宋淇信件。見宋以朗：〈《小團圓》前言〉，張愛玲：《小團圓》，《張愛玲典藏》新版冊8，頁5～6。

之作。信件中，張愛玲雖然對呼應胡蘭成有所防範，然而《小團圓》裡還是洩漏了九莉對之雍的深情——於結尾處，九莉夢見了彩色片《寂寞的松林徑》（*The Trail of the Lonesome Pine*, 1936）的背景，似乎是對之雍情繫一生的總結：

> 當時的彩色片還很壞，俗艷得像著色的風景明信片，青山上紅棕色的小木屋，映著碧藍的天，陽光下滿地樹影搖晃著，有好幾個小孩在松林中出沒，都是她的。之雍出現了，微笑著把她往木屋裡拉。非常可笑，她忽然羞澀起來，兩人的手臂拉成一條直線，就在這時候醒了。二十年前的影片，十年前的人。她醒來快樂了很久很久。（頁325）

「微笑著拉著她一隻手往床前走去，兩人的手臂拉成一條直線」（頁256），是之雍潛逃東南的前夜，與九莉的一個原看似無關緊要的動作，而今進入夢中，全然是精準的夢的語言法則。佛洛伊德表示：「夢的顯意中，僅涉及到了一些無關緊要的印象，這似乎可證實夢偏愛選擇清醒生活中一些並不重要的細節。另一方面，在夢的解釋中，一切都歸結到重要的印象，歸結到被認為攪動我感情的印象。」[57]之雍是唯一能攪動感情波瀾的人，即使九莉後來也愛上燕山。兩人生了好幾個小孩，全家在美麗山林間徜徉歡笑，何其天真平凡，因此通過了夢的稽查作用而獲得表達，可以作為《小團圓》的「大團圓」的結尾了，然而可惜它只是個夢。若由佛洛伊德看來，張愛玲何其大膽的展示了九莉（自己）的性欲與攻擊圖像。佛洛伊德表示：「最天真無邪的夢也可能體現著粗俗的性欲願望。」[58]太陽、樹、小孩、手、直

---

[57] 佛洛伊德：《釋夢·第五章 夢的材料與來源》，車文博主編：《弗洛伊德文集》，冊2，頁124。

[58] 佛洛伊德：《釋夢·第六章 夢的工作》，車文博主編：《弗洛伊德文集》，冊2，頁257。

線，明顯的陽具象徵；木屋、小山風景，明顯的陰戶象徵；「樹影搖
晃」、「微笑著把她往木屋裡拉」、「拉成一條直線」，都是極具有性
愛意味的暗示。那一夜「綁在刑具上」拉撞拖扯的做愛，撕心裂肺，
一定猶在九莉的記憶中，畢生難忘，那麼被九莉潛抑在潛意識中的是
什麼？九莉最後的「她醒來快樂了很久很久」，實在耐人尋味。

　　讀者必須回到那一夜，以追索九莉「快樂很久」的原因。之雍即
將久別，準備給九莉一次刻骨銘心的性愛經驗，「今天無論如何要搞
好它」（頁257）的追求歡愉之餘，九莉卻看見「五六個女人連頭裹
在回教或是古希臘服裝裡，只是個昏暗的剪影，一個跟著一個，走在
他們前面」（頁256），這恐怖的幻景，是歇斯底里的症候，是對之雍
從前艷史的在意，是九莉潛意識本能的訊示。完事之後，九莉有一
種「茫茫無依」的感覺，看見之雍背對著她睡著了，竟想拿把西瓜長
刀「對準了那狹窄的金色背脊一刀」（頁257）。「你要為不愛你的人
而死？」之後九莉再度看見幻景，「她看見便衣警探一行人在牆跟下
押著她走」，於是自省「為他坐牢丟人出醜都不犯著」（頁258）——
顯然那一夜，九莉顯然沒有攀登恍惚迷濛的性愛顛峰，反而極度冷靜
的清醒著，眼裡有淚，感受到之雍的「性」裡沒有「愛」了。夢偏愛
結合對立的事物，任何複雜的夢，都是各種精神力量相互抗衡妥協的
產物，當夢裡之雍再一次將兩人的手臂拉成一直線，那不是快樂的泉
源，而是痛苦的深淵，之雍終將遠離，九莉發現自己不過是眾多剪影
中的一個。這痛苦壓抑在九莉的潛意識中一輩子，終於有一天，它從
夢中噴薄而出，得到紓解；也終於有一天，她藉由書寫，獲得療癒。
九莉快樂了很久很久的東西，終不是因為之雍把她拉向床前（或木
屋），而是「對準了那狹窄的金色背脊一刀」的自我毀滅；《小團圓》
創作的動機，並不是君子報仇，而是自我的性欲與攻擊本能的實踐，
愛與死的實踐。

　　佛洛伊德在自傳中談及藝術家與精神官能症者的區別時提到：藝術家與精神官能症患者一樣，從不能滿足的現實中退出，而進入這一個幻想的世界；但是，與精神官能症患者不同的是，他知道怎樣從這一幻想世界中退出，再一次在現實中站穩腳跟。他所創造的藝術作品，就像夢一樣，是潛意識願望的想像滿足。而且和夢一樣，它們也具有妥協的性質，因為它們亦不得不避免與壓抑力量發生任何衝突。不過它們仍和做夢的這種自私、自戀的產品有所區別，因為它們是被專門創造出來以激發其他人的共鳴的，此外，它還能引發並滿足他們自己的潛意識衝動，並利用了形式美的感官快樂，將其作為一種刺激性獎勵（incentive bonus）。[59]《小團圓》以自我為解剖對象，真誠勇敢的將自我交出，即是一部「從不能滿足的現實中退出」，而「進入這一個幻想的世界」，而後再退出，「再一次在現實中站穩腳跟」的美麗典範。

　　夢是張愛玲精神回歸之處，文學是夢土，是一帖逃離現實的處方。夢所表現的，是存在於潛意識中性欲的偽裝，張愛玲通過夢的設計與讀者進行潛意識的交流，所使用的語言是夢的語言——性象徵。既可完全由寫實觀察夢的顯意，又具有性象徵的隱意空間，是提供小說以夢境角度解讀的重要資源。小說文字建立在平凡瑣碎的生活之上，是寫實；所看見的真確的生活圖景，是為了逃避稽查作用妝扮而成，是象徵；小說寫實與象徵互不排斥，使受壓抑的性，能在日常生活最普通最不顯眼的角落，尋得藏身之所。再如〈第二爐香〉中的詭謫的「叢林」，〈鴻鸞禧〉婁太太恍惚回憶中的轎夫如「肉蟲」等，〈傾城之戀〉的「野火花」與「拔牙」，〈桂花蒸　阿小悲秋〉的「鑰

59　佛洛伊德著，游乾桂校閱：《佛洛依德自傳》（臺北市：桂冠圖書公司，1992年），頁67。

匙」與「小房間」,〈留情〉的「爐子」與米晶堯的「禿頂」,以及
〈紅玫瑰與白玫瑰〉中未討論到的外套、殘菸、嫖妓出來看見的樹、
嬌蕊寫得七零八落的「蕊」、錢包、似小嘴的泡沫,以及房間的香
菸洞,《怨女》中的竹竿,〈色,戒〉鏡子裡的「腳」,《半生緣》的
「紫荊花」,〈同學少年都不賤〉的「灰白色樹幹」,《小團圓》的「蕊
秋」與「菸蒂」⋯⋯,這些林林總總的性象徵,都是巧心布置的偽
裝,一如警方辦案越科學精確,歹徒的犯案方式越層出不窮;意識的
稽查制度越嚴密,潛意識化妝的手段則越見姿采。

　　夢主要是以視象進行思維,將一些抽象的思想或觀念轉變成可視
的形象。佛洛伊德在《夢的解析》中認為:清醒狀態時的思想活動,
是以觀念表現;而夢,主要是以景象進行思考。隨著睡眠來到,人們
可以觀察到自主活動是如何恰如其分的變得越來越困難,不自主觀念
則產生了,這些觀念全部屬於景象類型,而夢利用這些景象構成一
個情境。我們看上去不是在思考,而是在體驗。[60]張愛玲既以小說完
成了對夢的體驗,而做夢者是誰?是小說人物?讀者?還是張愛玲自
己?「夢」意味自我權威的終結,是本能衝動與自我壓制的妥協,張
愛玲的小說說的正是人物作不了自己的主人而意識失序、自我崩潰、
精神變態的故事,夢境的形式與內容契合,這是在現實的表面上挖掘
現代人精神底層的醜陋;然而換一個角度,拘謹嚴肅的現代人,在
現實中極度壓抑,唯有在夢的國土上,本我才能活躍開放,夢境運
載了真實的渴求,紓解了欲望——或許張愛玲流露的姿態,不在批判
這些虛偽的現代人,而是懂得,而是慈悲,而是提供一只飛渡現實的
方舟,一帖拯救靈魂的丹藥,在夜夜不斷的衝突妥協之後,小說人物
方能日復一日,重獲新生,而讀者也跟隨著入夢出夢的指令、種種的

60　弗洛伊德:《釋夢》,車文博主編:《弗洛伊德文集》,冊2,頁48。

性象徵、電影化的視聽語言，分享了小說人物的夢的領域。夢是虛幻的，人生虛幻如夢。張愛玲說：「生命也是這樣的吧──它有它的圖案，我們惟有臨摹。」[61]張愛玲巧筆臨摹人生，以夢境作為象徵，體現現代人的精神特徵，讀者也在夢境象徵中免除了本我、自我、超我的衝突，而從閱讀之中獲得宣洩與滿足。

由此看來，張愛玲著實受了佛洛伊德不小的影響。夢與小說創作，都是高度錯綜複雜的心靈活動的成果。夢是潛意識願望的達成，文學作品是作家性欲本能的昇華，多少會將被壓抑的本能衝動貫注於其中；如果所言不虛，那麼張愛玲的小說既擺出了的夢的姿態，當然也就成為探索張愛玲精神世界的重要媒介。精神世界，無形無相，象徵是力圖傳達精神世界的中介，能使衝突對立的心理內容和諧統一，榮格說：「人與象徵共存，儘管人沒有意識到，但象徵的意義卻使人生機盎然。」[62]是夢境象徵激發了生命感與想像力，在小說人物與讀者做夢的同時，張愛玲似也大夢一場，一統鬱鬱蒼蒼的身世之感與充實豐富的愛情生活，以夢的語言寫就了一則則夢的文本。小說創作對張愛玲而言，實在是一種足以自我療癒的神祕恩惠。

---

[61]　張愛玲：〈《傳奇》再版的話〉（上海市：雜誌社，1944 年 9 月再版）；見來鳳儀編：《張愛玲散文全編》（杭州市：浙江文藝出版社，1992 年 7 月），頁 189。

[62]　（瑞士）卡爾・榮格（Carl Gustav Jung,1875～1961）著，張舉文、榮文庫譯：《人及其象徵》（Man And His Symbols）（瀋陽市：遼寧教育出版社，1988 年），頁 62。

第三章
歇斯底里論張愛玲

　　佛洛伊德認為，歇斯底里是人類躲避「性壓抑」最後的因應之道。〈金鎖記〉曹七巧的顫抖、暴怒、瘋狂，〈鴻鸞禧〉婁太太對鏡焦慮的自審，〈茉莉香片〉聶傳慶踢罵言丹朱，〈花凋〉鄭川嫦的自體脹大，〈小艾〉五太太的神經性咳嗽……，這些人物在在呈現歇斯底里的症候，而這些症候展現的不是人性的瘡疤，而是人物處在自此之後絕無退路的文明道德處境中，一種不得不且說不得的無奈。從外部症狀到內部的意識與潛意識，從幻視到記憶到暴力衝突，對讀佛洛伊德歇斯底里的觀點與張愛玲的小說，確實能照見張愛玲以「性壓抑」的角度挖掘人性之深，其塑造心理分裂人物的細節，及其所追求的人生的「真實」圖景——他們受困於欲望的牢籠與一段過不去的記憶，他們不是「鬼」，而是道道地地的「人」。如得其情，近距離的觀察這些人物，當能發現張愛玲的姿態原是關注與同情，而非無情的揭示。

一　歇斯底里：頭腦中的風暴

　　　　她母親這樣新派，她不懂為什麼不許說「碰」字，一定要說「遇見」某某人，不能說「碰見」。「快活」也不能說。為了新聞報副刊「快活林」，不知道有過多少麻煩。九莉心裡想「快活林」為什麼不叫「快樂林」？她不肯說「快樂」，因為不自

然，只好永遠說「高興」。稍後看了《水滸傳》，才知道「快活」是性的代名詞。「幹」字當然也忌。此外還有「壞」字，有時候也忌，這倒不光是二嬸，三姑也忌諱，不能說「氣壞了」、「嚇壞了」。也是多年後才猜到大概與處女「壞了身體」有關。[1]

《小團圓》這段文字展示了九莉「淑女化」的受教過程。九莉的母親作為一名新式女性，出洋留學，觀念開放，頭腦中卻依然留有父權體制對女性在語言上的諸多限制，這些限制如同桎梏，凸顯了民國女性受到的性壓抑。如果在新式女性身上都可以看見如此鮮明的內化，那麼一般女性所承受的性壓抑便可想而知。

歇斯底里（hysteria）的研究，是佛洛伊德精神分析學的起點，開啟了一種重新認識人的方法，其治療報告《歇斯底里研究》（1893～1895），描述了許多典型性壓抑病患的症狀與特質，[2]這些症狀與特質似乎都在張愛玲小說裡變形出現——安娜·O小姐焦慮失神（absences），說話時找不到用詞，只說著「折磨，折磨」[3]，而〈鴻鸞禧〉的婁太太對著鏡子，兩道眉毛緊緊皺著，說不清楚悲傷，也只說著「麻煩，麻煩」；埃米·馮·N夫人害怕外出，不善與人相處，而〈紅玫瑰與白玫瑰〉的孟烟鸝也沒有朋友，她的白隔開了自己與

---

1 張愛玲：《小團圓》，《張愛玲典藏》新版冊8（臺北市：皇冠文化出版公司，2009年3月），頁97。

2 《歇斯底里研究》（中國大陸翻譯成《癔症研究》）是佛洛伊德與布洛伊爾共同的著作，其中第二章的五篇文字主要為五位女病患的病史陳述，分別是安娜·O小姐、埃米·馮·N夫人、露茜·R小姐、凱瑟琳娜小姐、伊麗莎白·馮·R小姐。第一篇由布洛伊爾執筆，後四篇則出自佛洛伊德之手。

3 （奧）西格蒙德·佛洛伊德：《癔症研究》；車文博主編：《弗洛伊德文集》，冊1（長春市：長春出版社，2004年5月），頁29。

周圍的世界；露茜‧R小姐身為管家，精神低落，常聞見燒焦的布丁味，不知道自己愛上了總經理，而〈多少恨〉的虞家茵作為家教，抑鬱寡歡，也不知不覺愛上了男主人；凱瑟琳娜小姐遭受父親的性攻擊，透不過氣來，總是看到一張可怕的臉正看著自己，而〈紅玫瑰與白玫瑰〉的佟振保在與法國妓女完事後，感到不對的恐怖，在鏡中看到一張古代兵士的臉；伊麗莎白‧馮‧R小姐愛上姐夫，羅莎莉‧H小姐手指末端則有討厭的刺痛感，早年舅父因病要求按摩，而對羅莎莉展開了性攻擊，之後羅莎莉逃脫，把自己鎖在屋裡，而《半生緣》的曼楨則遭姊夫性侵害，被囚禁於房間內（當然這也與張愛玲生平有關）；十九歲的少女瑪蒂爾德‧H小姐，兩腿嚴重癱瘓，憂鬱至極，在佛洛伊德深度催眠中時常大量流淚，原因在於訂婚一事受挫，和未婚夫越熟悉，就越不受母親的歡迎；另一方面，經濟優勢的懸殊使得訂婚一事不易決定，長久以來，瑪蒂爾德陷入猶豫不決的狀態中，而對所有發生的事情冷漠起來；最後她母親代表她否決了婚事，[4]這令人直接聯想到〈金鎖記〉的曹七巧與姜長安……這些在遭遇或症候上的雷同，雖然不能武斷的說張愛玲在人物塑造上受到了佛洛伊德的影響，但至少可以確知，兩人所觀察到人性的紋理，不是憑空臆測，而是具有深厚的現實意義。《歇斯底里研究》之後，佛洛伊德又從病患朵拉（Dora）身上看見另一面向的歇斯底里——朵拉十四歲時遭K先生強吻，從此開始有噁心嘔吐的強烈感，後來K先生送她一個昂貴的珠寶盒，引起朵拉反感，這猶如迫使將自己的貞操化作一個禮物回贈K先生，性意味相當鮮明；這和〈第一爐香〉司徒協贈送金剛石手鐲給葛薇龍的情節相仿，只見司徒協「出其不意地給犯人套上手銬」，

4　佛洛伊德：《癔症研究》，車文博主編：《弗洛伊德文集》，冊1，頁110。

而薇龍「只管把手去解那鐲子」[5]，那不齒的感覺和朵拉一樣……張愛
玲的諸多小說人物是歇斯底里式的，如果不能說確實患有歇斯底里
症，但確有或深或淺的歇斯底里症狀，這些類似的現象無疑都具有複
雜的心理過程。

在歇斯底里症的研究中，佛洛伊德發現眾多人物的「頭腦中的風
暴」[6]，及其所導致的生理症狀，不是來自於先天的心理薄弱，而絕大
部分是來自於對性欲的壓抑。這壓抑的過程與結果，意識層面是無法
覺知的，因為被壓抑在潛意識中。身體感覺是心理感覺的象徵，最不
真實的通常最真實，張愛玲筆下頭腦中的風暴，多半從身體不真實的
感覺著手，以感官的紊亂映照心理的糾結，其中最能有所發揮的視覺
想像，當然是張愛玲的拿手好戲：

> 烟鸝得了便秘症，每天在浴室裡一坐坐上幾個鐘頭──只有那
> 個時候可以名正言順的不做事，不說話，不思想，其餘的時候
> 她也不說話，不思想，但是心裡總有點不安，到處走走，沒著
> 沒落的，只有在白天的浴室裡她是定了心，生了根。她低頭看
> 著自己雪白的肚子，白皚皚的一片，時而鼓起來些，時而癟進
> 去，肚臍的式樣也改變，有時候是甜淨無表情的希臘石像的眼
> 睛，有時候是突出的怒目，有時候是邪教神佛的眼睛，眼裡有
> 一種險惡的微笑，然而很可愛，眼角彎彎地，撇出魚尾紋。[7]

女性在父權體制壓抑下的恍惚失神盡在此矣。這是〈紅玫瑰與白玫

5　張愛玲：〈第一爐香〉，《傾城之戀──短篇小說集一》，《張愛玲典藏》新版冊1
　（臺北市：皇冠文化出版公司，2010年6月），頁39。

6　佛洛伊德：《癔症研究》，車文博主編：《弗洛伊德文集》，冊1，頁60。

7　張愛玲：〈紅玫瑰與白玫瑰〉，《紅玫瑰與白玫瑰──短篇小說集二》，《張愛玲典
　藏》新版冊2（臺北市：皇冠文化出版公司，2010年6月），頁170。

瑰〉孟烟鸝意志缺失與精神枯竭的集中點，典型歇斯底里的失神狀態。丈夫宿娼成習，孟烟鸝這乏味的女性不喜歡「最好的戶內運動」，如此的惡性循環，其性焦慮可想而知。具有生殖能力的肚子，若不是幸福的來源，難道是受到了邪教神佛的詛咒？然而想像活動是一種發洩的方法，這是具有防禦目的的轉化機制，如同前述的埃米夫人，出現了動物幻覺，為幻覺所折磨。烟鸝頭腦中的風暴尚稱平靜，認知還在意識範圍；而〈心經〉許小寒的性欲壓抑，則是潛意識能量的爆發。習慣性的白日夢轉變為幻覺性的失神，遂造成不能自已的暈眩：

> 小寒心慌意亂的，路也不會走了，不住的把腳絆到車上。強烈的初秋的太陽曬在青浩浩的長街上。已經是下午五點鐘了。一座座白色的，糙黃的住宅，在蒸籠裡蒸了一天，像饅頭似的脹大了一些。什麼都脹大了——車輛、行人、郵筒、自來水筒……街上顯得異常的擁擠。小寒躲開了肥胖的綠色郵筒，躲開了紅衣的胖大的俄國婦人，躲開了一輛碩大無朋的小孩子的臥車，頭一陣陣的暈。[8]

此處幾乎是歇斯底里症候中「視物顯大症」（macropsia）的模擬了。許小寒戀父，在發現父親與段綾卿的出軌關係後，小寒對父親的欲望以及與龔海立的並肩行走形成衝突，此衝突的結果是性欲觀念被聯想抑制，而附著於性欲觀念的情感，則喚起了生理性的暈眩。在佛洛伊德的視野下，此段幻視是凸顯許小寒性欲壓抑的必要段落，並連結到後來的歇斯底里式的報復行為。同樣的症候也出現在〈花凋〉的鄭川

8　張愛玲：〈心經〉，《傾城之戀——短篇小說集一》，《張愛玲典藏》新版冊1，頁150～151。

嫦身上，婚姻作為實踐性欲的唯一機會，那「碩大無朋的自身和這腐
爛而美麗的世界，兩個屍首背對背拴在一起，你墜著我，我墜著你，
往下沉」[9]，章雲藩畢竟選擇了「紅黃紫綠」健康的余美增，川嫦自慚
形穢，自體脹大，其背對一切的姿勢反映了棄離世界的精神狀態；至
於佟振保的火車幻覺，更是歇斯底里幻視的標準範例──佟振保「在
喉嚨裡『嗄』地叫了一聲，立即往外跑，跑到街上，回頭看那峨巍的
公寓，灰赭色流線型的大屋，像大得不可想像的火車，正衝著他轟隆
轟隆開過來，遮得日月無光」[10]，後來還肚子痛，整個人渙散發慌，住
進醫院。這些患者在一次又一次的失神暈眩中，在原發和繼發狀態之
間，在意識和潛意識的觀念情緒中搖擺著，他們均將注意力強制集中
在身體的某部分，讓自由浮動的興奮導入感覺通路，於是便產生局部
的痛覺過敏。以正常人言，一定量的興奮在進入感覺通路後，總是將
同樣的興奮留在感覺通路中；但歇斯底里症患者卻不同，不僅將興奮
留在感覺通路，而且通過新的興奮的流入而不斷增加，在循環系統方
面亦受大腦影響，因此會出現較多的神經性心悸、暈倒、臉潮紅、蒼
白等現象。[11]由此可知，他們大量的心理興奮常被潛意識占用，除了
暈倒等症候之外，還會出現心理功能減退的現象──清醒思維的能量
漸少，於是判斷幼稚，甚而低能。

　　從「性壓抑」的觀點出發，重新檢視張愛玲小說「一級一級，走
進沒有光的所在」[12]的人物形象，重新挖掘在時代惘惘威脅底層下更

9　張愛玲：〈花凋〉，《紅玫瑰與白玫瑰──短篇小說集二》，《張愛玲典藏》新版冊
　　2，頁110。

10　張愛玲：〈紅玫瑰與白玫瑰〉，《紅玫瑰與白玫瑰──短篇小說集二》，《張愛玲典
　　藏》新版冊2，頁159。

11　佛洛伊德：《癔症研究》，車文博主編：《弗洛伊德文集》，冊1，頁156。

12　張愛玲：〈金鎖記〉，《傾城之戀──短篇小說集一》，《張愛玲典藏》新版冊1，頁
　　284。

核心的成分，使讀者必須去注意小說人物再三的顫抖，他們的恍惚失神，他們自始至終的蒼白無力、暈眩無主，連繫這些看似不甚重要的細節，讀者將能更清楚的看見張愛玲人性凝視的價值、同情的姿態，及其與佛洛伊德之間的深層對話。以下首先從發抖症狀論析張愛玲筆下歇斯底里的典型人物曹七巧；其次從記憶出發，探討張愛玲如何透過創傷瞬間與心理分裂，傳達對歇斯底里的理解與觀察；最後，歸結這些歇斯底里症狀的書寫，究竟呈現了何種觀察人性的角度。

二　金鎖記：一個顫抖的文本

> 一向心平氣和的古國從來沒有如此騷動過。在那歇斯底里的氣氛裡，「元寶領」這東西產生了——高得與鼻尖平行的硬領，像緬甸的一層層疊至尺來高的金屬項圈一般，逼迫女人們伸長了脖子。這嚇人的衣領與下面的一捻柳腰完全不相稱。頭重腳輕，無均衡的性質正象徵了那個時代。[13]

　　曹七巧在張愛玲的想像中，便是穿著這樣的「嚇人的衣領」，騷動的、無均衡的束縛在這名歇斯底里的女人身上。

　　張愛玲的小說人物，多出現佛洛伊德所謂歇斯底里的病理症狀，他們激動，煩亂，有戲劇化的情緒表達，激動者如〈茉莉香片〉的聶傳慶，狠踢同學言丹朱，倉皇逃逸；〈紅玫瑰與白玫瑰〉的佟振保，以雨傘敲碎自己的倒影，將燈座砸向妻子；〈心經〉的許小寒，用指甲抓父親，對母親大肆咆哮……；而其中最典型的，該是〈金鎖記〉

---

[13]　張愛玲：〈更衣記〉，《華麗緣——散文集一》，《張愛玲典藏》新版冊11（臺北市：皇冠文化出版公司，2010年4月），頁24～26。

中的曹七巧了。七巧的歇斯底里形象是十足鮮明的,她的情緒大起大
落,極不穩定——分家時搥胸頓足,嚎啕大哭;揭穿姜季澤時暴力相
向,甩女僕耳光,掙扎叱喝,踉蹌跌撞;她神經質(neurotic),經常
發怒、流淚、焦躁、視覺紊亂、渴望感覺,表現出神經系統異常的興
奮性,這些都是急性歇斯底里的準確反應。

　　就佛洛伊德而言,歇斯底里是一種精神疾病。一八九五年,佛洛
伊德與布洛伊爾(Breuer)合著的《歇斯底里研究》問世,系統論析
了歇斯底里症的治療過程與理論,成為歇斯底里症研究的劃時代之
作。其實歇斯底里症的觀念由來久遠,可上溯至西元前四六〇年醫
學之父希波克拉底(Hippocrate)的時代,而一直以來,人們普遍視
歇斯底里症為婦女專屬,源自子宮的不正常運作。《弗洛伊德自傳》
提到,有一個老外科醫生曾經向佛洛伊德驚叫:「天哪,我親愛的先
生,你怎麼能說出這樣荒唐的話?歇斯底里是子宮的意思,男人怎麼
會得這種病呢?」[14] 確實,「歇斯底里」在希臘文中原就是「子宮」的
意思,但佛洛伊德發現,歇斯底里不僅限於女性,男性也有相同的症
狀。直到十九世紀末葉,歇斯底里症在醫學領域的理解上,大致呈現
兩個方向:一是將歇斯底里症視為暗示、自我暗示甚至模仿,如巴賓
斯基(Babinski);一是認定歇斯底里症為一種疾病,與神經性質疾
病一般,具有明確的症狀,如夏科(Charcot)。《歇斯底里研究》走
的是偏後者的路線,超越了上述二者的對立,認為歇斯底里症為一種
定義明確的精神疾病,需要一個特定的病因學,且具有其精神機制,
而探索此精神機制,人類才能對歇斯底里症有進一步的了解。佛洛伊
德表示,歇斯底里是神經症的一種,臨床病情十分多樣化,一般的病

14　佛洛伊德著,游乾桂校閱:《佛洛依德自傳》(臺北市:桂冠圖書公司,1992年),
　　頁8。

理現象，包括有半身麻木、各類型神經痛、抽搐、慢性嘔吐、厭食、視野縮小、視覺紊亂、幻視等。[15]

於是，重新閱讀〈金鎖記〉中描寫曹七巧伸手去試探姜季澤大腿的一段，在歇斯底里的意義上，就顯得極不尋常。只見曹七巧直挺挺的站起，垂著眼皮，緊繃似又放鬆的洩露了即將出手的興奮，臉龐下部「抖」得像嘴裡含著滾燙的蠟燭油；而遭姜季澤拒絕之後，曹七巧蹲在地上，張愛玲開始以極近的距離特寫人物：

> 她順著椅子溜下去，蹲在地上，臉枕著袖子，聽不見她哭，只看見髮髻上插的風涼針，針頭上的一粒鑽石的光，閃閃掣動著。髮髻的心子裡紮著一小截粉紅絲線，反映在金剛鑽微紅的光焰裡。她的背影一挫一挫，俯伏了下去。她不像在哭，簡直像在翻腸攪胃地嘔吐。[16]

是哭泣？嘔吐？還是抽搐？七巧若不只是單純的哭泣，此段情欲實踐的遭拒，也許是面臨了一次歇斯底里的發作。張愛玲觀察七巧「一挫一挫」狀似嘔吐，身體的顫抖牽動鑽石光芒閃閃掣動，原本無人看見的一小截粉紅絲線的倒影，經過刻意放大，竟成視覺中心，點出了女性的某一個重要的部分被虛化、被壓抑了，那包藏在金錢欲（鑽石）中的「粉紅絲線」，該是佛洛伊德所謂的性欲嗎？張愛玲以電影化的大特寫鏡頭的想像，引領讀者的逼視，將象徵性欲的粉紅絲線囚禁在堅硬的鑽石裡，似是呼應了佛洛伊德歇斯底里的性壓抑說。

正如歇斯底里研究中案例四凱瑟琳娜或是朵拉的嘔吐症狀，不管曹七巧是在哭泣或是「翻腸攪胃的嘔吐」，這個症狀是代替了道德和

---

[15] 佛洛伊德：《癔症研究》，車文博主編：《弗洛伊德文集》，冊1，頁18。

[16] 張愛玲：〈金鎖記〉，《傾城之戀──短篇小說集一》，《張愛玲典藏》新版冊1，頁248。接續引文不復贅註。

生理上對自己的憎惡。佛洛伊德認為：困苦事件（如修士、修女、禁欲婦女、教養過嚴兒童的歇斯底里症性譫語）是歇斯底里症現象的基礎。[17]曹七巧的性困苦顯然沒有受到適當的卸載，欲望形成情感滯塞，被壓抑在潛意識中，進一步「轉換」成為歇斯底里的軀體症狀，這正是欲望如願以償的表達，典型佛洛伊德所謂的「轉換型歇斯底里」（conversion hysteria）。在分析露茜・R小姐的案例時，佛洛伊德歸結，第一次患歇斯底里症前，必須有一個基本條件：一種觀念必定在意識中有意被壓抑，並排除在聯想性的矯正之外。這種有意的壓抑，也是全部或部分興奮總量轉換的基礎。壓抑本身的基礎，可能就是一種不愉快的情緒，一種被壓抑的觀念和構成自我的佔優勢的許多觀念之間出現不相容，而被壓抑的觀念以逐漸成為致病性因素的方式進行報復。[18]嫁了下半身癱瘓的丈夫，曹七巧欲求不滿，坐困身體欲望的牢獄，礙於道德與律法的束縛，力比多（libido）被壓抑而無處宣洩，自然產生不愉快的情緒，她曾對玳珍抱怨「只怕你一晚上也過不慣」，「真的，連我也不知道這孩子是怎麼生出來的！越想越不明白！」（頁243、244）也曾對嫂子說「他要有點人氣，倒又好了」（頁252）──幾句怨言，性的匱乏與壓抑可見一斑。因而讀者更有理由可以認為，那「一挫一挫」的顫抖，若按照佛洛伊德所言，即是被壓抑的欲望對七巧身體進行的「報復」。

顫抖，作為歇斯底里的病癥之一，正隱含了情感的作用。七巧多次的抽搐抖動，皆是情感的一種變形傳達。舅爺來訪日，七巧面對這名將妹妹視為婚姻商品的哥哥，落淚且「顫聲」道：「也不怪他沒有話──他哪兒有臉來見我！」（頁251）怪罪哥哥的根本原因，即讓

17　佛洛伊德：《癔症研究》；車文博主編：《弗洛伊德文集》，冊1，頁22。
18　佛洛伊德：《癔症研究》；車文博主編：《弗洛伊德文集》冊1，頁82。

她嫁了一個無法使她性欲滿足的丈夫。分家當天，她臉部潮紅（亦是歇斯底里的典型症候），「臉上像抹了胭脂似的，從那揉紅了的眼圈兒到燒熱的顴骨」，「臉上燙，身子卻冷得打顫」（頁255），這是生命中至關重要的幻想的集中點，金錢欲的異常高漲，對應的當然是同等程度的被壓制的情欲，於是這一燙一冷之間的顫抖，成為一條歇斯底里的導線，引燃對九老太爺的咆哮哭鬧。分家後，季澤前來，在「二嫂」變「七巧」的呼喚攻勢中，在從前是「為了躲你」的甜言蜜語中，「七巧的手直打顫，扇柄上的杏黃鬚子在她額上蘇蘇摩擦著」（頁260），這杏黃鬚子的摩擦，幾乎是「a lace in my bonnet」（女帽上的一條絲緞）的用典了。[19]

　　佛洛伊德在治療朵拉的紀錄中提到：每一項歇斯底里症狀都包括兩方面的參與。若沒有一定程度「身體順從」的存在，症狀不可能發生，這是由身體器官之一，其中或相關的正常或病態歷程所提供的。除非它有一種心理的重要性，一種「意義」（meaning），否則它無法發生超過一次以上——它自身重複的能力，是一種歇斯底里症狀的特質之一。[20]「身體順從」是提供潛意識心智歷程的一種身體的出口，當情感性觀念所引起的心理興奮一概轉換成軀體的症狀，曹七巧的性欲於是一再藉由身體的顫抖抒發出來。這種抒發，其實也浮現在曹七巧看似「不相干」的動作上。兄嫂來姜家探視，七巧流淚之餘，「把那

---

[19] 張愛玲給宋淇夫婦的信中提到自己的「跳蚤敏感」：「現在要住院，除非醫生介紹，而醫生也疑心是a lace in my bonnet（女帽上的一條絲緞，隱喻，暗示純屬子虛烏有）。前兩天我告訴他近來的發展，更像是最典型的sexual fantasy（性的妄想），只有心理醫生才有耐心聽病人這種囈語。」見水晶：〈張愛玲病了！〉，原刊《中國時報‧人間副刊》，1985年9月21日；後收錄於水晶：《替張愛玲補妝》（濟南市：山東畫報出版社，2004年5月），頁267。

[20] 佛洛伊德著，劉慧卿譯：《朵拉：歇斯底里案例分析的片斷》（臺北市：心靈工坊，2004年9月），頁112。

隻空著的手去解箱套子上的鈕扣,解了又扣上,只是開不得口」(頁251),這個不自覺的症狀式動作,當是七巧性壓抑的體現,箱子與朵拉的「女用織網袋」的象徵意涵一致,都可視為女性性器官的代替。佛洛伊德表示:朵拉的女用織網袋,一般在表面上的拆解,除了是性器官的表徵之外,不會是其他的,而她玩弄它、打開它、把她的手指放入,全然是一齣毫不尷尬而無誤的默劇式宣稱,宣示她想對它們做的——也就是想自慰。[21]若按照佛洛伊德的說法,曹七巧這個「開不得口」的箱子,正是性欲苦悶的外化,前可連結對蘭仙的揉捏,「心裡發煩,一雙手也不肯閒著,把蘭仙揣著捏著,搓著打著,恨不得把她擠得走了樣才好」(頁247);後可相通會見童世舫時雙手捧著的「大紅熱水袋」(女性自慰用),這是張愛玲的幽深與同情。一如佛洛伊德所言:沒有一位凡夫藏得住秘密,如果他的嘴唇是沉默的,他會用他的指尖喋喋不休。[22]

「開不得口」的箱子體現了平常的靜默的性壓抑,當然曹七巧也表現出歇斯底里症候中的喜怒無常,佛洛伊德稱之為「情緒的異常表達」。佛洛伊德表示:當大腦興奮的電壓高時,在異常薄弱處就發生電流穿透絕緣處,而這種情感性興奮則傳到周圍器官中,在那裡接著發生一種「情緒的異常表達」。[23]曹七巧揭發季澤的欺騙,當是一次歇斯底里的大發作,由笑臉瞬間擲扇攻擊:

> 七巧雖是笑吟吟的,嘴裡發乾,上嘴唇黏在牙仁上,放不下來。她端起蓋碗來吸了一口茶,舐了舐嘴唇,突然把臉一沉,跳起身來,將手裡的扇子向季澤頭上擲過去,……她隔著一張

---

[21] 佛洛伊德:《朵拉:歇斯底里案例分析的片斷》,頁153。

[22] 佛洛伊德:《朵拉:歇斯底里案例分析的片斷》,頁154。

[23] 佛洛伊德:《癔症研究》;車文博主編:《弗洛伊德文集》,冊1,頁133。

桌子探身過去打他，然而她被潘媽下死勁抱住了。潘媽叫喚
起來，祥雲等人都奔了來，七手八腳按住了她，七嘴八舌求
告著。七巧一頭掙扎，一頭叱喝著，然而她的一顆心直往下
墜——她很明白她這舉動太蠢——太蠢——她在這兒丟人出
醜。（頁262）

這可視為〈金鎖記〉中歇斯底里的頂峰，曹七巧「迸得全身的筋骨與
牙根都酸楚了」（頁262）。此時七巧的心理興奮過於強大，突破了身
體的協調中心，便以原始的運動方式溢出，這是大腦反應最大興奮的
方式，也是歇斯底里發作的純運動途徑。其實擲扇、潑翻酸梅湯、
打季澤、掌祥雲嘴、慌忙跌蹌都是表象，「一顆心直往下墜」方是關
鍵，面對如此異常的演出，曹七巧知道自己的舉止太愚蠢，卻無法克
制，自我分裂的讓一個優雅的自己在旁逼視失態的自己。這是張愛玲
的切入點——曹七巧的蒼涼之處不在外緣的姜季澤（儘管姜季澤來
意不善、態度輕佻也引人憎惡），而在內部的自我掙扎，文明道德與
一切社會律法內化成其清醒的理性的超我，壓制在原始欲望之上。
這正如同《歇斯底里研究》案例一安娜‧O小姐具有「雙重意識」
（double conscience）的症狀：第一意識狀態中，心理正常；「第二意
識狀態」（second state of consciousness）中，精神錯亂；儘管兩種狀
態截然分明，但第二狀態會闖入第一狀態，一個眼光銳利與鎮定的觀
察者，坐在她腦海的一角，觀察所有瘋狂的事情，而之後她以未分裂
的人格看待自己，經過一段暫時的憂鬱，產生害怕與自責，知道自己
所有的愚蠢舉止。[24]是故七巧緊接在後的上樓對窗，透不過氣，流淚
不已，在歇斯底里的發作過程上便極具意義，那是「經過一段暫時的
憂鬱」，呈現七巧兩個分裂意識的縫合，油然而生強烈的罪疚感——

---

[24] 佛洛伊德：《癔症研究》；車文博主編：《弗洛伊德文集》，冊1，頁41～42。

「今天完全是她的錯。……她為什麼要戳穿他？」（頁262～263）之後，七巧以溫柔的眼神擁抱季澤離去的背影，「晴天的風像一群白鴿子鑽進他的紡綢袴褂裡去，哪兒都鑽到了，飄飄拍著翅子」，而具隔膜意味的窗簾又「沒頭沒臉包住她」（頁263），受困的鴿子猶如受困的七巧，這是七巧情欲實踐的告別式，情感在此充分發洩。如此的心理分裂，正如賴恩《分裂的自我》提到集中營囚徒的心理狀態：集中營的囚徒就有這種感受，集中營在空間或一段時間結束，都不提供可能的出路。唯一的出路是從身體「出來」「退入」一個人的自我。這種分離和此種思想有關：「這像一個夢」、「這似乎不實在」、「我不相信這是真的」、「我沒有這回事」、「似乎和我毫無關係」、「我不了解」，也就是和現實疏離的感覺。身體可以藉外在的正常方式繼續動作，但是內在感到是它自己自動的動作。[25]曹七巧對窗自審「什麼是真的，什麼是假的」，見窗內人物交疊複印，產生鬼域幻視，彷彿一名被金鎖禁錮的囚徒，自我暫時的離開身體，神志卻異常清晰。

　　佛洛伊德認為：一個觀念若在最初伴隨著強烈的情感，則此被情感「色彩化」的觀念日後在意識中再次出現時，情感或多或少會恢復。[26]作為情欲象徵的「白鴿」，諧音「白哥」，當七巧後來輕喚長白「白哥兒」，所連帶恢復的情感何其驚人，她無疑是將本該貫注於季澤的情感轉移到兒子身上；又，當七巧拉上窗簾，教訓女兒「男人，碰都碰不得」，那關於「碰男人」與「腳」的記憶於是又還魂眼前，其心理興奮遂轉換成另一歇斯底里的症狀——麻痺——「七巧的一隻腳有點麻，她探身去捏一捏她的腳。僅僅是一剎那，她眼睛裡蠢動著一點溫柔的回憶。她記起了想她的錢的一個男人」（頁265）。連結了

25　賴恩（Dr. R. D. Laing）著，李永久譯：《分裂的自我》（*The Divided Self*, 1959）（臺北市：國際文化事業公司，1976年4月），頁72。

26　佛洛伊德：《癔症研究》，車文博主編：《弗洛伊德文集》，冊1，頁134。

關於這隻腳的記憶，她曾經真心觸碰季澤的腿腳而遭季澤戲謔回碰拒絕，那是一記創傷，一次逾越道德的試探，七巧由此強制產生了聯想。歇斯底里症即因自我和某些代表自我的觀念之間存在一種不相容性，為了躲避這些精神衝突，歇斯底里便開始從事防禦措施：抑制自我意識中的不相容性，而將心理興奮轉變成軀體的感覺運動，因而，那種意識含有經轉換形成的軀體記憶，且困擾於因情緒附著於此記憶。麻痺，及其所牽動的一切情緒與記憶，便是張愛玲將心理興奮轉換成軀體感覺的證據，七巧的「一隻腳有點麻」，在歇斯底里的意義上不可等閒視之，它是七巧的身體宣洩心理興奮的轉換機制，是性欲的變形。

顫抖或麻痺釋放了七巧的心理興奮，在佛洛伊德看來，這些都可以容納於歇斯底里「反應」（reaction）的概念。佛洛伊德提出：「反應」包括有意和無意的反射，即從流淚到報復行為。我們通過這些反應宣洩情感。如果這種反應受抑制，情感則維繫在記憶中。面對那種必須默忍的傷害，可典型的稱之為「心病」。如果有一個適當的反應，例如報復，那麼對受傷者而言，倒是起了宣洩的作用。[27]佛洛伊德的看法，對讀者理解〈金鎖記〉帶來兩個啟示：一、為何張愛玲必須完成〈金鎖記〉的下半部；二、為何〈金鎖記〉要以七巧流淚作終。夏志清在《中國現代小說史》中指出：〈金鎖記〉原可以在七巧對窗佇立俯瞰季澤離去之處結束，「別人假如能寫這半部，也足以自豪的了」[28]，然而張愛玲才華洋溢，自然還要更上一層，寫盡七巧下半生的瘋狂，而下半部的主旋律，便是七巧將承自父權社會的壓抑報復在下一代身上，從陰陰的月亮，變形為「黑漆的天上一

---

27 佛洛伊德：《癔症研究》，車文博主編：《弗洛伊德文集》，冊1，頁20。
28 夏志清著，劉紹銘編譯：《中國現代小說史》（臺北縣：傳記文學出版社，1991年11月），頁408。

個白太陽」（頁271），照下遍地藍影，形成陰曹地府，宰制著一切
能宰制的人──兒子長白，「金絲眼鏡上『抖』動著一點光」，「嘴裡
『抖』動』著一點光」（頁271），夜夜遭母親牽制挑逗；女兒長白，
與母親衝突不斷，「美麗而蒼涼的手勢」形同自我犧牲自我放棄，口
琴聲忽斷呼續似嬰兒「抽泣」，後來拒絕童世舫時，聽聞男孩吹口
琴，「梧桐葉在太陽裡『搖』著像金的鈴鐺」（頁282），淚流滿面；
媳婦芝壽，遭七巧言語虐待，語言代替行動，足以宣洩情感，惡毒的
說話就是一種適當的反應，因而使芝壽「平板的臉與胸『震』了一
『震』──多半是龍鳳燭的火光的『跳』動」（頁269），且死前聽到
絹姑娘生了男孩，「帳鈎豁朗朗亂『搖』」（頁285）；長安的未婚夫童
世舫來訪，七巧「穿一件青灰團龍宮織緞袍，雙手捧著大紅熱水袋，
身邊夾峙著兩個高大的女僕」，且「一級一級上去，通入沒有光的所
在」，世舫「直覺地感到那是個瘋子──無緣無故的，他只是毛骨悚
然」（頁283）──性壓抑在七巧身體上報復，七巧在下一代的幸福上
報復，張愛玲要完成的是歇斯底里的報復行為，〈金鎖記〉於是成為
一個歇斯底里的顫抖文本。七巧贏得了克制性欲需求的勝利，但卻
輸了人心，「好歹忍著吧，總有個出頭之日」（頁252）成為一道緊箍
咒，是父權社會交付的使命，她終身以赴，至死方休；如果那是所有
本能中最強烈的部分，那麼經過一輩子激烈的鬥爭，七巧已然精神耗
竭：

> 七巧似睡非睡橫在烟舖上。三十年來她戴著黃金的枷。她用那
> 沉重的枷角劈殺了幾個人，沒死的也送了半條命。她知道她兒
> 子女兒恨毒了她，她婆家的人恨她，她娘家的人恨她。她摸索
> 著腕上的翠玉鐲子，徐徐將那鐲子順著骨瘦如柴的手臂往上
> 推，一直推到腋下。……七巧挪了挪頭底下的荷葉邊小洋枕，

湊上臉去揉擦了一下，那一面的一滴眼淚她就懶怠去揩拭，由它掛在腮上，漸漸自己乾了。（頁285）

張愛玲以靜止的流淚為曹七巧的一生畫下句號，並使其腦海盤旋在與肉舖朝祿、丁玉根、張少泉等具性意味的名字結合的可能，性味隱晦又何其明顯。曹七巧歇斯底里的心理能量此時在寧靜中爆炸。流淚，作為心理興奮爆炸的外顯，作為一種情感的宣洩方式，能適當的轉換過剩的力比多，使腦內興奮保持恆定之外，佛洛伊德表示：長時間的靜止，產生運動的需求，如果此需求無法獲得滿足，便產生沮喪感，缺乏感覺刺激、黑暗、完全的寂靜，成為一種折磨，缺乏知覺，會產生厭煩的痛苦。這些不愉快的情緒是由於「興奮」的緣故，是在正常的腦內興奮增加的情況下產生的。[29]的確，有機體能一直保持腦內興奮的恆定，如果這種不斷釋放的腦內興奮無法被應用於感覺性或觀念性活動，即無法滿足釋放能量的需求，便會產生一種不愉快的情感，一種強烈要求釋放的聲音。靜靜的躺在烟舖上是七巧的最後一步了，除了流淚，還能如何？原來，〈金鎖記〉的「金鎖」不是關鍵，那在另一端與之拉扯的性欲才是主題。張愛玲要讀者看的，不是鑽石的光采懾人，而是粉紅絲線的震顫。

　　便是在鑽石（金錢欲）與粉紅絲線（性欲）的拉扯下，張愛玲將曹七巧寫到了歇斯底里的極致——自我分裂。她可以前一秒鐘「笑吟吟」的面對姜季澤，後一秒鐘「把臉一沉」，丟擲扇子，叫罵打人；她可以前腳幫兒子長白辦了婚禮，後腳「眯縫著眼」望著長白，叫聲「白哥兒」；她可以終日騎著門叫罵屋裡的女兒長安，也可以將長安喚到身邊，淚流滿面，說出母親的用心考量。月亮在〈金鎖記〉作為陰性權力的象徵，也同時作為歇斯底里人格的體現——「影影綽綽烏雲

---

[29]　佛洛伊德：《癔症研究》，車文博主編：《弗洛伊德文集》，冊1，頁128。

裡有個月亮,一搭黑,一搭白,像個戲劇化的猙獰的臉譜。一點,一點,月亮緩緩的從雲裡出來了,黑雲底下透出一線炯炯的光,是面具底下的眼睛」(頁270)——月亮隱喻傳達了心理分裂所形成的雙重人格,在普遍認定曹七巧是一個變態、負面、恐怖的母親之餘,張愛玲也許在提醒讀者,猙獰的臉譜底下原也有一雙溫柔母性的眼睛,以自己的方式愛著兒女,愛著自己。

張愛玲在曹七巧的生命細節裡,埋伏了其對歇斯底里的基本認識,連結這些細節,讀者可見張愛玲對歇斯底里的觀察與想像。唐文標在《張愛玲研究》中,直指張愛玲的小說世界是一個「死世界」,說「〈金鎖記〉是一篇現代鬼話,由頭到尾是一幢鬼屋內的黑事,裡面陰氣森森,自成世界,和外面全無關係的」[30];然而,就佛洛伊德來看,七巧不是鬼,而是道道地地的「人」,她的心理興奮的轉換機制何其活躍,但她只能通過歇斯底里去抵制這不斷增加的心理興奮,這不是七巧的自主選擇,這是她在父權社會中唯一的自保機制與退路。該說七巧是個「變態」還是「瘋子」?是個「女鬼」還是所謂的「最徹底的人」?也許我們只能說,〈金鎖記〉不是一個揭發黑暗穢褻的故事,它只是一個悲哀的故事;〈金鎖記〉訴諸的不是極端,它描摹的是普遍。七巧只是一名歇斯底里的凡人,這是張愛玲的冷眼同情。

林幸謙在《歷史、女性與性別政治——重讀張愛玲》中表示:「曹七巧的象徵意義,特別是她的瘋狂,代表著一個極致化的歇斯底里女性的典型。」[31]確實,如果女性在父權體制中是沉默無聲的,那麼張愛玲則藉由〈金鎖記〉讓曹七巧擁有一具會說話的身體,一具「象徵化」(symboliszation)的身體,讓壓抑著的欲望轉出而外顯於某種

---

30 唐文標:《張愛玲研究》(臺北市:聯經出版事業公司,1984年2月),頁56。

31 林幸謙:〈重讀〈金鎖記〉——鐵閨閣與雙重人格的儒家瘋女〉,《歷史、女性與性別政治——重讀張愛玲》(臺北市:麥田出版,2000年7月),頁113。

細微的身體症狀，於是其顫抖，以至其空虛、暴力、分裂循序漸進，確實豎立了一個歇斯底里人物的典型。而以曹七巧為圓心，幅射張愛玲其他小說的人物，便能看見隱密流動的歇斯底里症候。

回溯一九四三年的處女作〈第一爐香〉，葛薇龍聽見喬琪喬不能答應結婚的說法，立刻出現暈眩與顫抖的症狀：

> 她彷彿一連向後猛跌了十來丈遠，人有點暈眩。……她竭力地在他的黑眼鏡裡尋找他的眼睛，可是她只看見眼鏡裡反映的她自己的影子，縮小的，而且慘白的。她呆瞪瞪的看了半晌，突然垂下了頭。喬琪伸出手去攬住她的肩膀，她就把額角抵在他胸前，他覺得她顫抖得厲害，連牙齒也震震作聲，便柔聲問道：「薇龍，你怕什麼？你怕什麼？」薇龍斷斷續續的答道：「我……我怕的是我自己！我大約是瘋了！」說到這裡，她哇的一聲哭了起來。喬琪輕輕的搖著她，但是她依舊那麼猛烈地發著抖，使他抱不牢她。[32]

喬琪喬擺明是個花花公子，依附梁太太為的是金錢與享樂，顯然不是葛薇龍企盼的愛情與婚姻，此處的暈眩與顫抖堆疊至喬琪喬與睨兒幽會處，終讓葛薇龍的歇斯底里大加發作，衍生成暴力事件──「薇龍在臉盆裡撈出一條濕淋淋的大毛巾，迎面打了過來，刷的一聲，睨兒的臉上早著了一下」（頁48），又「兩隻手捏緊了毛巾，只管沒頭沒腦的亂打」（頁49）。心理分裂的薇龍，一方面知道自己賣給了梁太太與喬琪喬，「不是替喬琪喬弄錢，就是替梁太太弄人」（頁57），為了求生痛苦不已；一方面又甘願與喬琪喬結婚，自毀生命，死亡本能

---

[32] 張愛玲：〈第一爐香〉，《傾城之戀──短篇小說集一》，《張愛玲典藏》新版冊1，頁43～44。接續引文不復贅註。

於焉浮現。葛薇龍作為張愛玲歇斯底里人物想像的第一人,向死亡本能傾斜的意向極為明顯,性壓抑的主題亦不容小覷。同年八月發表的〈心經〉,許小寒的顫抖更加鮮明——「雖然極力抑制著,依舊肩膀微微聳動著,在那裡靜靜的啜泣」[33],「透不過氣來」(頁158),「劇烈的顫抖了一下,連她母親也感到那震動」(頁160),「小寒聽見『三舅母』那三個字,就覺得肩膀向上一聳一聳的」(頁161),「身上一陣一陣細微的顫慄」(頁162)——高度密集的震顫,彰顯出對父親欲望的壓抑,小寒甚至還「撲到他身上去,打他,用指甲抓他」,「尖尖的長指甲劃過了她自己的腮,血往下直淌」(頁156)。張愛玲直接將小寒的精神狀態銘刻在身體上,此等寫作策略隨後更純熟的展現在十一月發表的〈金鎖記〉上。

一九五一發表的〈小艾〉,歇斯底里的症候與〈金鎖記〉遂見雷同之趣。小艾遭席五老爺強暴而懷孕,成為陽具權威的犧牲品,周圍女眷不但不憐憫慰問,還誤認小艾勾引五老爺以翻身。五老爺的填房五太太,「又像棄婦又像寡婦的一種很不確定的身分」[34],使她「經常的有一種淒黯的神情」(頁141),聽聞小艾懷孕,五太太「頭也沒梳好,紫漲著臉,一隻手挽著頭髮,便站起身來,迎面沒頭沒臉的打上去」(頁103),兩隻胳膊痠軟,且「從床前拾起一隻紅皮底的綉花鞋,把那鞋底劈劈啪啪的在小艾臉上抽著」(頁103～104)。這邊施展著暴力,那邊見老太太時,五太太卻「有一點窘,就常常在喉嚨口發出一種輕微的『唔唔』的咳嗽的聲音」(頁85),見席五老爺時也總是「把脖子僵僵著,垂著眼皮望著地下,窘得說不出話來,時而似

33　張愛玲:〈心經〉,《傾城之戀——短篇小說集一》,《張愛玲典藏》新版冊1,頁157。接續引文不復贅註。

34　張愛玲:〈小艾〉,《色,戒——短篇小說集三》,《張愛玲典藏》新版冊3(臺北市:皇冠文化出版公司,2010年6月),頁81。接續引文不復贅註。

咳嗽非咳嗽的在鼻管和喉嚨之間輕輕的『唷！』一聲，接著又『唷唷』兩聲」（頁112），這種「神經性咳嗽」（tussis neriosa），即是典型的歇斯底里症候，如同安娜‧O小姐的症狀：虛弱貧血，焦慮失神，頸前肌麻痺，肢體攣縮麻木，出現嚴重的咳嗽。而五老爺的三姨太太憶妃，也「一言不發的走進來，一把揪住小艾的頭髮，也並不毆打，只是提起腳來，狠命向她肚子上踢去，腳上穿的又是皮鞋」，經過一陣打鬧，她更「用盡平生之力，向小艾一腳踢去」（頁105）；之後憶妃失寵，「她大概是什麼潛伏著的毛病突然發作起來，在短短的幾個月內把頭髮全掉光了」（頁109）。平日「敞著高領子」（頁92）的憶妃，其性的焦慮來自娼妓的身分與失寵的恐懼，自不待言。當憶妃踢打小艾的鬧場結束，五太太失神的「呆呆的」坐在梳妝台前，看見「蜿蜒一線的茶汁慢慢的流過來，五太太眼看著它像一條小蛇似的亮晶晶的在地板上爬著，向她的腳邊爬過來，她的腳也不知怎麼，依舊一動也不動」（頁106），這簡直是〈金鎖記〉酸梅湯的複寫本。佛洛伊德曾經表示：男性性器官中最重要的象徵則是蛇，[35]而與五太太更雷同的是，安娜‧O也曾經「把所見的自己頭髮上的綢帶和類似物幻想成可怕的黑蛇」[36]。蛇具有鮮明的陽具象徵，五太太獨坐屋內，其腦內風暴正由蛇的暗示彰顯出來。

　　〈金鎖記〉確實是張愛玲歇斯底里書寫的極致，它是一個顫抖的文本，也是生命走向「沒有光的所在」的死亡的文本。死亡本能首先導向內在，傾向自我毀滅，之後導向外在，傾向破壞欲力的實踐。曹七巧歇斯底里的生命之途，便是自我毀滅之後毀滅他人，她戴著黃金

---

[35] 佛洛伊德：《釋夢‧第六章 夢的工作》，車文博主編：《弗洛伊德文集》，冊2，頁233。

[36] 佛洛伊德：《釋夢‧第六章 夢的工作》，車文博主編：《弗洛伊德文集》，冊2，頁233。

的枷，鎖住了自己也劈殺了兒女。歇斯底里來自性壓抑，而壓抑的根
源指向現代文明。馬爾庫塞在《愛欲與文明》中思索佛洛伊德的觀點
後表示：文明是以對主要本能的有條不紊的壓抑為出發點的。可以區
分為兩種主要的本能組織形式：一、對性欲的抑制，它將導致集體關
係的穩定和發展；二、對破壞本能的抑制，這將產生對人和自然的控
制，產生個體道德和社會道德。當這兩種力量結合而更有效的維持了
更大的集體生命時，愛欲就壓倒了它的對手，社會的利用迫使死亡本
能服務於生命本能。但正是文明的進步擴大了昇華的範圍與控制攻擊
的範圍；由於這兩方面的原因，愛欲被削弱了，而破壞性則得到了釋
放。[37]當破壞性得到釋放，三十年前的月亮沉下去，曹七巧的肉身便
衝破了壓抑，享有了自由。

三　回憶：創傷瞬間與自我分裂

> 回憶不管是愉快還是不愉快的，都有一種悲哀，雖然淡，她怕
> 那滋味。她從來不自找傷感，實生活裡有得是，不可避免的。
> 但是光就這麼想了想，就像站在個古建築物門口往裡張了張，
> 在月光與黑影中斷瓦頹垣千門萬戶，一瞥間已經知道都在那
> 裡。[38]

　　要梳理張愛玲歇斯底里的人物形象，如果只是討論其中的發怒、

---

[37] （美）赫伯特・馬爾庫塞（Herbert Marcuse, 1898～1979）著，黃勇、薛民譯：《愛
　　欲與文明——對弗洛伊德思想的哲學探討》（*Eros and Civilization*）（上海市：上海
　　譯文出版社，2005年7月），頁81。

[38] 張愛玲：《小團圓》，《張愛玲典藏》新版冊8，頁78。

叫罵、顫抖等外部行為如何生動細緻，當然是小看張愛玲了；讀者必須注意的是，這些人物都陷溺在某個回憶裡，一個靈魂始終過不去的地方。

〈金鎖記〉的結尾，在年老的曹七巧的腦海中，縈繞著「肉」舖「朝祿」（諧音朝露）等人的回憶，以彌補性的匱乏。七巧賣給姜二爺後，還回想著從前在麻油店時經常向朝祿買肉的青春時光，只見七巧「一巴掌打在鈎子背上，無數的空鈎子盪過去錐他的眼睛」，朝祿則「從鈎子上摘下尺來寬的一片生豬油，重重的向肉案一拋，一陣溫風撲到她臉上」（頁254），這樣具有濃厚性暗示的挑逗，七巧當作一輩子的精神支柱而聊以自慰，心理興奮通過回憶釋放。佛洛伊德認為：歇斯底里症的發作，主要來自於回憶。[39]換句話說，歇斯底里軀體症狀出現的同時，其實患者正回憶著某一特殊事件。這些記憶有的可能是無法呈現於意識的，便只好記錄在身體上。

張愛玲小說裡歇斯底里式的人物，確實多是受某一特殊事件的回憶所主宰──〈傾城之戀〉的白流蘇，童年時看戲出來與家人擠散，「隔著一層層無形的玻璃罩」，撞不進去，「她似乎是魘住了」[40]，被拋棄的恐懼情結自此形成；〈紅玫瑰與白玫瑰〉的佟振保，在法國嫖妓時「做不了她的主人」，一切「不對到恐怖的程度」[41]，性經驗的創傷使之日後成為「對」而非「真」的崇拜者──回憶比現實更加明晰，它的加入將讓人對現實產生奇異感，因此張愛玲說：「回憶與現實之間時時發現尷尬的不和諧，因而產生了鄭重而輕微的騷動，認真而未

---

[39]　佛洛伊德：《癔症研究》，車文博主編：《弗洛伊德文集》，冊1，頁144。

[40]　張愛玲：〈傾城之戀〉，《傾城之戀──短篇小說集一》，《張愛玲典藏》新版冊1，頁182。

[41]　張愛玲：〈紅玫瑰與白玫瑰〉，《紅玫瑰與白玫瑰──短篇小說集二》，《張愛玲典藏》新版冊2，頁133。

有名目的鬥爭。」[42] 而佛洛伊德則表示：成為歇斯底里現象決定因素的記憶，長期以驚人的鮮明程度，而且保持著全部的情感色彩。這些記憶具有相當的感受力，當它們重現，含有產生新的經驗那樣全部的情感力量。[43] 當回憶與現實交纏，歇斯底里人物往往便在騷動與鬥爭中浮沉，揮不走過去，走不到未來。

〈鴻鸞禧〉中，時常感到一陣「溫柔的牽痛」的婁太太，所處的現實便受到那樣具有情感力量的回憶的干涉。當兒子與媳婦完婚，親家在客廳聊天，正午的太陽照在玻璃桌面下的玫瑰紅平金鞋面上，婁太太正出手要拿洋火，其心與手在那片光上瞬間停留：

> 忽然想起她小時候，站在大門口看人家迎親，花轎前嗚哩嗚哩，迴環的、蠻性的吹打，把新娘的哭聲壓了下去，鑼敲得震心；烈日下，花轎的彩穗一排湖綠、一排大紅、一排排自歸自波動著，使人頭昏而又有正午的清醒，像端午節的雄黃酒。轎夫在繡花襪底下露出打補釘的藍布短袴，上面伸出黃而細的脖子，汗水晶瑩，如同罎子裡探出頭來的肉蟲。轎夫與吹鼓手成行走過，一路是華美的搖擺。看熱鬧的人和他們合為一體了，大家都被在他們之外的一種廣大的喜悅所震懾，心裡搖搖無主起來。[44]

婁太太的此段夾雜幻覺的回憶，除了展現其在潛意識上對婚姻的質疑外，在歇斯底里症狀的意義上，可藉由佛洛伊德引用沙可歇斯底里症

---

[42] 張愛玲：〈自己的文章〉，《華麗緣——散文集一》，《張愛玲典藏》新版冊11，頁116。

[43] 佛洛伊德：《癔症研究》，車文博主編：《弗洛伊德文集》，冊1，頁21。

[44] 張愛玲：〈鴻鸞禧〉，《紅玫瑰與白玫瑰——短篇小說集二》，《張愛玲典藏》新版冊2，頁128。接續引文不復贅註。

發展過程「情態期」的觀點來理解——情態期呈現出記憶的幻覺式的再現，這種記憶對歇斯底里症的發生有重要的意義，它或者是單個重要的創傷記憶（這在歇斯底里症狀中最為突出），或者是一系列局部創傷的相互連結（作為常見的歇斯底里症的基礎）的記憶。這種發作可使一些事件再現，這些事件對創傷來說有一種瞬間恰好重合的特殊傾向，因此被強調起來。[45] 不時發作的歇斯底里式的「溫柔的牽痛」，若是婁太太的「痛苦的幻覺」，那麼這疼痛感直接因回憶所致。婁太太人前人後想盡力作好太太與母親的角色，無奈能力有限，左支右絀，家人「一次一次重新發現她的不夠」（頁123），其從屬意義可想而知，但這只是表面；其深層的根源，在這段〈鴻鸞禧〉即將結束的瞬間回憶裡：探出頭來的肉蟲，是記憶幻覺式的再現，若是帶有創傷元素，那是什麼樣的創傷呢？張愛玲沒寫明，婁太太不知情或說不出，或許是整個作假的婚姻，更或者是佛洛伊德所說的性壓抑。創傷性的瞬間，指不相容的力量作用於自我，也是自我決定拋棄不相容的觀念的瞬間，那被拋棄的觀念並不消失，只是被壓抑在潛意識中。具陽具意味的肉蟲，是為記憶象徵，是潛意識中力比多的變形，汗水晶瑩，「一路是華美的搖擺」，「大家都被在他們之外的一種廣大的喜悅所震懾」，唯獨婁太太知道，「結婚並不是那回事」（頁129）。性壓抑使童年傳統婚嫁的記憶再現，心理興奮轉換成生理的疼痛幻覺，與太陽照耀壓在玻璃下的鞋面的瞬間恰好重合，因此張愛玲強調了婁太太那對自己都說不清楚的「麻煩」。鞋面事件雖是初次發生，但卻喚起了較早相似主題事件的記憶，並由此形成一種被應用於全部記憶群中的記憶性的象徵，其轉換能量的提供，一方面是通過新體驗的情

---

[45] 沙可歸結歇斯底里症發作的全過程可分四期：癲癇狀態、大活動期、情態期、終末譫妄期。有的患者是簡略式的，有的是不完全的，或只有單獨的某一時期。見佛洛伊德：《癔症研究》，車文博主編：《弗洛伊德文集》，冊1，頁23～24。

感，另一方面是通過回憶的情感。而由此引發的結局十分精彩，當婁先生「瀟灑」而「科學」的詢問媳婦，結了婚的感覺如何，媳婦回答「很好」，眾人皆笑，「婁太太只知道丈夫說了笑話，而沒聽清楚，因此笑得最響」（頁129），相對於先生的瀟灑與科學，婁太太壓抑的卻是最「不堪」而最「人性」的「溫柔的牽痛」──性欲。《歇斯底里研究》提到：如果我們較仔細的檢查這些疼痛，實際上，非常生動的思想並不足以產生疼痛，而必然有一個特殊的異常情況的裝置與疼痛的感覺和傳導有關。觀念，即純粹和簡單的記憶性意象，沒有知覺器官的任何興奮，即使其在最大的逼真性和強度下，也絕不會達到客觀存在的特徵，這就是幻覺的標誌。[46]的確，婁太太疼痛與肉蟲的幻覺，作為歇斯底里的症狀，即是來自心理興奮的轉化，這些起著重要致病作用的經驗及其次要的伴隨物，均正確的保存在病患的記憶中，只是似乎已遺忘；而賦予幻覺客觀存在特徵的，是知覺器官的興奮，若通過觀念，而使知覺器官產生異常的興奮性，便可能產生這樣的幻覺。

　　婁太太的心理興奮，基本上還在佛洛伊德所說的心理興奮的恆定原則中，「對著鏡子，她覺得癢癢地有點小東西落到眼鏡的邊緣，以為是淚珠，把手帕裹在指間，伸進去揩抹，卻原來是個撲燈的小青蟲」（頁123），隱晦的性壓抑落實在「小青蟲」的現實上，她無能辨識存在的處境；而〈茉莉香片〉的聶傳慶，則是到達了歇斯底里的頂峰──心理分裂。[47]佛洛伊德表示：歇斯底里症由心理創傷發展而來，而那些起作用的心理創傷，不是在患者正常狀態的記憶中，而是在催眠狀態下的記憶裡。著名的典型病例說明，在「雙重意識」狀態

46　佛洛伊德：《癔症研究》，車文博主編：《弗洛伊德文集》，冊1，頁123。

47　佛洛伊德：《癔症研究》，車文博主編：《弗洛伊德文集》，冊1，頁161。

下極其明顯的意識分裂，在每一個歇斯底里症患者中都有輕度的存在，而且這種分裂傾向及其伴生的意識的異常狀態，是這種神經症的基本現象。[48]傳慶是一個偏女性化的男孩，母親早逝，戀母深重，父親與後母不時加以言語與行為虐待，導致傳慶成為「精神上的殘廢」[49]，心理創傷即是由家庭而來；後來發現課堂教授言子夜是母親當初欲嫁之人，因此對言教授產生一種「畸形的傾慕」（頁114），對之有諸多幻想，於是便伴生了「意識的異常狀態」。張愛玲塑造傳慶歇斯底里的形象，第一層是之前提到的「失神」，透過不斷的想像活動以發洩心理興奮。傳慶習慣性做白日夢，精神恍惚，說話受抑，時常進入幻覺世界：

> 像夢裡面似的，那守在窗子前面的人，先是他自己，一剎那間，他看清楚了，那是他母親。她的前劉海長長地垂著，俯著頭，臉龐的尖尖的下半部只是一點白影子。至於那隱隱的眼與眉，那是像月亮裡的黑影。然而他肯定地知道那是他死去的母親馮碧落。……傳慶的身子痛苦地抽搐了一下。他不知道那究竟是他母親還是他自己。……在攝影機的鏡子裡瞥見了他母親。（頁108）

抽搐、幻視、自我抽離，典型的歇斯底里症候。《歇斯底里研究》的記載中，布洛伊爾曾對安娜·O小姐進行催眠治療，即有過極為相似的經驗：「當她進入房內後，她看到掛在門對面鏡子中她蒼白的臉，不過她看到的不是自己，而是她父親──有一個死人的頭。」[50]鏡子、

---

[48]　佛洛伊德：《癔症研究》，車文博主編：《弗洛伊德文集》，冊1，頁22。

[49]　張愛玲：〈茉莉香片〉，《傾城之戀──短篇小說集一》，《張愛玲典藏》新版冊1，頁111。接續引文不復贅註。

[50]　佛洛伊德：《癔症研究》，車文博主編：《弗洛伊德文集》，冊1，頁36。

人像、幻覺、夢境（類催眠狀態）、死亡等元素如出一轍，小說場景
與病例場景高度重疊。傳慶在此處將自己的生命與母親認同，母親當
初愛的是言子夜，傳慶欲完成母親的心願，然而言子夜是課堂教授，
如何能愛？其抽搐，以歇斯底里症狀來看，是大腦最大興奮的反應方
式——是癲癇發作的純粹生理性興奮的反應方式，也是或多或少癲癇
樣抽搐中大量情感發洩的反應方式。[51]這是強烈情感溢出的歇斯底里
症候，基於小時候發現《早潮》雜誌上「碧落女史清玩，言子夜贈」
的想像的記憶，傳慶沉溺在母親最初的情感漩渦裡。於是當丹朱在幫
父親解釋為何在課堂中責備了傳慶，傳慶卻陷入了對母親與言子夜的
思索，胸頭充塞吐不出的冤鬱：

> 告訴丹朱？告訴言子夜，他還記得馮碧落嗎？記也許記得，可
> 是他是見多識廣的男子，一生的戀愛並不止這一次，而碧落只
> 愛過他一個人……從前的女人，一點點小事便放在心上，輾
> 轉，輾轉，輾轉思想著，在黃昏的窗前，在雨夜，在慘淡的黎
> 明。呵，從前的人，……（頁118）

不斷的失神，容易進入《歇斯底里研究》中所說的「類催眠狀態」
（hypnoid states）——莫比斯在一八九〇年就曾表示，歇斯底里症的必
要條件，一方面是天生歇斯底里症的素質，一方面則是一種特殊的心
境。[52]所謂「特殊的心境」，就是佛洛伊德與布洛伊爾在《歇斯底里研
究》緒言中提到的「類催眠狀態」：在歇斯底里症患者中，可以發現
最理智的、意志最堅強的、個性最偉大、判斷力最好的人，這些特
徵，在他們清醒的思維中保持得很好，但在類催眠狀態下，便猶如作

---

51 佛洛伊德：《癔症研究》，車文博主編：《弗洛伊德文集》，冊1，頁133。
52 佛洛伊德：《癔症研究》，車文博主編：《弗洛伊德文集》，冊1，頁140。

夢般，發生精神錯亂。類催眠狀態下產生的精神錯亂，則以歇斯底里症症狀的形式，干擾患者清醒狀態下的生活。[53]傅慶輾轉思想，自處於「特殊的心境」，而進入自我催眠下的類催眠狀態，這是從受情感支配的幻想記憶中發展而來，因此他終日渾渾噩噩，膠著於欲望的實踐與抵制，在父親看來，是個「畏葸的陰沉的白癡似的孩子」（頁106）；在教授看來，是「淌眼抹淚」的「無恥之尤」（頁116）；而在佛洛伊德看來，則是一個心理興奮受到壓抑而無處可逃的小孩，介於被男性吸引與被女性吸引的對立中。

　　張愛玲塑造傅慶歇斯底里的形象，第二層則是暴力行為，踢打言教授的女兒言丹朱。傅慶「用一隻手臂緊緊挾她的雙肩」，「另一隻手就將她的頭拚命地向下按」，並且「抬腿就向地下的人一陣子踢」（頁123），其過強的興奮，突破身體的協調中心，以原始的方式發洩：

> 第一腳踢下去，她低低的噯了一聲，從此就沒有聲音了。他不能不再狠狠的踢兩腳，怕她還活著。可是，繼續踢下去，他也怕。踢到後來，他的腿一陣陣的發軟發麻。在雙重的恐怖的衝突下，他終於丟下了她，往山下跑。身子就像在夢魘中似的，騰雲駕霧，腳不點地，只看見月光裡一層層的石階，在眼前兔起鶻落。（頁123）

此段是傅慶歇斯底里的高峰：一、傅慶一陣亂踢，如同嬰兒的訴求，

---

[53] 佛洛伊德：《癔症研究》，車文博主編：《弗洛伊德文集》，冊1，頁23。「類催眠狀態」是指在歇斯底里發作時，意識處於被催眠的狀態（可能在自我催眠、震驚的情緒或精疲力盡的狀態下出現），伴隨著記憶的缺失及「心理的分裂」。後來著作中，佛洛伊德放棄了「類催眠狀態」的說法，改以「身體順從」（somatic compliance）稱之，後又提出「防衛」（defense）和「潛抑」（repression）的機制以解釋歇斯底里的現象。

一方面來自暴力傾向，一方面可看出其情感的表達藉由肌肉不協調的原始運動進行。過於活躍的情感，的確需要通過運動發洩而降低增加的心理興奮，其生氣的「有了我，就沒有你」（頁122）的言詞和報復心態，其增強的肌肉張力，都使興奮溢出變成運動。二、「雙重的恐怖的衝突」，是心理分裂的外顯，在現實意義上，傳慶踢的是丹朱；在象徵意義上，傳慶踢的是自己，這是納西瑟斯式（narcissus）自毀的宿命。自我分裂在精神分析學上，意指人在面對現實時，現實阻礙了力比多的貫注，於是在自我中並存了兩種精神態度：一是體認現實；二是否認現實，而代之以欲望的產物。這兩股競爭力量造成傳慶的自我分裂，它是歇斯底里患者精神內部的形成物，是一種心理衝突的結果。其中衝突的一部分，建立在傳慶追求「奇異的勝利」（頁106）的自尊與力比多對象貫注的關係。佛洛伊德表示：自尊與力比多對象貫注的關係，可分為和諧與壓抑兩類。和諧者，即降低自尊，對愛的估價像對待自我中的其他活動，因愛本身總與渴求與剝奪相連，但一旦被愛了，愛被歸還，占有了愛的對象，自尊則會再度增強；力比多遭壓抑者，性欲貫注使體現為自我的嚴重枯竭，愛的滿足毫無希望，而只有通過力比多從對象撤回，升高自尊，才能實現自我的重新豐滿。[54] 三、傳慶的幻覺再次闖入知覺系統，進入類催眠狀態。此時傳慶猶如進入夢魘，產生幻視，駕霧騰雲，石階跳動，心理的一部分雖處於類催眠狀態，但其觀念依然保有一定程度的活躍性，當強烈的情感阻斷觀念的正常過程，傳慶處於筋疲力盡的狀態下，便產生了如此的心理分裂。

　　佛洛伊德表示，歇斯底里患者「主要是遭受記憶恢復（reminis-

---

[54] 佛洛伊德：〈論自戀：導論〉，車文博主編：《弗洛伊德文集》，冊3，頁136～137。

cences）的痛苦」[55]。張愛玲的小說，便是以人物的回憶為引，並使種種歇斯底里症狀連繫於埋藏在潛意識中的創傷瞬間，當這些創傷在回憶中一再湧出，干擾人物的現實生活，人物就因而痛苦，甚至心理分裂。歇斯底里的產生，其實象徵的是道德上的怯弱，因此在治療埃米夫人之後，佛洛伊德認為埃米夫人給了我們這樣一個實例：歇斯底里症是怎樣與潔白無瑕的品性與自我控制良好的生活方式相容。[56]這也就是為什麼，張愛玲的小說也許不是什麼傳奇，而只是一部痛苦的「好人」列傳，那是相對於「真人」而言。

　　《歇斯底里研究》曾記載：歇斯底里發作是「人類的花朵」，是無果實的花，無疑的卻又美麗得像重瓣的花。[57]花的綻放本連繫於性，動人神魂的性本能，原是人類增強興奮的強烈泉源，然而性本能卻受到道德規範的控管，目的便在於維護良好的社會秩序，以求得文明的進步。張愛玲小說裡歇斯底里的人物，就像一朵朵盛放的花，成就了道德化的超我，犧牲了本能的欲望，痛苦而美麗。其歇斯底里的症狀，來自於腦內興奮的轉換，亦即來自對性本能的壓制。與性鬥爭，抽搐顫抖，流淚失神，進入恍惚的幻覺世界，甚至發現另一個自己在觀看自己，從這個角度來看，歇斯底里症是對性壓抑的一種超越。張愛玲展現的也許不是人性的沉淪，而是苦痛的自我拯救。

　　本章以佛洛伊德歇斯底里研究的觀點，來閱讀張愛玲的小說，至少可以看出下列事實：一、心理分裂是歇斯底里的高峰，在〈第一爐香〉葛薇龍、〈金鎖記〉曹七巧、〈鴻鸞禧〉婁太太、〈茉莉香片〉聶傳慶、〈小艾〉五太太等人身上，可以看出張愛玲對歇斯底里病症具備的基本認識；二、歇斯底里是躲避性壓抑最後的因應之道，小說人

---

[55]　佛洛伊德：《癔症研究》，車文博主編：《弗洛伊德文集》，冊1，頁20。

[56]　佛洛伊德：《癔症研究》，車文博主編：《弗洛伊德文集》，冊1，頁75。

[57]　佛洛伊德：《癔症研究》，車文博主編：《弗洛伊德文集》，冊1，頁155。

物以人格異常、心理分裂、生理疼痛為代價，自此之後，再無退路，張愛玲以他們為題材，呈現冷眼的同情；三、張愛玲在小說中寫出了性欲對人的影響，但不細寫性欲的實踐場景，她指出的是，人都蘊含豐富的心理能量，必須尋找出口，人的情緒與行為症候，最後均導因於性欲的衝突。佛洛伊德與張愛玲，原是口徑一致，站在同一個發言台上。張愛玲在〈自己的文章〉中說，「蒼涼是一種啟示」，「我只求自己能夠寫得真實些」[58]。一生寫作追求「蒼涼」與「真實」的張愛玲，以歇斯底里的角度觀察，確實有許多與佛洛伊德對話的空間。

---

[58] 張愛玲：〈自己的文章〉，《華麗緣——散文集一》，《張愛玲典藏》新版冊11，頁115、117。

第四章
伊底帕斯情結論張愛玲

　　張愛玲的小說染有佛洛伊德精神分析學的色彩，在核心觀念伊底帕斯情結上，以一九四三年七、八月發表的〈茉莉香片〉與〈心經〉最為鮮明。從佛洛伊德與克萊恩對伊底帕斯情結的論述來解讀，可以看見張愛玲窺得的人性圖樣——自我分裂，以及閹割焦慮、情感矛盾、認同作用、罪疚感等伊底帕斯情結討論中的重要議題。若如張愛玲所言，文學必須成就普遍性與啟示性，那麼張愛玲的伊底帕斯小說，似乎便能照見她當時體認到的人類潛意識中那最幽深之處。

一　伊底帕斯：古老的咒語

　　　我們的天性是要人種滋長繁殖，多多的生，生了又生。我們自
　　　己是要死的，可是我們的種子遍佈於大地。然而，是什麼樣的
　　　不幸的種子，仇恨的種子！[1]

　　張愛玲是不喜歡小孩的。一九五〇年代末期，她曾在美國紐約墮過胎，而早期散文〈造人〉裡，她就已明確表示小孩是「不幸」與「仇恨」的，也許是那如「古墓」般的家庭，極少讓她感到為人子女的幸福，父母吵架而至離異等種種家庭難堪的現實，便鮮明的投射在

---

[1]　張愛玲：〈造人〉，《華麗緣——散文集一》，《張愛玲典藏》新版冊 11（臺北市：
　　皇冠文化出版公司，2010 年 4 月），頁 138。

小說創作上，不斷的嘲弄甚至否定雙親對子女的意義。一九四三年，張愛玲登上上海文壇的第一年，她失去了父母的經濟支持，二十出頭的張愛玲希望作品暢銷，以賣文自食其力，那句「出名要趁早呀！來得太晚的話，快樂也不那麼痛快」擲地有聲，而文壇的初出之犢該端出什麼樣的戲碼，才得以在競爭激烈的上海文壇迅速出名？首先是「沉香屑」故事，〈第一爐香〉寫姑母視姪女薇龍為釣餌，勾搭男人，薇龍最後成了交際花；〈第二爐香〉中新婚婦人初夜不知人事，源自寡母的畸形教育；接著便是〈茉莉香片〉，陰柔的男生愛慕男教授，因為以為教授原本有機會是其父親；再來便是〈心經〉，上演一齣父女亂倫之戀……。連繫其中質素，不難發現篇篇共有一個母題：嘲諷家庭。中國傳統的天地綱常，父母子女關係牢不可破，張愛玲一翻開底層，發現裡頭竟是百孔千瘡，不堪入目。

張愛玲的驚世駭俗，原不只展現在寬袍大袖的前朝服裝，同時也在其小說題材的選擇策略上。延續一九三〇年代新感覺派的習氣，張愛玲於小說中加入了新感覺派鍾愛的電影技巧與精神分析的質素，以新舊交纏的姿態，勾引讀者的閱讀欲望，她曾明白表示其寫作取向是要寫讀者想要看的，而讀者想要看的人性中最不堪的東西，便是當時忤逆而聳動的「伊底帕斯情結」（Oedipus complex）。本章由張愛玲的兩篇伊底帕斯小說〈茉莉香片〉、〈心經〉為討論核心，以佛洛伊德提出的伊底帕斯情結為視野，並輔以梅蘭妮‧克萊恩（Melanie Klein, 1882～1960）的相關論述，來探析張愛玲面對伊底帕斯情結的文學想像——自我分裂，其或演繹或變異的組織過程。

一九一〇年，佛洛伊德於〈男孩對象選擇之一特殊類型〉一文中提出「伊底帕斯情結」的說法，又稱「戀母情結」，原指男童戀母弒父的情意癥結，後來泛指幼童對同性父母的的嫉恨，對異性父母

的戀慕之情。[2]伊底帕斯情結是佛洛伊德性欲理論的基本核心，認為人類性欲的萌發，不是進入青春期才開始，而是上溯到蒙昧不知的嬰兒時期，從嬰兒的「口欲期」（oral phase，出生到一歲或更長），經過「肛欲期」（anal phase，一歲到三歲）、「性蕾期」（phallic phase，二歲半到六歲）、「潛伏期」（latency period，五到七歲開始），最後到達「性器期」（genital phase），而使人健全成熟。佛洛伊德認為，在性蕾期的幼童，性好奇完全集中在自己的陽具或陰蒂上，因而開始玩弄性器，男孩經驗到失去它的恐懼，產生「閹割焦慮」（castration anxiety），女孩則產生「陽具欽羨」（penis envy）；同時，幼童開始從外界尋找滿足其性欲的對象，而母親這名長陪在側而有求必應的角色，便成為幼童第一個選擇的目標。男孩發現，父親常在母親身邊周旋親近，於是視父親為情敵，然而父親強壯高大，並時常恫之以閹割懲罰，男孩不得不在現實原則的考量下，壓抑對母親的愛意與父親的嫉恨，並希望自己迅速成長。在如此正常的成長過程中，閹割恐懼自然消失，男孩進入潛伏期。女孩第一個愛的也是母親，但由於心理與生理的理由，被迫改變愛的對象，從而戀慕父親，嫉恨母親。[3]

　　至於「伊底帕斯」之名，則是從希臘傳說而來。底比斯（Thebes）國王拉伊俄斯（Laius）與王后伊俄卡斯特（Jocasta）生下一子，經神卜得知，孩子將弒父娶母，於是國王決定遺棄這孩子，執事者將孩子綁在林間，任其自滅。後一農夫發現孩子奄奄一息，雙腳腫脹，遂將孩子取名為「伊底帕斯」，意為腫脹的腳，交付鄰國國王收養。王子伊底帕斯長大後，懷疑自己的身世，求神諭知道自己要遠

---

[2]　女童戀父弒母的情意癥結，稱為「埃勒克特拉情結」（Electra complex），後併入伊底帕斯情結的概念之中。

[3]　（奧）西格蒙德‧佛洛伊德（Sigmund Freud,1856～1939）：《性學三論》，車文博主編：《弗洛伊德文集》，冊3（長春市：長春出版社，2004年5月），頁30～48。

離家園，否則將弒父娶母，於是去國出走，途中與國王拉伊俄斯在狹橋上相逢，在衝突中殺死了拉伊俄斯，又過底比斯，遇妖怪司芬克斯（Sphinx），因回答謎語而除去司芬克斯，受到底比斯人民的擁戴，故娶王后伊俄卡斯特為妻，成為國王。在位期間，國泰民安，伊底帕斯與妻子生了兩男兩女，此後瘟疫流行，底比斯人求得神諭表示，只有將殺死拉伊俄斯的兇手逐出，瘟疫才會停止。弒父娶母的悲劇，由此一層層被揭開，最後伊底帕斯自刺雙目，去位流浪，神諭應驗。

西元前五世紀，索福克利斯（Sophocles，西元496～406年）完成了劇本《伊底帕斯王》（*Oedipus Rex*），佛洛伊德由此劇得到啟發，在《夢的解析》中提出——其感人效果並不在於命運與人的意志之間的衝突，而在於構成衝突的材料的特殊性質。在我們內心一定有一種什麼東西，時刻準備承認這種強加到伊底帕斯命運上的力量。他的命運能感動我們，是因為那可能也是我們的命運，它是我們所有人的命運，那便是將最初的性衝動指向母親，最初的仇恨指向父親。由夢可證實，伊底帕斯的弒父娶母，不過是滿足了所有人童年的願望。[4] 簡言之，佛洛伊德關注的是劇中弒父娶母的情節，尤其是性欲主題，將伊底帕斯個人遭遇的特殊性，擴及至每一個人身上，名之為「伊底帕斯情結」。伊底帕斯情結的高峰期，在小孩三到五歲之間，之後潛伏，又復萌於青春期。於是我們要問：既然伊底帕斯情結所有人皆有，那麼為何我們感受不到，也不見伊底帕斯的悲慘遭遇？佛洛伊德的概念是：因伊底帕斯情結只顯現於平衡失調的神經症病人身上，或是經過化妝作用的夢，以及神話、小說、戲劇之中。此情結由愛與敵意欲望組成，並非消失，而是潛伏在潛意識裡。因為我們從母

4　這是佛洛伊德第一次針對伊底帕斯情結發表的說明。佛洛伊德：《釋夢》，車文博主編：《弗洛伊德文集》，冊2，頁176。

親身上收回了性衝動，且忘卻了對父親的忌妒，正常人可以通過「對象選擇」（object-choice）而在一定程度上克服而順利度過伊底帕斯情結，而形成成人本我、自我、超我的人格模型。

當伊底帕斯情結公諸於世，時人多視為洪水猛獸，荒誕不經。魯迅曾在散文〈聽說夢〉中批評：「佛洛伊特恐怕是有幾文錢，吃得飽飽的吧，所以沒有感到吃飯之難，只注意於性欲。有許多人正和他在同一境遇上，就也轟然的拍起手來。誠然，他也告訴過我們，女兒多愛父親，兒子多愛母親，即因為異性的緣故。然而，嬰孩出生不多久，無論男女，就尖起嘴唇，將頭轉來轉去，莫非它想和異性接吻麼？不，誰都知道：是要吃東西！」[5]食欲遠比性欲強烈，想必代表了譏笑伊底帕斯情結為無稽之談的角度。

佛洛伊德的精神分析學理論，以伊底帕斯情結為核心，鬆動了文藝復興以來理性主義的基礎，而成為廿世紀西方極重要的思潮，它將「性」帶入兒童場景中，重新建構了人類對於兒童的了解，以及童年經驗對成人行為模式的關鍵性。伊底帕斯情結在人類的欲望形式與人格結構上，作為根本的議題，所面對的是人類恆常不變的追索，是文明發生的基本原則，在張愛玲寫作高峰的一九四〇年代，其影響中國已超過三十年，當中的吸收移植，充分表現在張愛玲有意識的渲染人物非理性甚至變態的情欲力量之上。或許不能說，張愛玲是有意識的按照伊底帕斯情結的理論來創作，然而她對伊底帕斯情結基本的接受態度，應是無庸置疑的。

---

[5] 〈聽說夢〉原刊於《文學雜誌》1期，1933年4月。魯迅：《南腔北調集》（臺北市：風雲時代出版公司，1991年9月），頁73～74。

二 戀母：是母親還是自己？

> 母愛這大題目，像一切大題目一樣，上面做了太多的濫調文
> 章。[6]

　　一九四三年七月，張愛玲在上海《雜誌》月刊上發表了〈茉莉香片〉，相對於佛洛伊德伊底帕斯情結中典型的男孩女孩的分別而言，其中的聶傳慶，是張愛玲提出的一個複雜而嚴肅的問題：纖細陰柔而具有「女性美」的男孩，其伊底帕斯情結的運作機制，該是男女的截然劃分？該是男孩般的戀母恨父，抑或女孩般的戀父恨母？張愛玲說過「『人』是最拿不準的東西」[7]，也許性別也是如此。

　　〈茉莉香片〉一開始，只見聶傳慶「窄窄的肩膀」，「細長的脖子」，「側著身子坐著」，「鵝蛋臉、淡眉毛、吊梢眼」，有著「纖柔的臉龐」，尤其是「襯著後面粉霞緞一般的花光」，嘴裡還「唧著一張桃紅色的車票」[8]，讀者似乎看見，一名風姿綽約的女伶登場。如此的女性質素，存在於男性的身體中，衝擊的正是伊底帕斯情結將男孩女孩截然劃分的立足點。佛洛伊德表示，隨著男孩的成長，伊底帕斯情結將行退化，男孩必須放棄對母親的對象貫注，而由以父親自居的作用替代，視父親為模範，如此將增益男孩性格中的男子氣。[9]若是如此，張愛玲不但不增益傳慶的男子氣，還刻意強化其陰性氣質，顯然

6　張愛玲：〈談跳舞〉，《華麗緣──散文集一》，《張愛玲典藏》新版冊11，頁219。

7　張愛玲：〈爐餘錄〉，《華麗緣──散文集一》，《張愛玲典藏》新版冊11，頁74。

8　張愛玲：〈茉莉香片〉，《傾城之戀──短篇小說集一》，《張愛玲典藏》新版冊1（臺北市：皇冠文化出版公司，2010年6月），頁100。接續引文不復贅註。

9　佛洛伊德：《自我與本我》，車文博主編：《弗洛伊德文集》，冊6，頁132。

傳慶的形象塑造，是歧出於佛洛伊德的伊底帕斯的規律的。

　　伊底帕斯情結的發展由恨開始。儘管是一名具有女性氣質的男子，張愛玲還是給了傳慶以男孩對父親的恨，此恨表現在他將自己作踐得不成人樣，「三分像人，七分像鬼」，以獲得一種「奇異的勝利」（頁106），這原是還擊父親的策略。父親聶介臣對兒子極其凶殘，冷嘲熱諷之外，還時時暴力相向──兒子低頭點煙，父親「捏著一卷報紙，在他頸子上刷地敲了一下」（頁105）並加以喝斥；兒子練習支票簽名想取代父親，父親「重重的打了他一個嘴巴子，劈手將支票奪了過來搓成團，向他臉上拋去」（頁106）；父親甚至打壞兒子的耳朵，形成如佛洛伊德所謂的「閹割」象徵，兒子懾於父親的威權，每每也只能「把頭低了又低，差一點垂到地上去。身子向前傴僂著，一隻手握著鞋帶的尖端的小鐵管，在皮鞋上輕輕刮著」（頁105），十足一名「畏蕙的陰沉的白癡似的孩子」（頁106）。父親的強勢，形成傳慶揮之不去的陰影：「傳慶生在聶家，可是一點選擇的權利也沒有。屏風上又添上了一隻鳥，打死他也不能飛下屏風去。他跟著他父親二十年，已經給製造成了一個精神上的殘廢，即使給了他自由，他也跑不了。」（頁110～111）精神上的殘廢，被困在家庭的桎梏中，傳慶只能更加的依戀母親，雖然母親已經去世十多年。於是，傳慶與母親的連繫，只能建立在「夢」的架構上。小說一開始，茶煙繚繞就已營造夢的氛圍，作為入夢的閘門；入夢之後，隱藏在潛意識深處的伊底帕斯情結，便以化妝作用通過意識的管制，隨即在大白天裡出現奇異視象：

　　　　像夢裡面似的，那守在窗子前面的人，先是他自己，一刹那間，他看清楚了，那是他母親。她的前劉海長長地垂著，俯著頭，臉龐的尖尖的下半部只是一點白影子。至於那隱隱的眼與

眉，那是像月亮裡的黑影。然而他肯定地知道那是他死去的母
親馮碧落。……

傳慶的身子痛苦地抽搐了一下。他不知道那究竟是他母親還是
他自己。

……在攝影機的鏡子裡瞥見了他母親。他從箱子蓋底下抽出他
的手，把嘴湊上去，怔怔地吮著手臂上的紅痕。（頁108）

佛洛伊德在《性學三論》中談到幼兒「吸吮拇指」（thumb-sucking）
的現象——吸吮母乳是使嬰兒獲得快樂的最早和最重要的活動，除了
吸取營養之外，熱奶的流入無疑也會帶來性的快感，當長出牙齒，當
咀嚼替代了吸吮，嬰兒便不再把別人的身體當作吸吮的對象，而是吸
吮自己身體的一部分。吸吮拇指，通常出現在嬰兒早期，但也許持續
至成熟，甚或終其一生。除了拇指之外，嘴唇的一部分、舌頭及其他
可觸及的皮膚部位，都可以成為吸吮的對象。吸吮可成為一種全神貫
注之狀，或引入安眠，或引發一種性高潮的動作反應，因此吸吮是一
種性的表現——本能指向他人，卻從自身獲得滿足，乃為了尋求一種
曾體驗過並且記住的快感。最簡單的方式便是有節律的吸吮皮膚的
一部分或黏膜以獲得滿足，可使他獨立於尚不能控制的外部世界。[10]
在恍惚如夢的情狀下安排這場母子會合，當然是有意義的，如果佛洛
伊德所言「夢是願望的達成」成立，那麼這場超現實的遇合，便凸顯
出傳慶戀母的伊底帕斯情結：一、「吮著手臂上的紅痕」至為關鍵，
在象徵意義上，傳慶的欲望退回口欲期，吸吮手臂一如吸吮母親的乳
房，這是使孩子得到快樂的「最早和最重要的活動」，固著於口腔吸
吮階段本是原欲的表現；二、在鏡像中，分不清是母親還是自己，顯
示傳慶以母親進行自我認同，呈現了主體的分裂性，此分裂性來自於

10　佛洛伊德：《性學三論》，車文博主編：《弗洛伊德文集》，冊3，頁33～35。

伊底帕斯情結的本質，只有成功的將此自然屬性壓抑在潛意識中，自我才能建立主體，然而這一主體卻又在夢中突破意識的監控，而具有旺盛的活動力。

　　其實，聶傳慶不是完全戀母的，他對母親，還有一部分的恨意，即「情感矛盾」（ambivalence）的作用。佛洛伊德在《圖騰與禁忌》中表示：差不多在每一個對某個人產生強烈情感依戀（emotional attachment）的事例中，我們都可以發現，在柔情蜜意的背後，隱藏著敵意（hostility）。原發性情感矛盾的大量存在，是強迫性神經症的一個典型特徵。[11]當初母親沒有嫁給言子夜，成為傳慶擁有「無名的磨人的憂鬱」的肇發點，「在他母親心裡的一把刀，又在他心裡絞動了」（頁108），因此使得他「不能不恨他的母親」，「她死了，她完了，可是還有傳慶呢？憑什麼傳慶要受這個罪？」（頁110）傳慶被母親遺棄了。這種心理能量不斷累積，不成為強迫性神經症，日後也將做出令人詫異的行為。

　　從佛洛伊德情感矛盾的觀點理解，〈茉莉香片〉使讀者初步看見了愛與恨的比鄰，依戀與毀滅共生，原是真實而複雜的人性；然而要觀察其中更深刻的矛盾分裂，便不得不求助於克萊恩。克萊恩的觀點，更能詮釋這種愛恨交織的情感與退化到口腔施虐衝動的心理歷程，這是從嬰兒將母親分裂成好的「乳房母親」（breast mother）與壞的「陰莖母親」（genital mother）而來。

　　克萊恩於一九四五年發表〈由早期焦慮看伊底帕斯情結〉一文，在治療兒童李察的臨床經驗中歸結出與佛洛伊德相異的觀點，認為伊底帕斯情結從嬰兒一出世即已開始。在口腔原欲的主導下，嬰兒從生命之初就內攝其客體，這樣的「原始客體影像」（primary imagos），

---

[11]　佛洛伊德：《圖騰與禁忌》，車文博主編：《弗洛伊德文集》，冊8，頁45。

即母親乳房與父親陰莖的影像，在嬰兒建立自我的過程中十分重要，是為形成超我的核心。好乳房、壞乳房及母親的內攝，呼應著好陰莖、壞陰莖與父親的內攝，兩者成為嬰兒心智中的第一個表徵（representatives）。[12]因而，這表徵成為幼兒自我發展中的最初認同，將父母視為「內在客體」。這正是聶傳慶內化進去的父母影像，形成了成長焦慮，干擾了他性器的發展。對傳慶而言，乳房母親，早期的母親即指乳房，是一個從來不會使之受挫的乳房；陰莖母親，則是壞母親，是容受了父親聶介臣的陰莖的母親，傳慶害怕母親的內在是一個充滿迫害者的所在，這呼應了他自己的內在感覺。傳慶一方面將此客體認為是具有保護功能的內在人物，一方面也認為此客體會報復與迫害他人，於是一面愛之，一面恨之，在愛恨交錯之間，互動關係豐富多變。

嬰兒與乳房，是伊底帕斯情結的開端，嬰兒希望永無止境的滿足需求，然而在貪戀乳房的過程中，當然會遭遇或多或少的挫折，此挫折將刺激嬰兒，想從父親的陰莖獲得口腔的滿足，乳房與陰莖原是嬰兒口腔欲望的原始客體，因此挫折與滿足欲望，一開始就塑造嬰兒與「好的」乳房的互動，同時也塑造了與「壞的」乳房的關係。由此可以連繫，傳慶的口腔欲望與戀母恨母的矛盾心理，原是同一件事。

克萊恩在《兒童精神分析》中表示：若小孩日漸增強的口虐特質，發展得太過暴烈，其客體關係和性格的形成，會被施虐及愛恨交織的特質主導[13]——聶傳慶將「把嘴湊上去，怔怔地吮著手臂上的紅

---

[12] 克萊恩：〈由早期焦慮看伊底帕斯情結〉，Ronald Britton 等著，林玉華編譯：《伊底帕斯情結新解——臨床實例》（*The Oedipus Complex Today: Clinical Implications*）（臺北市：五南圖書出版公司，2003 年 12 月），頁 59～60。

[13] 克萊恩著，林玉華譯：《兒童精神分析》（*The Psycho-Analysis of Children*）（臺北市：心靈工坊，2005 年 6 月），頁 142～143。

痕」的口腔衝動投射到母親身上，是為了對抗性器期所引起的焦慮，而退化到口欲期作為一種防衛機制，是為了維持對母親的愛，因此只能加強理想化的乳房母親與口腔的需求——以逃離到乳房母親的方式作為防衛，是為了對抗對陰莖母親所產生的焦慮；[14] 換句話說，傳慶退化到需求乳房母親的口欲期嬰兒，以一種嬰兒的方式愛著母親，唯有藉由理想化的「乳房母親」與增強口腔欲望，才能維繫對母親的愛。由此看來，在鏡中認同母親，是〈茉莉香片〉極為關鍵的段落，乳房母親取代了陰莖母親，使得傳慶能保留對母親的愛，而壞的陰莖母親與隨之引發的口腔施虐衝動，則轉移至父親的陰莖。克萊恩認為，此時「父親的陰莖在其幻想中成為一個危險的、會咬人的、有毒的客體」[15]，母親處在被內在怪獸施予口腔與性器攻擊的險境中，陰莖於是視為外在與內在的迫害者，這同時也是傳慶對自己的恐懼。

　　就佛洛伊德的觀點言，男孩這種對父親的恨意應會迅速消失，因為男孩將畏懼權力強大的父親所帶來的閹割威脅，從「忍不住又睜大了那惶恐的眼睛，呆瞪瞪望著他父親看」（頁106），轉而為認同父親而視聶介臣為榜樣，閹割恐懼將摧毀傳慶與母親亂倫的欲望，伊底帕斯情結會猝然結束；傳慶雖然在心中始終與父親為敵，然而，有一種認同作用卻又在默默進行：

> 他發現他有好多地方酷肖他父親，不但是面部輪廓與五官四
> 肢，連步行的姿態與種種小動作都像。他深惡痛嫉那存在於他
> 自身內的聶介臣。他有方法可以躲避他父親，但是他自己是永

---

[14]　克萊恩：〈由早期焦慮看伊底帕斯情結〉，Ronald Britton 等著：《伊底帕斯情結新解——臨床實例》，頁36～37。

[15]　克萊恩：〈由早期焦慮看伊底帕斯情結〉，Ronald Britton 等著：《伊底帕斯情結新解——臨床實例》，頁40。

　　　　遠寸步不離的跟在身邊的。（頁114）

就克萊恩的觀點看，傳慶自知自己的身體裡涵容了父親的壞陰莖，意
識上「深惡痛嫉」，但從潛意識發展出來的姿態言行，卻在在昭告與
父親的血脈連繫，然而這不足以說明傳慶的父親認同。在這一點上，
佛洛伊德在《自我與本我》中認為：一個男子不僅對其父親有一種矛
盾態度，對其母親有一種深情的對象選擇，而且他還同時像一個女孩
那樣，對他的父親表示出一種深情的女性態度，對母親表示相應的敵
意與妒忌。[16]我們在傳慶對父親聶介臣的態度上，找不到任何蛛絲馬
跡，來確認伊底帕斯情結所導致的情感矛盾，或許張愛玲原本就設計
傳慶的戀父情結是匱乏的？

　　　這時，我們不得不注意到，聶介臣不愛馮碧落這個事實。聶介臣
之所以不愛馮碧落，因為馮碧落先不愛聶介臣，在馮碧落因親上加親
嫁給聶介臣的婚姻中，心心念念的還是言子夜，所以聶介臣恨她——
「他母親沒有愛過他父親，她愛過別人嗎？」（頁109）從此，張愛玲
勾出傳慶恨母的癥結，原來母親才是婚姻不睦的始作俑者，此處也從
而勾出言子夜與馮碧落的往日情，贈書傳愛，提及婚嫁，那差一步就
成功的遺憾，使傳慶將戀父情結落實到言子夜身上：

　　　　言子夜進來了，走上了講台。傳慶彷彿覺得以前從來沒有見過
　　　他一般。傳慶這是第一次感覺到中國長袍的一種特殊的蕭條的
　　　美。……然而那寬大的灰色綢袍，那鬆垂的衣褶，在言子夜身
　　　上，更加顯出了身材的秀拔。……
　　　　傳慶想著，在他的血管中，或許會流著這個人的血。呵，如
　　　果……如果該是什麼樣的果子呢？該是淡青色的晶瑩多汁的果

---

[16]　佛洛伊德：《自我與本我》，車文博主編：《弗洛伊德文集》，冊6，頁132。

子，像荔枝而沒有核，甜裡面帶著點辛酸。……

吃了一個「如果」，再剝一個「如果」……（頁112～113）

這不僅僅是戀父情結的外顯，而已經有視言子夜為性愛對象的意味。「果子」為性象徵，言子夜身體突如其來的「蕭條」與「秀拔」，牽動了聶傳慶對「晶瑩多汁」荔枝的綺思，既「吃」又「剝」，退回口欲期的願望滿足，上課何能專心。這段想像，必須出現在傳慶與母親在黑暗中完成認同，而內向投射於自我之後，才能以其他性對象代替潛意識中的戀母情結。一如佛洛伊德所言，「與被拋棄或失去的對象認同，作為對於那一對象的替代——將對象內向投射於自我」[17]，母親與言子夜的愛沒有「結果」，因此二十年後，傳慶就自己變成母親，來圓滿這「二十多年前的，絕望的愛」（頁108），完成母親未竟的情感。

回到女性特質的討論，傳慶鮮明的女性特質，是否與母親的乳房相關？這將有助於讀者理解傳慶對言子夜與言丹朱的態度。克萊恩認為，男孩身上的女性特質，在口腔、尿道、肛門衝動及幻想的主導下呈現，與男孩和母親的乳房的關係有關，深刻影響著他日後對於兩性的態度。若男孩可以將他對於母親的愛與原欲渴望的一部分，轉移到父親的陰莖，同時也保留乳房是好客體的印象，那麼父親的陰莖在他的心智中便會是好的、有創意的器官，可以帶給男孩「原欲滿足」（libidinal gratification），並且創生小孩，如同母親可以賜給他小孩。這種對女性特質的渴望，是男孩先天的發展過程，是男孩「逆向伊底帕斯」（inverted Oedipus complex）的核心，也是構成同性戀傾向的

17　佛洛伊德：《群體心理學與自我的分析》，車文博主編：《弗洛伊德文集》，冊6，頁80。

要素。[18]在克萊恩觀察報告中的李察，害怕與憎恨「陰莖母親」，將其溫柔轉向「乳房母親」，這兩種趨勢大相逕庭，而實踐在面對母親與其他女性上，便形成一種衝突態度——母親成了愛的客體，而其他女性便遭到批判與嘲笑，因為她們代表的是『性器』母親」。[19]克萊恩對李察的觀察，相較於張愛玲筆下的聶傳慶，可說是一個有趣的類比。傳慶具有戀母情結，他壓制了對母親的性器欲望，於是母親便成為愛的客體，這欲望原不單單實踐於母親而是可以適用於其他女性的，然而卻因這些客體激起了他的性器欲望，因此便將性器的害怕與嘗試壓抑的衝動，反映成藐視其他客體——他看不起言丹朱。

同時讀者也不得不注意到，張愛玲將聶傳慶形塑為同性戀的可能。除了前述形象的陰柔，傳慶「不愛看見女孩子，尤其是健全美麗的女孩子，因為她們使他對於自己分外的感到不滿意」（頁102），言丹朱也曾說「我把你當作一個女孩子看待」（頁103）；若把傳慶解讀為一名同性戀者，那麼便可以在佛洛伊德論述伊底帕斯情結的認同作用中，更準確的找到其心理過程。

佛洛伊德認為，認同作用是精神分析已知的與另一人情感連繫的最早表現形式，而男同性戀者的發生歷程為：在伊底帕斯情結意義上，不同尋常的、長期而強烈的固守於他的母親，認同母親，而把自己轉變成為母親，之後為自己尋找能取代他的自我的對象——他能給這個對象以他從母親那裡體驗到的愛和關懷。[20]聶傳慶強烈的認同母親，以至於將自己轉化為母親，將母親給予的愛與關懷，挪移到母親

---

18 克萊恩：〈由早期焦慮看伊底帕斯情結〉，Ronald Britton 等著：《伊底帕斯情結新解——臨床實例》，頁63。

19 克萊恩：〈由早期焦慮看伊底帕斯情結〉，Ronald Britton 等著：《伊底帕斯情結新解——臨床實例》，頁43。

20 佛洛伊德：《群體心理學與自我的分析》，車文博主編：《弗洛伊德文集》，冊6，頁78～79。

二十多年前無法成婚的憾恨——言子夜身上。言子夜，這名教中國文學史的教授，於是成為傳慶的「對象選擇」。張愛玲將這種認同作用，以「繡在屏風上的鳥」的意象展示，母親死在屏風上，兒子在「屏風上又添上了一隻鳥」（頁110），母子生命的重疊，不言可喻。傳慶內在的危險情境，即由這隻屏風上的鳥可見端倪。

　　克萊恩在分析李察的過程中，發現李察曾畫出一隻「恐怖的鳥」與「無頭的鳥」，克萊恩認為鳥嘴上的紅色與紫色部分，是母親貪婪的嘴巴，也是李察想將母親吞噬的欲望，同時也是李察投射在母親身上的口腔施虐衝動。李察將母親內化進去，認為媽媽保護了他，和他一起對抗已內化進去的壞父親；而無頭鳥亦是在李察內化父母的過程中引發了的對父母的口腔施虐衝動。[21] 這正呼應著閹割恐懼，而閹割者正是聯合父親而存在於自己體內的陰莖母親。很巧的，張愛玲在想像傳慶的戀母情結時，也以緞子屏風的「紫色」與「死亡」作為素材，使父母成為具殺傷力的敵人；李察會疑神疑鬼的看著房間的窗戶，並堅持房間的火爐必須持續燃燒；[22] 而在張愛玲描繪的是，「傳慶的房間裡沒有火爐，空氣冷得使人呼吸間鼻子發酸。然而窗子並沒有開，長久沒開了，屋子裡聞得見灰塵與頭髮的油膩的氣味」（頁123）——如同李察的狀況，聶傳慶的基本焦慮即在於：迫害者的增加，使他覺得無法保護他所愛的內在客體（乳房母親），此內在客體的死亡，即表示自己生命的死亡。此為克萊恩所謂憂鬱者的基本焦慮，乃源自嬰兒期的「憂鬱心理位置」（depressive position）[23]，這是佛

21　克萊恩：〈由早期焦慮看伊底帕斯情結〉，Ronald Britton 等著：《伊底帕斯情結新解——臨床實例》，頁36～37。

22　克萊恩：〈由早期焦慮看伊底帕斯情結〉，Ronald Britton 等著：《伊底帕斯情結新解——臨床實例》，頁34、39。

23　憂鬱心理位置與自我的發展息息相關，大概在小孩一歲的時候完成。在這個階段，施虐衝動、幻想、迫害焦慮的威力較低，嬰兒將一個完整的客體「內攝」

洛伊德伊底帕斯情結心理位勢的重要補充。憂鬱心理位置即針對因主
體施虐狂而產生的毀滅與失去母親的幻象性危險，於嬰兒四個月大之
後形成，又可能於兒童甚至成人時期復現，尤其是在哀悼與抑鬱狀
態中——聶傳慶那「無名的磨人的憂鬱」，當是來自伊底帕斯情結之
苦，讀者幾乎可以在克萊恩這裡找到答案了。聶傳慶迷失在自我意識
的建構之中，從克萊恩的觀點看來，張愛玲對聶傳慶的心理狀態的確
刻畫得鞭辟入裡。

　　聶傳慶既已模糊了自我與母親，於是讀者便可以理解，為何小說
要以舞會外的施虐場面收束，這是具有強烈情感矛盾的神經症患者的
傾向，同時也是自戀者認識自己的方法。一如佛洛伊德在《達‧芬
奇對童年的回憶》中觀察達‧芬奇（Leonardo da Vinci, 1452～1519）
的童年生活，歸結男同性戀者的童年早期，都對一個女人，通常是他
們的母親，有一種非常強烈的性依戀（erotic attachment），後來此性
依戀屈從於壓抑，於是便把自己放在母親的位置上，被母親同化，
並以自己為模特兒，愛慕與自己相像的對象，實際上是悄悄回到自
戀。[24] 這一如〈紅玫瑰與白玫瑰〉的佟振保，以檯燈鐵座丟擊妻子，
以雨傘砸碎自己的影像，毀滅自己的家，這是自戀者的宿命，走上
「勝利即毀滅」的終點。聶傳慶強烈的心理能量，以暴力行為作為載
體，其毆打言丹朱的行為，已接近癲狂的神經症患者，他「似乎要她
的頭縮回到腔子裡去」，「抬腿就向地下的人一陣子踢」，「他不能不

（introject）進去，同時也統整客體的不同面向，以及自己因之所產生的情緒。在他
的心智中，愛與恨同時存在，這使小孩有了焦慮——害怕他的內在客體與外在客體
被傷害或被摧毀。憂鬱和罪疚感使嬰兒想保留或使愛的客體再生，並修復之前摧毀
衝動和幻想所導致的結果。克萊恩：《兒童心理分析》（臺北市：心靈工坊，2005
年6月），序頁xvi。

24　佛洛伊德：《達‧芬奇對童年的回憶》，車文博主編：《弗洛伊德文集》，冊7，頁
96。

再狠狠的踢兩腳，怕她還活著。可是，繼續踢下去，他也怕。踢到後來，他的腿一陣陣的發軟發麻」（頁122～123），這樣的暴力結局並不突兀，此即佛洛伊德所謂弒父情結的外顯。弒父情結的壓抑，將導致因閹割恐懼而在超我中的父親認同永遠在自我中扎下根來，聶介臣凶暴無情，兒子的超我便由之容納這些品質，並在自我與超我的關係中，恢復了原被壓抑的被動性。如此，超我變成了施虐狂，自我變成了受虐狂，自我或者獻身而為命運的犧牲品，或者在超我的施虐中獲得滿足。此外，聶傳慶對舞會的興趣缺缺與攻擊時的恐懼，也在克萊恩的看法中得到了解釋。克萊恩認為李察「對於所有活動及興趣愈來愈抑制，這與他企圖壓抑其攻擊傾向有關」，而「不會抑制與其他小孩之間的攻擊衝動，雖然他依舊非常害怕直接表達其攻擊衝動，他對小孩的恨與畏懼，部分來自於他對於父親陰莖的態度」[25] ── 傳慶的潛意識中，勢必認為陰莖即小孩，具有殺傷力的父親陰莖與貪婪小孩是相似的，言丹朱作為一個健康幸福的小孩，當然成為傳慶嫉恨的對象，那原來是屬於他的健康幸福。

　　聶傳慶喪失了面對現實的能力，一如克萊恩所言：很早開始，孩子即因加諸於其上的缺陷情境，漸漸學會現實感（即與現實的接觸），他們以「拒絕承認」來對抗現實。小孩適應現實的能力，視其是否能容忍伊底帕斯情境所導致之缺陷。[26]拒絕承認自己是聶介臣的兒子，而不斷想像成為言子夜的後代或對象，於是傳慶以施虐抗拒現實，連結到手臂的吸吮，其強烈的口虐現象即是一個徵兆：死亡本能

---

[25] 克萊恩：〈由早期焦慮看伊底帕斯情結〉，Ronald Britton 等著：《伊底帕斯情結新解──臨床實例》，頁40～41。

[26] Klein Melanie, *The psychological principles of early analysis*. Int. J. Psycho-Anal., 7. [Reprinted in The Writings of Melanie Klein, 1 (pp.128～138). London: Hogarth Press, 1975.]

正嘗試平衡著原欲。但原欲終是控管不成，衝出樊籠，傳慶之毆打言丹朱，意義正如希臘神話中納西瑟斯（Narcissus）伸手入水面，想擁抱的是自己，而毀滅的也是自己——傳慶認為自己是言子夜與馮碧落的小孩，因而在結局的象徵意義上，便是自己毆打了自己，〈茉莉香片〉遂成為一則自我分裂的故事。

聶傳慶的心理狀態何其複雜，不是簡單的所謂男孩、女孩，或正向、負向的伊底帕斯情結所能概括，張愛玲所關心的，原是極其繁複而難以把握的人性。然而〈茉莉香片〉的局限，在於讀者未能看見從伊底帕斯情結發展到超我的過程，超我是將父親的權威內化後的結果，傳慶害怕內化進去的「內化父親」（internalized father），因為好的內在母親會遭此迫害者的攻擊，男孩的罪疚感便是來自於自我與超我的緊張關係，只有當超我形成，罪疚感才得以形成。對於伊底帕斯情結的罪疚感，〈茉莉香片〉幾無著墨，而隔月登場的〈心經〉，似是彌補了這項缺漏。

三 戀父：天與小寒與上海

> 我喜歡鴉片的雲霧，霧一樣的陽光，屋裡亂攤著小報，（直到現在，大疊的小報仍然給我一種回家的感覺）看著小報，和我父親談談親戚間的笑話——我知道他是寂寞的，在寂寞的時候他喜歡我。[27]

一九四三年八月，即刊登〈茉莉香片〉的下一個月，上海《萬象》月刊刊登了〈心經〉，顯示了張愛玲在此時期對伊底帕斯情結題

---

27 張愛玲：〈私語〉，《華麗緣——散文集一》，《張愛玲典藏》新版冊11，頁150。

材的偏好。同樣的挖掘對父母的愛恨交織,〈心經〉述說的則是一個
父女戀的故事,人物雖較〈茉莉香片〉單薄,卻背負著一個重要意
義:張愛玲以女兒之身,臨摹一場父女之戀,其中必然投射其潛意
識中的父親圖像。而緊接在〈茉莉香片〉之後發表,〈心經〉於是與
〈茉莉香片〉形成一組對位旋律,若〈茉莉香片〉在戀母的主題之下
要發抒的是隱晦的戀父情結,那麼〈心經〉是不是可以視為其戀父情
結更直接鮮明的披露?佛洛伊德表示,伊底帕斯情結是具有普遍性
的,而張愛玲的題目「心經」,是否包藏了張愛玲對伊底帕斯情結的
普遍性的看法?

　　許小寒出生時,算命者預言將「剋母」,父母本欲過繼女兒於舅
母處,然而還是因為捨不得而留下小寒,雖未如希臘神話中的伊底帕
斯被父母遺棄,但小寒依然依循宿命,成為介入父母婚姻的第三者。
這樣的安排,似乎也重疊了《小團圓》中九莉必須叫父母為二叔、二
嬸。〈心經〉一開始,張愛玲以象徵位置呈現父、母、女兒三者的關
係:

> 她坐在闌干上,彷彿只有她一個人在那兒。背後是空曠的藍綠
> 色的天,藍得一點渣子也沒有——有是有的,沉澱在底下,黑
> 漆漆、亮閃閃、煙烘烘、鬧嚷嚷的一片——那就是上海。這裡
> 沒有別的,只有天與上海與小寒,不,天與小寒與上海,因為
> 小寒所坐的地位是介於天與上海之間。[28]

天象徵父,地象徵母,這家庭不是「天與上海與小寒」,而是女兒介
乎其中的「天與小寒與上海」,序列的正確與否,至關重要。小寒說

---

[28] 張愛玲:〈心經〉,《傾城之戀——短篇小說集一》,《張愛玲典藏》新版冊1,頁
　　 125～126。接續引文不復贅註。

「我爸爸成天鬧著說不喜歡上海」（頁126），無疑是提醒讀者這三者組合成一個反常的家庭——女兒愛慕父親，實現了生來剋母的宿命；父親不愛妻子，居然深愛著女兒，甚至愛上了與女兒相像的同學；母親知情卻冷眼旁觀，不聞不問——只要其中一方的力量改變，這「美滿的家庭」（頁137）便稍震即碎。這幅開場景象看似寧靜平衡卻隱藏變動詭譎，那是家庭倫理道德行將潰散的危機。

美滿家庭的稍震即碎，源於小寒「剋母」的神諭，其剋母的形式為：愛戀父親，嫉妒母親是父親的妻子。小寒曾對父親說「女人對於男人的愛，總得帶點崇拜性」（頁142），此崇拜性即是女兒視父親為對象的外顯。而嫉妒是生存的一種本能，在於苛求不可得之物，其源泉也正是來自於伊底帕斯情結——小寒刻意忽視母親的存在，讓同學誤以為小寒非母親親生或是母親早已去世；她認為母親是長輩，「有長輩在場」怕同學拘束，而覺得父親是同輩，向父親說「少在我面前搭長輩架子」（頁131）；她嫌母親老，穿著不合時宜，與母親不斷從事心理較量，當段綾卿問「難道打算做一輩子小孩子」，她昂揚下頦回答「我就守在家裡做一輩子孩子，又怎麼著？不見得我家裡有誰容不得我」，因而綾卿詫異「怎麼動不動就像跟人拌嘴似的」（頁134），小寒過度的反應，凸顯潛意識中涵藏對母親的敵意；她甚至在母親面前親密接觸父親的身體，以宣示主權，「輕輕用一隻食指沿著他鼻子滑上滑下」，又「突然撲簌簌落下兩行眼淚，將臉埋在他肩膀上」，或「只伸過一條手臂去兜住他的頸子」，而母親見狀，只是「微笑望了他們一望」（頁139）。佛洛伊德在《精神分析導論》中提到小女孩伊底帕斯情結的發展：她與父親產生情感依戀，想要除掉母親而取而代之，有時還仿效成年婦女的撒嬌——這只會使我們感到她可愛，尤其是對於小女孩來說，這使我們忘記潛藏於這種嬰兒情境背

後的嚴重後果。[29]從小寒不斷向父親撒嬌並想取代母親觀察，母親的態度著實可議：當初母親不送走小寒，是不相信剋母的神諭？還是因為太相信剋母的神諭，而不想對原罪進行無謂的抗爭？母親真的不在乎父女相愛？是害怕剋母的小寒？還是她在一旁等待報復一個不愛她的丈夫，一個怨恨她的女兒？當發現父親與綾卿同居，小寒企圖藉由母親來束縛父親，她踢翻母親的盆景，引發母女衝突的高峰，「你別得意！別以為你幫著他們來欺負我，你就報了仇——」（頁154）用字遣詞冷漠無禮，小寒對母親的恨意，正置於這樣的伊底帕斯衝突中。其實母親面對無愛的婚姻，自己都手足無措，嘆息著「比這個難忍的，我也忍了這些年了」（頁149），似乎也只能選擇忍氣吞聲。

　　若母親處於情感矛盾，那麼父親許峰儀則更是糾纏於重重矛盾之中：他一方面研究陽宅風水，為女兒算命，在一定程度上相信因果循環；一方面又抗拒不了女兒的誘惑，想伸手去碰觸那「豐澤的，象牙黃的肉體」（頁145）；當良心與道德升起，他決定去愛一個與女兒長得十分相似的段綾卿，以轉化自己對女兒的愛意，消弭由禁忌之愛所帶來的恐懼與精神負累，然而和段綾卿的關係終究不是愛情，而只是可悲的精神補償。至於小寒，以為排斥母親，就可以得到父親完整的愛，知道父親與段綾卿在一起後，她從容而有步驟的力挽狂瀾：一、她請母親抓緊父親的行蹤，母親冷淡以對；二、她請龔海立挽回段綾卿，但龔海立無能為力，他愛的是小寒；三、她去找綾卿的母親，想讓段母阻止綾卿，但卻被母親拉上車——小寒招招失敗，對父親的執著的愛徹底崩潰，而視一切都是母親的報復：

---

[29] 佛洛伊德：《精神分析導論》，車文博主編：《弗洛伊德文集》，冊4，頁194。許多年後，佛洛伊德才意識到，男孩與女孩在伊底帕斯情結的發展上不是對稱的，相關討論可見《精神分析新論》第三十三講「女性氣質」。

雨下得越發火熾了，啪啊啦滅在油布上。油布外面是一片滔滔
的白，油布裡面是黑沉沉的。視覺的世界早已消滅了，留下的
僅僅是嗅覺的世界——雨的氣味，打潮了的灰土的氣味，油布
的氣味，油布上的泥垢的氣味，水滴滴的頭髮的氣味。她的腿
緊緊壓在她母親的腿上——自己的骨肉！她突然感到一陣強烈
的厭惡與恐怖。怕誰？恨誰？她母親？她自己？她們只是愛著
同一個男子的兩個女人。她憎嫌她自己的肌肉與那緊緊擠著
她的，溫暖的，他人的肌肉。呵，她自己的母親！（頁159～
160）

克萊恩認為，女孩的潛意識與情緒，主要建立在其內在世界與內在客
體，其伊底帕斯競爭，主要表現在她想奪走母親身體內的父親陰莖與
小孩的衝動，害怕她的身體與內在的好客體會遭企圖報復她的壞母親
攻擊、傷害甚至盜走，這是女孩焦慮的來源。[30]因此，母親是小寒實
現伊底帕斯願望的最大障礙。母女血肉的牽繫，竟令人嫌惡至此，這
是伊底帕斯情結中何其脆弱的女兒情境。暴雨侵襲，光明與黑暗傾
軋，作為小寒未來生命的寫照，一如伊底帕斯知道真相後自刺雙目，
小寒「視覺的世界早已消滅了」，而坐大的是潛意識中幽深無底的欲
望。神諭指示伊底帕斯要犯某種罪過，即使從道德良知反抗這種罪
過，依然無濟於事；神諭同樣指示小寒要犯某種罪過，無人抵抗，完
全順應，悲劇依然發生。剋父剋母的神諭不是偶然，張愛玲和佛洛伊
德一樣，直指出伊底帕斯情結原是具有普遍性的。

　　許小寒介入父母婚姻，於母親朗聲說「現在我才知道你是有意
的」之後，小寒產生了「罪疚感」，便哭了起來——「她犯了罪，她

30　克萊恩：〈由早期焦慮看伊底帕斯情結〉，Ronald Britton 等著：《伊底帕斯情結新
　　解——臨床實例》，頁66。

將她父母之間的愛慢吞吞的殺死了，一塊一塊割碎了——愛的凌遲」（頁160）；甚至在小說結尾，小寒還「伸出手臂來，攀住他母親的脖子，哭了」，這樣的「幡然悔悟」與向母親示好，似乎太過突兀，完全不像之前那「本我」（id）高揚的女孩。佛洛伊德在《精神分析導論》中表示：看完《伊底帕斯王》的故事，劇作家彷彿在說，對抗這罪惡的意圖，對抗你所做的一切，都是徒勞的；你對無法打消這些惡念而感到內疚，它們仍然存在於你的潛意識之中。於是佛洛伊德歸結：無疑，伊底帕斯情結可被看作這種罪疚感的最重要的源泉。[31]的確，油然而生的罪疚感，將引動小寒的超我這自我的審判者，作為伊底帕斯情結結束後的繼承，透過內化雙親的禁止與要求，而從父親身上收回性衝動，並放棄對母親的嫉恨，之後便轉移到客體的「對象選擇」上。於是，這涉及到主體建構與客體轉移的問題。

　　佛洛伊德認為客體對象選擇的轉移，是主體形成的關鍵，青春期的孩子唯有走出父母關係，轉移力比多於另一客體上，才能具有獨立意志，成為社會團體的一員。[32]——固然，小寒已經與龔海立訂婚，似乎已經走出家庭，度過伊底帕斯情結；但弔詭的是，小寒之所以放棄父親而選擇龔海立，是由罪疚感引發？沒有細密的掙扎，小寒竟可以在一夕之間完全改變而順利進入客體的對象選擇？張愛玲在〈心經〉中要展示的，難道只是女孩伊底帕斯情結的圓滿完成？

　　佛洛伊德在《精神分析新論》中曾表明，女孩在伊底帕斯情結的閹割焦慮上，與男孩是不一樣的——男孩對母親產生欲望，而希望擺脫父親，但因閹割情結的恐懼，使男孩放棄了這種態度，伊底帕斯情結遭到壓抑，因而在正常情況下，男孩建立起嚴厲的超我作為繼承，

---

[31]　佛洛伊德：《精神分析導論》，車文博主編：《弗洛伊德文集》，冊4，頁193。
[32]　佛洛伊德：《精神分析導論》，車文博主編：《弗洛伊德文集》，冊4，頁196。

並將欲力轉移；女孩則受「陽具欽羨」的影響，對母親未能給予她一只陰莖而憤怒，同時發現母親亦缺乏陰莖，因而放棄對母親最初的依戀，將愛轉向父親，進入伊底帕斯狀態。女孩起初渴望由父親處獲得一只陰莖，後來則希望從他那兒獲得一個小孩。由於相異於男孩閹割焦慮的恐懼，因此女孩便缺少了克服伊底帕斯情結的動機，她們在這一情結中停留或長或短的時間，後來才摧毀該情結，但摧毀得並不徹底，如此，超我的形成必然受到妨礙。[33]如果佛洛伊德的看法成立，小寒沒有強大的超我進行自我審判，從而徹底引發罪疚感，那麼我們又該如何看待〈心經〉的結局，以詮釋她最後與母親相擁，而去三舅母家的意義？

這使我們不得不注意，小寒與綾卿之間，有種神秘的形似關係。她們在「生日」宴會中，「走到一張落地大鏡前面照了一照，綾卿看上去凝重些，小寒彷彿是她立在水邊，倒映著的影子，處處比她短一點，流動閃爍」（頁133）；小寒與綾卿在私密的「獨白的樓梯」裡傾吐心事，進行心靈的交流或者衝突；她們共同爭奪一個男人，小寒求本我滿足，要一個令人「崇拜」的父親，綾卿則求社會滿足，要一個經濟無虞的「父親型」情人；她們都與母親有嫌隙，且父母之間感情不佳——在表層意義上，張愛玲創造了一個與小寒相似的形象，作為父親規避亂倫禁忌的替代品；然而在象徵意義上，我們不妨將小寒與綾卿視為同一個主體，一個面臨「自我分裂」（splitting of the ego）的主體。

以伊底帕斯情結的發展歷程來看，這類似鏡像的經營，凸顯了小寒自我分裂的人格，自我被劃分為二，其中一半反對另外一半：一是繼續眷戀父親，陷溺於伊底帕斯情結的「對象貫注」（object-

---

33 佛洛伊德：《精神分析新論》，車文博主編：《弗洛伊德文集》，冊5，頁82。

cathexes）；一是因介入父母而導致罪疚感，於是由嬰兒早期的對象貫注轉換成「認同作用」（identification），之後進行客體的「對象選擇」。那繼續眷戀父親的自我，以段綾卿為化身，與龔海立分開，而放棄了對象選擇的機會；那充滿罪疚感的自我，以小寒為化身，因橫阻於父母之間而自我譴責，最後願意與龔海立訂婚。換句話說，讀者可以這樣解讀小寒：內在欲望受到外在現實的阻礙，自我中因而並存兩種精神態度，互不影響：一為體認現實，一為否認現實。石杰在〈神話性文本的精神內核——論張愛玲小說〈心經〉兼及古希臘神話〈俄狄浦斯〉〉一文中說：「〈心經〉既非在引導人做倫理意義上的社會思考，也非進行現實生活中的道德批判，而是通過有限事物的毀滅和根本性困境的展示，引導人去領悟一種無限的超實體的存在。」[34] 所謂「無限的超實體的存在」若指的是伊底帕斯情結，那麼綾卿此一人物的設計，便是張愛玲高妙之處——綾卿不是小寒的情敵或者救贖，綾卿是小寒的身體裡藏匿在更深更暗處的小寒。

　　由此觀察「獨白的樓梯」，獨白之所以稱為獨白，在象徵意義上便不是小寒與綾卿兩人的對談，而是小寒自己的獨白，佛洛伊德表示：「樓梯和爬樓梯幾乎無例外地象徵著性交」[35]。由此看來，獨白的樓梯這一段是受虐者的自我折磨與抑鬱者的自我責備，是潛意識中對父親身體的欲望。克萊恩在觀察女孩的早期焦慮時就指出：女性受虐特質最深的基礎，似乎是女人對於她所內化進去的危險客體的害怕，而她的受虐特質其實是她的施虐本能轉向自己，對抗她裡面的內化客體。[36] 小寒畏懼著內化進去的危險客體（壞父親陰莖，即與母親、綾

---

[34] 石杰：〈神話性文本的精神內核——論張愛玲小說〈心經〉兼及古希臘神話〈俄狄浦斯〉〉，《西北大學學報》（哲學社會科學版）36卷3期（2006年5月），頁108。

[35] 佛洛伊德：《釋夢》，車文博主編：《弗洛伊德文集》，冊2，頁241。

[36] 克萊恩：《兒童心理分析》，頁227。

卿結合的父親陰莖），在想像中，必須藉由「閹割父親」才能將好父親陰莖占為己有，因此，將父親穿女裝的相片堂堂擺在客廳裡供人欣賞，便不是可有可無的意象了。《小團圓》中曾提及二爺從小著女裝一事，「十幾歲了還穿花鞋，鑲滾好幾道」[37]；《對照記》裡也曾提及父親被老太太打扮得花紅柳綠，陰陽顛倒，「我祖母給他穿顏色嬌嫩的過時的衣履，也是怕他穿著入時，會跟著親戚的子弟學壞了，寧可他見不得人，羞縮踟躕，一副女兒家的靦腆相」[38]。這些反覆出現的敘述，皆共同指向張愛玲潛意識中的父親圖像，強化父親的女性形象，原來源於一種恐懼，閹割父親原是擁抱父親的方式，於是許峰儀的宿命、怯懦、無能、逃避、女性化，一概都成為從塵埃中開出花來的契機。

　　小寒在伊底帕斯情結上所形成的罪疚感，來自於嫉羨並摧毀父母的幻想，這幻想造成了一個稍震即碎的危險情境，若父母與小寒的關係良好，小寒自可釋放那由潛意識施虐幻想而產生的罪疚感，建立修復機制，在現實中修復與父母的關係，與現實和諧相處；然而，張愛玲最後沒有留下光明的尾巴，父親最後選擇了綾卿，小寒選了龔海立，人世和諧何嘗容易，人只能影子似的沉沒，被時代遠遠的拋棄。張愛玲在〈自己的文章〉中表示：「我只求自己能夠寫得真實些。」[39]分裂的小寒應該就是張愛玲體認到的真實了。佛教《心經》原名《般若波羅蜜多心經》，是一部僅兩百五十字的重要經典。據佛教傳說，釋迦牟尼的弟子舍利佛問觀世音菩薩，如何能修到佛所謂的深妙法

37　張愛玲：《小團圓》，《張愛玲典藏》新版冊8（臺北市：皇冠文化出版公司，2009年3月），頁120。

38　張愛玲：《對照記》，《對照記——散文集三》，《張愛玲典藏》新版冊13（臺北市：皇冠文化出版公司，2010年4月），頁46。

39　張愛玲：〈自己的文章〉，《華麗緣——散文集一》，《張愛玲典藏》新版冊11，頁117。

門？觀世音於是講了這部《心經》。其中「般若」意為智慧，「波羅蜜多」指到彼岸，「心」是認識自身心體，「經」乃途徑，經名意義即是：以智慧認識自身心體，到達彼岸之路。若張愛玲認為，這樣戀父恨母的故事是一條認識人類本真之路，則完全合於佛洛伊德所發現的，伊底帕斯情結是所有人潛意識中的心理能量。苗福光在〈張愛玲小說中亂倫原型透視〉即表示：「像小寒和父親峰儀的亂倫原型不過是人類自身的一種類似本能的普遍存在的現象，只有認識到這一點人類才能認識自己的本真。」[40] 小說題名〈心經〉，借用佛教同名經典，在意義構思上足見作者用心。〈心經〉的悲劇性，並非來自特殊的命運經歷，而是源於人類普遍的欲望，及其導致心理的潛在衝突與分裂。

　　《伊底帕斯王》這部希臘悲劇之悲，從情節上看，似乎是特殊命運的安排所致；但佛洛伊德卻從中發現，在最毒的咒語中，隱藏著男孩弒父娶母的宿命，註定第一個性衝動的對象是母親，第一個仇恨的對象是父親——伊底帕斯是所有人童年願望的達成。在佛洛伊德精神分析學所建構的原始情境裡，伊底帕斯情結試圖解決的，不是人與自然的鬥爭，而是性的自然需求與社會性滿足之間的鬥爭。張愛玲將伊底帕斯情結設定在一般人的潛意識中，一如〈茉莉香片〉「跑不了」的終局，確實有如佛洛伊德「洪水猛獸」般的言論。

　　這種鬥爭，認真而未有名目，也成為張愛玲觀察世界的方法。從伊底帕斯情結閱讀張愛玲，讀者至少可以看出兩件事：一、精神分析學之於張愛玲的小說，確實是有影響的；二、家庭陰影至深至大，是張愛玲啟動生命的關鍵，它不斷在創作裡變形出現，也就是張愛玲不斷將欲力附著於父母意象之上，然而不管寫的是戀母故事（〈茉莉香

40　苗福光：〈張愛玲小說中亂倫原型透視〉，《名作欣賞》2007 年第 4 期，頁 56。

片〉）抑或戀父故事（〈心經〉），最終都可看出其不自覺的戀父情結
的偏重。伊底帕斯情結告訴我們，在所有人的性幻想中，最重要而原
初的便是兒童對父母的性感情，在克服和拒斥這些亂倫幻想時，也就
開始擺脫父母權威的時候，這是青春期裡最痛苦的精神成就，對其後
成人的性活動具有決定性的作用，也就是因為這項「無名的磨人的憂
鬱」，才形成上代人與下代人之間的對立，也才造成文明的進步。張
愛玲處身於現代文明之中，揭開的即是這現代人的困境，一如佛洛伊
德所說：每一個來到塵世的新人，都面臨著與伊底帕斯情結鬥爭的重
任，誰若不能戰勝它，便註定要成為神經症者。[41] 這鬥爭的過程，便
是張愛玲希望以寫作追求的永恆。

　　因為張愛玲致力於揭示人類內心衝突的核心，於是我們認識了性
格高度複雜的聶傳慶，看見了小寒與綾卿的相互對照，那是苦痛的自
我分裂，那是伊底帕斯在認清現實後靈魂的震顫。當伊底帕斯情結被
揭開，罪惡浮現，人類看見內在隱蔽的自我，儘管已經對之嚴密監
控，欲望卻還是潛伏在心靈深處，與超我不停鬥爭。如果伊底帕斯情
結是一切文學的活水，那麼〈茉莉香片〉與〈心經〉當是通往張愛玲
精神核心的捷徑；若伊底帕斯情結是對一切舊秩序的否定，那麼張愛
玲絕不是一個格局褊狹的作家，因小說中那古老心靈與荒唐現實之間
的「鄭重而輕微的騷動」[42]，那閹割焦慮、認同作用、罪疚感、自我分
裂、情感矛盾的高度體現，正成就了文學的普遍性與啟示性。

　　《佛洛伊德自傳》提到：在伊底帕斯情結中，我們可以看到性欲
力附著於父母形象的意象之上。但是在此之前還有一個階段，其中並

41　佛洛伊德：《性學三論》，1920年增註，車文博主編：《弗洛伊德文集》，冊3，頁
　　59。

42　張愛玲：〈自己的文章〉，《華麗緣——散文集一》，《張愛玲典藏》新版冊11，頁
　　116。

沒有出現這種對象。從這一事實中便可以得出一種狀態的概念：患者
的性欲力充滿於自我之中，並以之作為對象。這一狀態可被稱為自
戀（narcissism）或自愛（self-love）。這種自戀的狀態從未完全停止
過。在患者的一生中，自我一直是其性欲力的巨大儲藏處，「對象貫
注」就從這裡出發，而性欲力則能夠再一次從那些對象中流回這裡。
因而「自戀性欲力」（narcissisticlibido）就不斷轉變為「對象性欲力」
（objectlibido），反之亦然。這種轉換所能達到的程度可以由一個處於
愛戀狀態中的人提供最絕妙的說明，這種愛戀不管是性欲的還是昇
華的，都能夠達到犧牲自己的程度。[43] 由此可知，要深究伊底帕斯情
結，則不可不討論自戀。伊底帕斯情結中的弒殺與認同，都連繫於自
戀機制之中。

---

[43]　佛洛伊德著，游乾桂校閱：《佛洛依德自傳》（臺北市：桂冠圖書公司，1992 年），
　　　頁 57～58。

第五章
自戀論張愛玲

　　本章從佛洛伊德的自戀學說，檢視張愛玲小說中的自戀情結。自戀是張愛玲小說人物普遍的心理質素，其中最鮮明者當屬〈紅玫瑰與白玫瑰〉的佟振保，其妄自尊大、視一切為身外物、生理疾病、被視妄想、攻擊等症候，在在是佛洛伊德自戀論述的重點；而鏡與玻璃窗的影像分裂，則是張愛玲自戀書寫的修辭策略，並置如夢境般的虛像與實像，甚至剎那抽離時空的「自戀的疏離」，都是藉由虛像的異化與啟示，直指水仙人物自我分裂的精神特徵。

　　佛洛伊德的自戀學說與張愛玲的小說人物之間，具有高度和諧的趣味。連繫其中「自我中心」的人生觀察，可看見張愛玲刻畫小說人物的精神深度，以及與佛洛伊德對話的層次。

一　自戀：奇異的自尊心

　　　　每一個蝴蝶都是從前的一朵花的鬼魂，回來尋找它自己。[1]

　　「自戀」（narcissism）是佛洛伊德討論性本能的重要一門，是張愛玲小說刻畫人物的重要心理質素，也是張愛玲自己的性格。

　　張愛玲筆下人物多有一種不可凌犯的自尊心，來自創作主體的靈

---

[1]　張愛玲：〈炎櫻語錄〉，《華麗緣──散文集一》（臺北市：皇冠文化出版公司，2010年4月），《張愛玲典藏》新版冊11，頁158。

魂質素對小說人物不自覺的滲透。蘇偉貞〈不斷放棄，終於放棄——張愛玲奇異的自尊心〉一文認為：童年種種的不堪記憶對張愛玲影響甚大，撐起她龐大的自尊工程裡的兩個意象結，一為奇異的自尊心，一為過度的自誇與自鄙，後來張愛玲選擇了以放棄來保有自尊。[2] 確實如此，為了保有自尊，所以選擇放棄，張愛玲很早就感受到自己的這項心理特質——「有一次張干買了個柿子放在抽屜裡，因為太生了，先收在那裡。隔兩天我就去開抽屜看看，漸漸疑心張干是否忘了它的存在，然而不能問她，由於一種奇異的自尊心。」[3] 為何不能問？問了為什麼有傷自尊？因為張干忠心耿耿，因為張干對張愛玲呵護備至，更重要的是因為張干替代了母親的角色，給了張愛玲母性的關懷與愛。這段柿子的記憶之後，緊接著連接到「最初的家裡沒有我母親這個人，也不感到任何缺陷，因為她很早就不在那裏了」，答案昭然若揭，因為張愛玲被張干愛著，因為張愛玲沒有母親愛著。張愛玲怕洩露了關心張干一舉一動的事實，因為她習慣接受愛，她還沒有學會去愛人。

　　一切都是為了保有最後的自尊，而自尊是要成全自戀。〈金鎖記〉七巧為了保有自尊，上二樓去窺看季澤離去的背影；長安為了保有自尊，樓梯下了一半，旋即回身上樓；〈傾城之戀〉流蘇為了保有自尊，從香港回上海，算是輸了第一回合；〈封鎖〉吳翠遠為了保有自尊，坐在原來的位置上，只活了那麼一剎那；《半生緣》曼楨為了保有自尊，放棄了心愛的世鈞……。維護僅存的自尊若是症候，那麼其中更深刻的心理質素便是來自於自戀。

2　蘇偉貞：〈不斷放棄，終於放棄——張愛玲奇異的自尊心〉，《長鏡頭下的張愛玲：影像‧書信‧出版》（新北市：INK印刻文學生活雜誌出版公司，2011年8月），頁283。
3　張愛玲：〈私語〉，《華麗緣——散文集一》，《張愛玲典藏》新版冊11，頁146。

　　從張愛玲的《對照記》不難看出，那些顧盼的眼神、標新立異的服裝、奇異的攝影角度、翻飛的裙襬，除了要留給世間美好的身影之外，都是標舉著一種自戀的姿態。張愛玲年輕時早已大肆揮霍這樣的自戀了，胡蘭成在〈論張愛玲〉中說：「我可以想像，她覺得最可愛的是她自己，有如一枝嫣紅的杜鵑花，春之林野是為她而存在。因為愛悅自己，她會穿上短衣長褲，古典的繡花的裝束，走到街上去，無視於行人的注目，而自個兒陶醉於傾倒於她曾在戲台上看到或小說裡讀到，而以想像使之美化的一位公主，⋯⋯這並不是自我戀。自我戀是傷感的、執著的，而她卻是跋扈的。」[4]胡蘭成寫下這篇文章時（1944），正與張愛玲熱戀，姑且不論胡蘭成的人品與政治選擇，作為一名在張愛玲身邊近距離的觀察者，應當是最能捕捉張愛玲的為人與心性了。後來李渝寫紀念張愛玲的文章，便借用「跋扈的自戀」為題，概括她對張愛玲的印象。[5]可見「自戀」是張愛玲頗為外顯的一項精神特質。

　　王朝彥、魯丹成在《蒼涼的海上花——張愛玲創作心理研究》中分析張愛玲的「跋扈的自戀」，認為其根源主要來自兩方面：一、對自己文學才能的自信；二、在各種事物中的放恣的生活力，自愉自悅，自得其樂。[6]這樣的精神特質，其實更多的是來自創作主體後天的成長環境與先天的心理特徵，一種力求完美的創作衝動，形塑成一種「奇異的自尊心」，自賞自羨。張愛玲的自戀，通過想像的實踐，不

4　胡蘭成：〈論張愛玲〉，原刊於上海《雜誌》第 13 卷第 2、3 期，1944 年 5、6 月；見陳子善編：《張愛玲的風氣——1949 年前張愛玲評說》（濟南市：山東畫報出版社，2004 年 5 月），頁 19～20。

5　李渝：〈跋扈的自戀〉，原刊於《中國時報・人間副刊》，1995 年 9 月 14 日；後收錄於陳子善編：《作別張愛玲》（上海市：文匯出版社，1996 年 2 月），頁 78～82。

6　王朝彥、魯丹成：《蒼涼的海上花——張愛玲創作心理研究》（武漢市：中國地質大學出版社，2001 年 3 月），頁 85～89。

自覺的揉入創作之中，便一再滲入虛構小說人物的形象之中，這些潛在的心理質素，可以藉由佛洛伊德精神分析的解釋而彰顯。

佛洛伊德的〈論自戀：導論〉，發表於一九一四年，是人類首次對自戀較系統的論述。文中認為，自戀源於性能量，即力比多（libido），可分為「原始自戀」（primary narcissism，或稱「原自戀」）與「繼發自戀」（secondary narcissism，或稱「次自戀」）兩種類型——原始自戀，人皆有之，嬰兒常愛戀餵養者（通常是母親），將餵養者當作自己的一部分來愛戀，如此最初的自體性欲滿足，是一種「自我保護」（self-preservasion）機制，一種生存本能。[7]幼童最初的性對象，是建立在營養本能上，雖然其時幼童尚無能力分別自我與餵養者，但卻為日後能愛一個獨立於自己的客體奠定了基石。在幼童後來的成長過程中，漸漸會將力比多投射於客體對象，若在投射過程中遭遇挫折，力比多便會從外部世界的人與物中撤回，折返於自我（ego），此即為「繼發過程」（seconday process），從而形成繼發型的自戀。[8]繼發自戀為一病理性自戀，在日後的對象選擇中，患者將不以他人為模型，而是以自我為模型，或是以自我理想為模型，將他人當作自己的一部分來愛戀。

自戀一詞源於水仙（narcissus），來自納西瑟斯的希臘神話。納西瑟斯是一名美男子，眾多女神均傾慕不已，但鐵石心腸的納西瑟斯不屑一顧，其中一名女神回聲（Echo）還為納西瑟斯形銷骨立。維納斯（Venus）出面報仇，使納西瑟斯立於水邊，深深戀慕水中貌美的仙女，可望而不可得，每每入水觸摸，影像即刻破碎，納西瑟斯不

7　（奧）西格蒙德・佛洛伊德（Sigmund Freud,1856-1939）：〈論自戀：導論〉（1914），車文博主編：《弗洛伊德文集》（長春市：長春出版社，2004年5月），冊3，頁129。

8　佛洛伊德：〈論自戀：導論〉，車文博主編：《弗洛伊德文集》，冊3，頁122。

知水中形象即是自己的倒影，因而憔悴而死；眾仙聞訊趕來送葬，卻只看見水邊生出一株水仙。因此，水仙便成為過度欣賞自己而陷入泥淖者的象徵。佛洛伊德在〈論自戀：導論〉開篇提到，最早使用「自戀」一詞者，是心理學家納克（Paul Näcke），於一八九九年以「自戀」一詞認為自戀者會自我欣賞、自我撫摸、自我玩弄，直至獲得徹底的滿足，個體性生活均為這樣的行為獨佔，是一種「性倒錯」；但佛洛伊德又在一九二〇年《性學三論》的註腳中認為，靄理士（Havelock Ellis）比納克早了一年，在一八九八年靄理士即用「似自戀」（narcissus-like）描述一種心理態度。然而，靄理士在一九二八年的論文裡更正了佛洛伊德的看法，表明這「最早」的冠冕，應由納克與靄理士共享。[9]總之，一八九九年左右，靄理士與納克使用了「自戀」一詞，而二十年後，佛洛伊德站在兩位前人的基礎上，發表論文〈論自戀：導論〉，說明了自戀的起源、本質、表現形式及其在人類發展中的作用，開啟了後世學者對自戀的研究。

　　張愛玲的小說人物，普遍由自戀形塑而成。〈紅玫瑰與白玫瑰〉的佟振保，自負自持，作為一名社會青年楷模，最後將燈座砸向妻子，毀了家庭；〈傾城之戀〉的白流蘇，對鏡自審，發現青春尚在，決定向妹妹的相親對象獻媚；〈茉莉香片〉的聶傳慶，頗具幾分女性姿色，因病態的自尊而於空山中狠狠揍了教授的女兒；《赤地之戀》的二妞，面水自覽，鬢邊的粉紅花朵落入水間，似與劉荃有無限的可能；〈色，戒〉的王佳芝，戴上六克拉的大鑽戒，牆根鏡中映照的腳，彷彿踩在牡丹花叢裡……，這些具有水仙傾向的人物，或多或少都表現出自戀的人格特質，包括自大自私、自我中心、自以為是、追求權力與名聲、察覺威脅時產生負面情緒、利用別人、缺乏真正的

9　佛洛伊德：〈論自戀：導論〉，車文博主編：《弗洛伊德文集》，冊3，頁121。

愛、奇異的自尊、暴力傾向等，一方面迷戀自己某一刻的丰采，一方面又因急於掇拾自己的影像，而終於自我毀滅，果真是「一級一級，走進沒有光的所在」[10]，作為一種死亡本能的體現。

二　佟振保：最合理想的中國現代人物

> 他是有始有終的，有條有理的。他整個地是這樣一個最合理想的中國現代人物，縱然他遇到的事不是盡合理想的，給他自己心問口，口問心，幾下子一調理，也就變得彷彿理想化了，萬物各得其所。[11]

張愛玲小說中水仙性格最鮮明的，非〈紅玫瑰與白玫瑰〉的佟振保莫屬。這名「最合理想」的中國現代男性，決心要創造一個「對」的世界，但張愛玲卻昭昭揭示其生命的「不對」，甚至千瘡百孔。

從振保的言行舉止看，他確實是一名自戀症患者。陳炳良在〈水仙與玫瑰──論〈紅玫瑰與白玫瑰〉中的佟振保〉即認為：明白水仙子型人物的獨特性格後，便可以討論佟振保這個角色。[12]這確實是重要的觀點。陳炳良此文從自戀者病態的「純潔」出發，列舉諸多振保的性格特徵，如未長大、好人、自以為是、把壞的除掉等，確立了水仙是振保的人物原型，是解讀振保形象的鑰匙，此文雖然爬梳了振保

10　張愛玲：〈金鎖記〉，《傾城之戀》（臺北市：皇冠文化出版公司，2010年6月），《張愛玲典藏》新版冊1，頁284。

11　張愛玲：〈紅玫瑰與白玫瑰〉，《紅玫瑰與白玫瑰》（臺北市：皇冠文化出版公司，2010年6月），《張愛玲典藏》新版冊2，頁130。接續引文不復贅註。

12　陳炳良：〈水仙與玫瑰──論〈紅玫瑰與白玫瑰〉中的佟振保〉，《張愛玲短篇小說論集》（臺北市：遠景出版事業公司，1983年4月），頁75。

的水仙人格特徵，但仍過於梗概，讀者可能還是無法掌握細節，如：為什麼「嬰孩」一詞頻繁出現？為什麼振保三番兩次流淚？王嬌蕊的鼻息，忽然之間成為「身外物」（頁158），之後振保哭了，「眼淚也還是身外物」（頁158），「身外物」密集出現，出於何等考量？王嬌蕊表示已去信向丈夫要自由，振保有必要生病住院？與艾許母女的相遇有什麼重要性？當裁縫幫孟烟鸝量腰身，「雨的大白嘴唇緊緊貼在玻璃窗上」（頁171），此場景作用何在？為什麼要以暴力場面、蚊子、睡眠收束全文？

　　要完整理解〈紅玫瑰與白玫瑰〉，若還能參照當時影響甚著的佛洛伊德自戀理論，則當可更加清楚張愛玲埋設諸多細節的用意，以及其書寫自戀的深刻與真實。佛洛伊德表示：「被我稱為『精神偏執症』的病人（paraphrenics）表現出了兩個基本特徵：妄自尊大和轉移對外部世界的興趣——對人和物的興趣。」[13]其所謂「精神偏執症」的自戀，即前述的「繼發自戀」。

　　張愛玲以反諷呈現振保的妄自尊大，那來自「崇高的理智的制裁」與「超人的鐵一般的決定」（頁163）。因著如此的崇高與超人，振保結束了與玫瑰與嬌蕊的兩段戀情，這是作為自己「絕對的主人」的剽悍作風，自己的需要才是需要，社會優秀青年形象優先，對女性的傷害永遠不屑一顧。其實，這過度的驕傲，卻是對挫敗經驗的補償。振保在法國嫖妓，極其緊張卻又假意鎮定，盛暑中一支耶誕歌曲的鋼琴單音，同步揭露了中國處男對性的試探的恐懼，於是三十分鐘的性行為，成了「最羞恥的經驗」——妓女在鏡裡成了陽剛森冷具侵略性的兵士，振保反而成為一名自卑而被消費的孩童，「不對到恐怖的程度」（頁133）。嫖妓的挫折，後來強化了振保以我為尊的心理能

13　佛洛伊德：〈論自戀：導論〉，車文博主編：《弗洛伊德文集》，冊3，頁121。

量，形成扭曲變形的自尊，從這天起，振保「就下了決心要創造一個
『對』的世界，隨身帶著」（頁133），因而不斷放大自我價值，世界
必須由其主宰，由其定義。

佟振保的痛苦，來自於現代文明與社會道德，而內化這些文明與
道德的要求者，便是源自其過度發展的自尊。佛洛伊德表示：力比多
本能衝動若與文化和倫理觀念這些外部力量發生衝突，則將導致病理
性的壓抑變化，人類於是將這些外部力量內化為自己的標準，並服從
於這些標準的要求，壓抑因此形成。壓抑來自自我，更確切的說，壓
抑來自自我中的自尊。[14]這樣的妄自尊大，其實就是來自於一個嚴厲
的超我。

挫敗的嫖妓經驗，使佟振保的超我嚴重受挫，在將力比多投射
於客體對象的過程中劃下了創傷，形成較接近繼發型的自戀，因此
振保日後轉移對外部世界的興趣，而將力比多轉向自己，作為自保
之道。佛洛伊德在自傳中表示：以前，人們認為壓抑是由自我（自
我本能，ego instincts）之中的「自我保存本能」（the instincts of self-
preservation）所推動，然後再使它對性欲力本能發生影響。但是由於
自我保存本能現在被人們發現也具有性欲力的性質，是一種自戀性欲
力，所以壓抑過程就被看作是發生於性欲力自身之內的一個過程。自
戀力比多（narcissistic-libido）與對象力比多（object-libido）相互對
立，而自我保存的意義就是抵禦對象戀的要求，也就是抵禦狹義的性
欲要求。[15]振保只愛自己，不會愛人，正是對於對象戀的抵禦，一種
非移情性神經症者的病態自戀。而為了強化自尊，永遠得勝，振保在
日後嫖妓的選擇上，喜歡黑一點的胖一點的，便是要享受一種「豐肥

14　佛洛伊德：〈論自戀：導論〉，車文博主編：《弗洛伊德文集》，冊3，頁132。
15　佛洛伊德著，游乾桂校閱：《佛洛依德自傳》（臺北市：桂冠圖書公司，1992年），
　　頁58。

的辱屈」（頁163）——在肥醜的妓女身上尋求快感，以滿足征服的欲望。佛洛伊德在《性生活中最流行的退化形式》中解釋：「我們不能否認，今日文明中男人的愛情行為一般的帶有精神無能的特徵。只是在極少數有教養的人那裡，溫柔和肉欲才完全的融合為一；因為男人幾乎總是感到他的性行為由於對女人的尊敬而受到阻礙，因此，只是在他面臨較低級的性對象時，才發揮他充分的性能力。」[16]精神無能的佟振保，其實也就是愛無能了。

　　因心理或生理障礙而不能愛的人，一旦意識到喪失了愛的能力，其自尊便會強烈的受挫。於是必須注意到，小說中振保五次的流淚（或疑似流淚），一致傳遞著振保不會愛人的訊號，那是自戀者意識到愛的能力的喪失，自尊遭到扼殺的自惜——第一次流淚，是與玫瑰分手擁抱時，玫瑰更換了各種姿勢，始終得不到愛的感覺，「恨不得生在他身上」，以致「是他哭了還是她哭了，兩人都不明白」（頁135）；第二次是聽見嬌蕊華爾滋的鋼琴聲，振保在玻璃門外刻意壓抑情欲而流下淚珠（頁150），自以為是因愛之淚，其實只是哀悼自己情路艱辛之淚；第三次是聽見嬌蕊熟睡時的鼻息，在振保耳根下放大，覺得情人的呼吸「忽然之間成為身外物了」（頁158），已非能愛範圍；第四次是與嬌蕊在電車上相逢，振保忌妒嬌蕊改嫁，「在鏡子裡，他看見他的眼淚滔滔流下來」（頁166），自己竟成了失敗者，自憐之情油然而生；最後是小說結尾，振保以燈座砸向烟鸝，「靜靜的笑從他眼裡流出來，像眼淚似地流了一臉」（頁176），親手毀了自己的家庭。不難看出，張愛玲以流淚的高潮製造無愛的反高潮，其中存

16　佛洛伊德：《性生活中最流行的退化形式》，見（美）赫伯特·馬爾庫塞（Herbert Marcuse, 1898～1979）著，黃勇、薛民譯：《愛欲與文明——對弗洛伊德思想的哲學探討》（*Eros and Civilization*）（上海市：上海譯文出版社，2005年7月），頁204～205。

在的，只是自戀者以自我為中心的自嘆自傷，彷彿是退行到以哭泣換取餵養者注意的嬰孩時期，退行到佛洛伊德所謂的自體性欲的滿足。這是理解小說中多次出現的「嬰孩」意象的契機。

張愛玲不只一次的提醒讀者，振保欣賞嬌蕊的「嬰孩」特質——「雖然是為人妻了，精神上還是發育未完全的，這是振保認為最可愛的一點」（頁147）；王嬌蕊挑逗男人是「孩子氣」，和嬌蕊同住「好像和一群正在長大的大孩子們同住」（頁152）；尤其在「嬌蕊聞烟」一段，欣賞之意到達高峰：

> 嬌蕊這樣的人，如此癡心地坐在他大衣之旁，讓衣服上的香烟味來籠罩著她，還不夠，索性點起他吸剩的香烟……真是個孩子，被慣壞了，一向要什麼有什麼，因此，遇見了一個略具抵抗力的，便覺得他是值得思念的。嬰孩的頭腦與成熟的婦人的美是最具誘惑性的聯合。這下子振保完全被征服了。（頁149～150）

之後，振保確定能在嬌蕊身上尋獲一種誘惑性，此誘惑性是嬰孩的頭腦與成熟的肉體的完美結合，與其說這是嬌蕊的，不如說是振保在外在世界複製著自己的特質，喜歡自己的複製品。當嬌蕊搓弄振保的頭髮，說「我這孩子很會做事呢」（頁152），一語中的，便戳中了振保的要害。佛洛伊德認為：自戀者對待對象與對待自己的方式是一樣的，以至於處於愛的狀態時，相當的自戀力比多溢到了該對象上。[17]因此，振保之所以自覺或不自覺的欣賞嬌蕊的嬰孩特質，事實上，那只是嬌蕊身上那個嬰孩似的振保自己。自戀的水仙所進行的客體選

---

[17] 佛洛伊德：《群體心理學與自我的分析》，車文博主編：《弗洛伊德文集》，冊6，頁83。

擇，原只是水中的倒影。至此，在佛洛伊德的視野下，嬌蕊的嬰孩特質、鋼琴單音的試探性、如同兵士的鏡中妓女、緊張而有待啟蒙的中國處男、豐肥的辱屈之間，可以串連成線，力比多受挫的嫖妓經驗，成為小說的輻輳所在，那是振保不會愛人的關鍵。

　　在〈論自戀：導論〉的第二節裡，佛洛伊德從以下觀點展開對自戀的討論：器質性疾病（organic disease）的研究、疑病（hypochondria）的研究、性欲生活的研究。這些角度對讀者了解振保的行為症候均有所啟示。器質性疾病，即生理器官疾病所導致，深刻影響著自戀患者的力比多在對象選擇上的貫注。疑病全名為疑病性神經症，又稱疾病臆想症，患者通常過分關注自己的健康狀況，反覆就醫，客觀的檢查均不足以停止其對患病的臆想，如同器質性疾病，疑病患者有痛苦的身體感覺，甚至會撤回全部的力比多與對外部世界的興趣，而僅專注於其注意的器官。在得知嬌蕊去信給丈夫要求離婚之後，振保的世界便如巨大火車轟隆壓境，於是他去酒店喝酒吃菜，「出來就覺肚子痛」，坐上黃包車後「肚子彷彿更疼得要緊」，「自制力一渙散，就連身體上一點點小痛苦也禁受不起了」，他「發了慌，只怕是霍亂」（頁159），而後臥病在床，生理的痛苦使之無法理會嬌蕊哭哭啼啼的纏擾。器官疼痛與不適的自戀者，連自己痛苦的眼淚都視為「身外物」了，更何況是對外部世界產生興趣。佛洛伊德表示：「不管一個人愛的情感多麼強烈，都會因身體疾病而放棄，強烈的情感突然被全然的冷漠而代替。」[18]因此當嬌蕊在醫院照顧守候，除了幾次哭聲與未說完的話，便是兩人相對無言的沉默，那「各自到達高潮」的噹噹鐘響，「一房間都是她的聲音」（頁160），體現了振保對嬌蕊的嫌惡，呼應了身外物的鼻息。將力比多撤回自我，原比理會身

---

[18]　佛洛伊德：〈論自戀：導論〉，車文博主編：《弗洛伊德文集》，冊3，頁126。

外物的哀哀呼求重要。

　　必須注意的是，以整體結構與性意象繁複的觀點看，本篇小說可以作為一「夢境」象徵解讀（見第二章），因而「第二天起床，振保改過自新，又變了個好人」（頁177）的結句，便著實畫龍點睛，直指睡眠對自戀者修復自我的積極意義。佛洛伊德表示：「睡眠，在將力比多自戀式地撤回到自我身上時，與疾病也是相似的。或者更確切地講，此時只有一種願望，即睡眠，夢的自我中心很適於這種情景。在這兩種條件下，我們都發現了自我中力比多分配上的變化。」[19]睡夢裡，「我」絕對出現在場景之中，成為視覺中心，睡眠既作為一種以自我為中心的精神活動，因而對振保而言，便具有一項強大的功能——糾正自己已不再是「絕對的主人」的現實世界。

　　到了小說結尾，我們發現，遭振保定義的紅白玫瑰已然各自變色，嬌蕊由熱烈的情婦變成了聖潔的妻，烟鸝由乏味的主婦變成裁縫的情人，一切都不在掌控之中，振保原不是現實世界的控制者；在親手砸毀了自己的形象、趕走了妻子之後，振保只有一個願望，即安穩的睡一場覺，雖然烟鸝的繡花鞋像個「不敢現形的鬼怯怯向他走過來」，「無數的煩憂與責任與蚊子一同嗡嗡飛繞，叮他，吸吮他」（頁177），然而他還是執意回到夢境中，運行於自戀的軌道，將力比多貫注於自己，修補在現實當中遇到的「不對」，明日復明日。

　　而疑病是佛洛伊德研究自戀的另一方式。疑病患者對身體有十全十美的要求，當然也不容許其所控制的世界，絲毫偏離了應該進行的軌道。當振保看見裁縫替烟鸝量衣，堅信那是一對「沒有經驗的姦夫淫婦」，他很知道「和一個女人發生過關係以後，當著人再碰到她的身體，那神情完全是兩樣的」，這時，「雨的大白嘴唇緊緊貼在玻璃

19　佛洛伊德：〈論自戀：導論〉，車文博主編：《弗洛伊德文集》，冊3，頁126。

窗上，噴著氣，外頭是一片冷與糊塗」（頁171），其荒唐與恐怖，彷彿《傳奇》增訂本（1946）的封面，室內端坐一傳統女性，窗外一比例過大的現代女形，孜孜往裡窺視，五官消失，形同鬼魅。張愛玲於書序中表示：「如果這畫面有使人感到不安的地方，那也正是我希望造成的氣氛。」[20] 張愛玲以「嘴唇」的性意象，展示振保對烟鸝與裁縫的多疑與想像，這嘴唇再不是當初嬌蕊的肥皂泡子在他手上輕輕吸吮而已了，而是成為龐然大物，吞噬了振保的自尊。之後，振保雖然「把手抵著玻璃窗，清楚地覺得自己的手，自己的呼吸，深深悲傷著」（頁173），卻按兵不動，一直不揭穿妻子，只覺「烟鸝一直窺伺著他」，於是竟連「振保也疑疑惑惑起來」（頁174），彷彿該是烟鸝俯仰無愧：

> 像兩扇緊閉的白門，兩邊陰陰點著燈，在曠野的夜晚，拚命的拍門，斷定了門背後發生了謀殺案。然而把門打開了走進去，沒有謀殺案，連房屋都沒有，只看見稀星下的一片荒煙蔓草——那真是可怕的。（頁174）

不能愛的振保，懷疑烟鸝已不再是貞節的妻，堅信自己的生命染了污點，髒了，病了。婚姻最後竟如一樁烏龍謀殺案件，其情其狀，何其慘傷。自戀者無法愛人，導致婚姻一片荒煙蔓草，面對百無聊賴的世界，一切的能量似白金箭鏃「射出去就沒有了」（頁174），與其投射在身外物上，倒不如回歸自我。

　　佛洛伊德認為：「當力比多的自我貫注超過一定量時，對自戀的超越便成為必需，強烈的自我中心防止患病，而欲阻止患病，最後

20　張愛玲：〈有幾句話同讀者說〉，《華麗緣——散文集一》，《張愛玲典藏》新版冊 11，頁295。

的手段便是開始愛;若不能愛,挫折便必導致患病。」[21]此患病的症候,以振保厭惡烟鸝「彷彿在背後窺伺」(頁174)的「被視妄想」(delusions of being noticed)最為明顯。佛洛伊德提到:被視妄想是偏執狂疾病的顯著症狀。[22]的確,基於個人欲望與群體規範的矛盾,振保時時表露出對無形窺視的厭惡與無奈,卻又必須服從於這般檢視背後的殷殷期盼。早在振保與嬌蕊交往期間,張愛玲便安排了他們與艾許母女相遇,艾許小姐「一雙深黃的眼睛窺視著一切」(頁155),就具有社會窺伺的意義,將隨時看穿振保虛偽的表象與兩人不可告人的關係;此外,振保也「渺茫地感到外界的溫情的反應,不止有一個母親,一個世界到處都是他的老母,眼淚汪汪,睜眼只看見他一個人」(頁158),並覺得外界的所有人,「從他母親起,都應當拍拍他的肩膀獎勵有加」(頁169)。至此,母親、艾許母女、孟烟鸝又相互呼應。自戀者需要高度的社會肯定,這種總是被觀察被注視的疑惑與想像,使振保必須永遠站在舞台前,接受大眾成就的檢驗與良心的制裁,他是舞台上的明星,下不了台。振保擁有強大的超我(superego)運作機制,因此當現實與自我衝突,服膺社會價值而獲得讚美,遠比實踐自己的本能欲望重要。

佛洛伊德〈論自戀:導論〉發表於一九一四年,三十年後,張愛玲在一九四四年的上海文壇,讓〈紅玫瑰與白玫瑰〉的佟振保誕生。經過前文對讀,雖然無法斬釘截鐵的認為佟振保是亦步亦趨的按照佛洛伊德的學說塑形而成,但是她的確是多少吸收了佛洛伊德的自戀觀,才使得創作與學說之間產生高度和諧的趣味。

---

[21] 佛洛伊德:〈論自戀:導論〉,車文博主編:《弗洛伊德文集》,冊3,頁128。
[22] 佛洛伊德:〈論自戀:導論〉,車文博主編:《弗洛伊德文集》,冊3,頁134。

三　窗與鏡：自戀的修辭策略

> 粉紅的花聲息毫無的落了下來，在那暗黃色的水面上漂浮著。
> 影沉沉的水裡映出她的臉，那朵花正棲息在她眼睛上，一動也
> 不動，二妞也沒有去撈它，手扶著缸沿，只管望著自己的影
> 子。[23]

　　當納西瑟斯在水中看見自己美麗的倒影，迷戀傾慕，神魂顛倒，
於是主體一分為二，悲劇由是產生；在張愛玲筆下，則多以鏡子、玻
璃窗並置人物的實像與虛像。鏡子與玻璃窗是張愛玲華麗而蒼涼的
想像世界裡無所不在的映照之物，舉凡臥室（〈第一爐香〉、〈傾城之
戀〉、〈金鎖記〉）、穿堂（〈第二爐香〉）、客廳（〈心經〉）、妓院、
公車、皮包（〈紅玫瑰與白玫瑰〉）、浴室（〈鴻鸞禧〉）、廚房（〈桂
花蒸 阿小悲秋〉）……等，它們逕自排山倒海的包圍現實，透過直觀
形象不斷傳遞著複雜的鏡外／鏡內、真像／虛像、本質／表象、主體
／他者的象徵結構。鏡子與玻璃窗之外，張愛玲更借助夢境虛像的異
化與啟示，直指人物「自我分裂」（splitting of the ego）的狀態。自
我分裂，原是張愛玲小說對自戀的修辭策略。

　　自我分裂在精神分析學上，意指人在面對現實時，現實阻礙了力
比多的貫注，於是在自我中並存了兩種精神態度：一是體認現實；二
是否認現實，而代之以欲望的產物。本我欲望還是社會價值？自愛還
是愛人？這兩股競爭力量造成的自我分裂，事實上不只出現在鏡中，

23　張愛玲：《赤地之戀》，《張愛玲典藏》新版冊6（臺北市：皇冠文化出版公司，
　　2010年8月），頁30。

而作為自戀者精神內部的形成物，是一種心理衝突的結果。其中衝突的一部分，建立在自尊與力比多對象貫注的關係。佛洛伊德表示：自尊與力比多對象貫注的關係，可分為和諧與壓抑兩類。和諧者，即降低自尊，對愛的估價像對待自我中的其他活動，因愛本身總與渴求與剝奪相連，但一旦被愛了，愛被歸還，占有了愛的對象，自尊則會再度增強；力比多遭壓抑者，性欲貫注使體現為自我的嚴重枯竭，愛的滿足毫無希望，而只有通過力比多從對象撤回，升高自尊，才能實現自我的重新豐滿。對象力比多對自我的重歸及向自戀的轉移，標誌著幸福之愛的重現。[24]〈傾城之戀〉的白流蘇，即是後者的準確體現。

白流蘇離婚後住回娘家，遭家人嫌棄，聽聞前夫喪生，家人力勸回嫁守寡落葉歸根，流蘇的生命價值與力比多的對象貫注遭父權社會踐踏殆盡；之後，徐太太說將介紹富家子弟范柳原給妹妹寶絡，一段「流蘇撲鏡」，竟讓流蘇獲致新生的力量：

> 上了樓，到了她自己的屋子裡，她開了燈，撲在穿衣鏡上，端詳她自己。還好，她還不怎麼老。她那一類的嬌小的身軀是最不顯老的一種，永遠是纖瘦的腰，孩子似的萌芽的乳。她的臉，從前是白得像磁，現在由磁變為玉——半透明的輕青的玉。上頷起初是圓的，近年來漸漸的尖了，越顯得那小小的臉，小得可愛。臉龐原是相當的窄，可是眉心很寬。一雙嬌滴滴，滴滴嬌的清水眼。陽台上，四爺又拉起胡琴來了，依著那抑揚頓挫的調子，流蘇不由得偏著頭，微微飛了個眼風，做了個手勢。她對鏡子這一表演，那胡琴聽上去便不是胡琴，而是笙簫琴瑟奏著幽沉的廟堂舞曲。她向左走了幾步，又向右走了幾步，她走一步路都彷彿是合著失了傳的古代音樂的節拍。她

24　佛洛伊德：〈論自戀：導論〉，車文博主編：《弗洛伊德文集》，冊3，頁136～137。

忽然笑了——陰陰的，不懷好意的一笑，那音樂便戛然而止。
外面的胡琴繼續拉下去，可是胡琴訴說的是一些遼遠的忠孝節
義的故事，不與她相關了。[25]

要理解白流蘇的自戀心理，則不得不提到法國精神分析學者雅克‧
拉岡（Jacques Lacan, 1901～1981）。拉岡於一九三六年提出「鏡像
階段」（mirror stage）論，對精神分析理論的發展貢獻卓著——嬰兒
在出生後的很長一段時間內，神經系統尚未成熟，無法控制四肢，
此「動力無助」（motor helplessness）的無能狀態所引起的「破碎的
身體」的不安與焦慮，深深烙印在嬰兒心中，並可能進入成年期的夢
境中；而到了六至十八個月期間，嬰兒便能在鏡中辨認自己的映像，
了解鏡外的自己等同鏡內的自己，也了解自己原是異於母親的一名
「他者」（the other）。嬰兒初次掌握了完整的身體感，透過想像，提
前領悟與控制身體的統一性，即與鏡像合一，拉岡稱為「一次同化」
（first assimilation）。另一方面，在此自我認同的過程中，嬰兒雖然不
會說話，但卻會以非常的面部表情與興奮的姿勢來表現發現自我的喜
悅，而傾慕鏡內的自己，這是自戀本能，是一種自我認證、自我確立
的標記，是嬰兒心理發育的一個重要階段。主體誕生於分離，因此，
當嬰兒在鏡像階段中辨認出自己與母親分離，進而愛戀自我肉身，也
就是確立其主體的關鍵時刻。[26]白流蘇在求助於母親不果之後，撲倒
在鏡前，確實是一個自戀者的象徵性動作。

　　鏡外的流蘇，是在封建社會裡備受壓抑的離婚婦人，看見這一

---

[25]　張愛玲：〈傾城之戀〉，《傾城之戀——短篇小說集一》，《張愛玲典藏》新版冊1，
　　頁184～185。接續引文不復贅註。

[26]　王國芳、郭本禹：《拉岡》（臺北市：生智文化事業公司，1997年8月），頁136～
　　141。

代將被吸收到「硃紅灑金的輝煌的背景裡去」（頁184），不免驚聲尖
叫；而鏡內的流蘇，面貌姣好，體態青春，好戲還沒演完怎甘願匆亂
下台；鏡外的音樂，象徵父權的四爺拉著胡琴，那是遼遠的忠孝節
義，弦聲不輟；鏡內的音樂，幽幽沉沉，卻因傾城一笑而「戛然而
止」，不合邏輯的靜默無聲中，一名即將創造傳奇的佳人於焉誕生。
原來，流蘇已打定主意去搶奪妹妹的相親對象，成為三綱五常的反叛
者，然而其新生的力量，難道是將力比多貫注於客體對象的選擇中，
來自於從未謀面的范柳原？

　　佛洛伊德曾從動物學的比喻，解釋「自我力比多」（ego-
libido）與對象力比多之間的關係：最簡單的生物，由一團未分化
的「原形質」（protoplasmic substance）組成，常借所謂的「偽足」
（pseudopodia）向外伸張，並能使自己重新縮成一團。這些偽足就好
像是力比多投射到客體之上，而大多數的力比多則仍然積聚在自我之
中。[27]由此可知，自我力比多可以轉化為對象力比多，且可以再次回
到自我之中。表面看來，流蘇似乎對男人的出現抱持期待，十分在
乎，願意忍受家人的辱罵，而舉起火柴的小三角旗向家庭宣戰，在
「戀情」的發展過程的低首、淺笑、吃醋、試探、來回香港、故作矜
持，彷彿一切為了柳原而來，將力比多傾注於對象選擇上；事實上，
這是「偽足」出於「利己主義」的自戀行為。流蘇的所作作為當然不
是來自於本能愛欲，而是來自於富厚經濟的保障，徐太太的「還是找
個人是真的」言猶在耳，簡直擲地有聲的女性綱常，於是在這場攻守
互見、心機算盡的「傾城之戀」裡，流蘇更多的是追求財富的利己作
風，並伸出「偽足」，將力比多積聚於自我，以求得自我滿足。因此
流蘇撲鏡的意義，正如佛洛伊德所言：「自戀是對利己主義的力比多

27　佛洛伊德：《精神分析導論》，車文博主編：《弗洛伊德文集》，冊4，頁245。

補充。」[28] 利益在前，流蘇需要自戀力比多的推動，以突破封建家庭的沉沉桎梏。

白流蘇的撲鏡，一般理解為「自戀」的象徵性動作，從鏡中尚顯青春的映像獲得了自我認同的力量，鏡像確實作為張愛玲小說人物確立自我主體的啟蒙者，人物在情節的關鍵轉折中，能透過審視鏡中的虛像，意識到自我誕生（self-birth）；至於踢蚊烟香盤，歷來則少見分析，更不見撲鏡與踢蚊烟香盤之間的連結。此中關係，或許可以從佛洛伊德這裡找到一種解釋——那只是一個獨處時的自我遊戲，遊戲中自己對自己的說話：

> 流蘇蹲在燈影裡點蚊煙香。想到四奶奶，她微笑了。……
> 香港的陷落成全了她。但是在這不可理喻的世界裡，誰知道什麼是因，什麼是果？誰知道呢，也許就因為要成全她，一個大都市傾覆了。成千上萬的人死去，成千上萬的人痛苦著，跟著是驚天動地的大改革……流蘇並不覺得她在歷史上的地位有什麼微妙之點。她只是笑吟吟的站起身來，將蚊烟香盤踢到桌子底下去。（頁220）

佛洛伊德在《超越快樂原則》中推薦一篇普法伊弗爾的兒童遊戲論文（S. Pfeifer, 1919），文中提到一名一歲半的小男孩，與父母與保姆都相處得很好，他認真的服從命令，依戀母親，晚上不驚擾父母，從不亂動各種東西，不進入某些房間，因而常受到「好孩子」的稱讚；但是，小男孩有一個令人討厭的習慣，即把所能拿得到的小東西都扔到房屋的角落裡、床底下，當他做這個動作，同時會發出一個大聲的、拖腔的「哦……喲」聲，伴隨著興趣和滿足。這一組動作與叫喊，尤

---

[28] 佛洛伊德：《精神分析導論》，車文博主編：《弗洛伊德文集》，冊4，頁246。

其出現在母親出門的幾個小時間。母親與文章作者都表示，這聲叫喊是德文「走開」（fort）的意思。佛洛伊德由此認識到，這是一個遊戲，一個利用所有玩具所進行的「走開」的遊戲。再進一步觀察，有一天，小男孩拿著一個木頭的線軸，線軸上面纏著線，只見他抓住線軸上的線繩，相當熟練的把線軸扔過床沿，線軸扔進搖床裡不見了，此時他發出一聲「哦……喲」，再以線繩將線軸從搖床裡拉出來，線軸又出現了，他發出「噠」的歡呼聲。佛洛伊德判斷，這是一個完整的遊戲，是消失和再現的遊戲，能讓他不會大驚小怪於母親的走開。這個遊戲隱含了對本能的克制。又一天，母親出門幾個小時，在這段漫長而孤獨的時間中，小男孩發現了一種使自己消失的方法。在那面鏡子裡，小男孩發現了自己的鏡像，然後他趴在鏡子前面的地上，這樣就能使自己的鏡像「走開」。母親的離開對小男孩而言，不是一件高興的事，因此，小男孩把這個痛苦的經驗作為一種遊戲來重複，儘管是不快樂的，但通過重複這個過程，小男孩卻能扮演主動的角色。把東西扔掉使之「走開」，可能滿足的是這個孩子在現實生活中被壓抑的一種衝動，是對母親離開他的一種報復。於是，遊戲就有了對抗的意思。[29]小孩喜歡通過扔東西，來表達類似的敵對衝動，白流蘇同樣透過遊戲對抗不快樂的體驗，連繫著力量的發洩，能使自己成為情境的主人，那是一種直接的快樂。體驗的被動性轉為遊戲的主動性，白流蘇以踢烟盤這個方式為自己復了仇，四奶奶的仇，整個父權社會以「三綱五常」虧待她的仇，當初那個點蚊烟香、摟著旗袍流淚的流蘇，如今離婚再嫁竟取得了「驚人的成就」，甚至導致整座城市的傾覆，張愛玲藉由撲鏡與遊戲使之重獲新生。

〈傾城之戀〉裡，白流蘇透過鏡子將力比多貫注於自我，尋回失

29　佛洛伊德：《超越快樂原則》，車文博主編：《弗洛伊德文集》，冊6，頁10～12。

落的存在主體，由遊戲的對抗重獲新生；然而更多的時候，張愛玲小說中的人物，卻是在鏡像中看清自我的分裂。《怨女》的銀娣，守了多年活寡，分家後找了個洞黑的大房間住下，生活百無聊賴，金錢欲滿足了，情欲卻無處宣洩，同樣在利己主義的要求下，她將力比多貫注於自我，向玻璃窗中的自己微笑，以找尋年輕美麗：

> 她忽然嚇了一跳，看見自己的臉映在對過房子的玻璃窗裡。就光是一張臉，一個有藍影子的月亮，浮在黑暗的玻璃上。遠看著她仍舊是年輕的，神秘而美麗。她忍不住試著向對過笑笑，招招手。那張臉也向她笑著招手，使她非常害怕，而且她馬上往那邊去了。至少是她頭頂上出來的一個什麼小東西，輕得癢嗦嗦的，在空中馳過，消失了。那張臉仍舊在幾尺外向她微笑。她像個鬼。也許十六年前她吊死了自己不知道。[30]

白流蘇的對鏡，除了聲音的變形，實像與鏡像至少還是大抵同步；而此處銀娣的對窗，由實像與虛像的分道揚鑣得知，欲望與現實的巨大衝突，竟顛覆了映像與實際動作的一致性，自我分裂的症候更加顯著。虛像確定實像，銀娣終是發現了自己多年來鬼魅生存的真相。其微笑，其招手，其對自己身體的曖昧，或許是一種對自我理想的實踐。佛洛伊德表示：「在許多愛的選擇形式中，該對象起著代替我們自己的某種未達到的自我理想的作用，這是顯而易見的。我們愛他，是因為為了我們自己的自我所努力追求的完整性，我們現在願意以這種迂迴的方式作為取得滿足我們自戀的手段。」[31]銀娣鬱積於自我的力

30　張愛玲：《怨女》，《張愛玲典藏》新版冊7（臺北市：皇冠文化出版公司，2010年8月），頁120～121。

31　佛洛伊德：《群體心理學與自我的分析》，車文博主編：《弗洛伊德文集》，冊6，頁83。

比多過盛，以致產生嚴重的人格分裂，在現實中，其貫注力比多的客
體始終缺席，因而玻璃窗中青春的自己，就成為其對象選擇——女
鬼，那是銀娣受到父權社會局限一生的自我理想，死亡便成鬼魅，輕
飄消失依隨己意，遠比在現實社會中遭受壓制自在自主，這是銀娣否
認現實以提升自尊的方式，是自我形成的重要時刻。

　　而在〈茉莉香片〉中，人物對鏡，鏡子裡卻出現了另一個人，這
是張愛玲呈現自戀的又一手法。聶傳慶，二十歲讀大學的男孩，陰
沉畏葸，不愛看女孩，卻生得有幾分女性姿色，「窄窄的肩膀」，「細
長的脖子」，「側著身子坐著」，「鵝蛋臉、淡眉毛、吊梢眼」，有著
「纖柔的臉龐」，尤其是「襯著後面粉霞緞一般的花光」，嘴裡還「唧
著一張桃紅色的車票」[32]，張愛玲顯然意欲凸顯其陰性氣質，或者同性
戀的假設。傳慶母親早逝，父親娶了後母又以嚴厲的態度管教，使傳
慶一直陷溺於戀母情結之中。戀母的傳慶，看似將力比多貫注於母
親身上，在某日恍惚如夢的情境下，他在窗前看見了自己——「一剎
那間，他看清楚了，那是他母親」，「在攝影機的鏡子裡瞥見了他母
親」，「傳慶的身子痛苦地抽搐了一下。他不知道那究竟是他母親還
是他自己」（頁108）——睡夢間，傳慶進行著以自我為中心的精神
活動，在窗內混淆自己與母親的形象，是將對象力比多撤回自我的訊
號，一種自戀的訊號。若將傳慶視為一同性戀者，則根據佛洛伊德在
《達・芬奇對童年的回憶》中對達・芬奇童年生活的觀察，歸結出：
男同性戀者的童年早期，都對一個女人，通常是他們的母親，有一種
非常強烈的「性依戀」（erotic attachment），後來此性依戀屈從於壓
抑，於是便把自己放在母親的位置上，愛慕與自己相像的對象，實

---

[32] 張愛玲：〈茉莉香片〉，《傾城之戀——短篇小說集一》，《張愛玲典藏》新版冊1，
　　頁100。接續引文不復贅註。

際上是悄悄回到自戀。[33]基於「把自己放在母親的位置上」的精神症候，讀者便能了解，母親馮碧落是「繡在屏風上的鳥」，傳慶一直懷想母親之餘，為何重疊著母親的命運，「屏風上又添了一隻鳥」（頁110），走不出父親家庭的囚籠。此混沌狀態猶如子宮，母子一體，那「像夢裡面」的睡眠，即是子宮生活完美的複製。傳慶的對象選擇看似在母親，其實正是自己，自戀對象選擇的目的與滿足，恰恰在於被愛。佛洛伊德認為：尤其在力比多發展遭遇障礙者身上，如性倒錯者和同性戀者，在他們以後對性愛對象的選擇中，不是以母親為模型，而是以自我為模型，明顯的將自我作為性愛對象，其對象選擇類型可稱作「自戀的」。[34]因為力比多的撤回自我，傳慶才有足夠的能量去對抗父親的專制殘暴，以獲得「奇異的勝利」（頁106）──他果真選擇了一種奇異的勝利方式，以毆打言子夜教授的女兒言丹朱收場。其實，丹朱是傳慶的另一個自我。當初，若馮碧落嫁給言子夜，傳慶就自認是言子夜與馮碧落的小孩，當然就沒有言丹朱的誕生，於是在象徵意義上，傳慶是以摧毀自我的方式去擁抱勝利。

　　佛洛伊德一度認為：自我發展的目標之一，就是離開原始自戀，然後再拚命的恢復。這種分離是由外力之下的力比多移至於自我理想造成的，而滿足則源於理想的實現。[35]佛洛伊德當時認為自我是由原始自戀而來，雖然他後來對此有所修正，然而拉岡卻發展了這項觀點，認為自我意識源自外界映像的作用。聶傳慶自我的產生及其自戀心理，其攻擊性和悲哀感，相應於和母親分離與傾慕言子夜，如此強調客體作用的觀念，更要到梅蘭妮‧克萊恩（Melanie Klein, 1882

33　佛洛伊德：《達‧芬奇對童年的回憶》，車文博主編：《弗洛伊德文集》，冊7，頁96。

34　佛洛伊德：〈論自戀：導論〉，車文博主編：《弗洛伊德文集》，冊3，頁129。

35　佛洛伊德：〈論自戀：導論〉，車文博主編：《弗洛伊德文集》，冊3，頁137。

～1960）才被明確提出（見第四章克萊恩的伊底帕斯觀點）。方漢文《後現代主義文化心理：拉康研究》即認為：佛洛伊德《超越快樂原則》的觀念影響了克萊恩，使克萊恩提出了這樣的看法——「人自出生便處於心理的矛盾衝突之中，這便是愛與恨，對於死亡的恐懼的直覺，這些因素直接刺激兒童心理，使他有了攻擊性和悲哀的意識。在兒童的自我意識確立中，同樣有對立的衝突存在。這種對立發生於兒童與母親的胸脯分離的時刻所造成的心理影響。也就是說，它是從外部世界發生的，是客體的作用。」[36]顯然，克萊恩的學說加強了外部世界現實性對人的自我生成的影響，這樣的見解，可說是統整聶傳慶的愛恨、欲望、自戀及其與母親的關係的最佳詮釋。

　　嬰兒透過鏡子認出自己的映像，進入原初自戀，是主體意識覺醒的標誌，儘管嬰兒在鏡像階段中產生了對自我的完整認識，但拉岡卻認為這種認識只是一種「想像的認識」，即嬰兒把自己「幻想」成一個連續與自我控制的整體，而相對於其還不能完全控制身體活動的「無力」（debility）狀態，實際上是一種「誤認」（misrecognition）；換句話說，嬰兒鏡中的完整的影像，仍然不能取代或解決其軀體在此時受到的運動局限。[37]這種自戀式的誤認，一如〈色，戒〉的王佳芝，作為一名學生劇團的當家花旦，因為一次演出空前成功，「下了台還沒下裝，自己都覺得顧盼間光艷照人」[38]，於是便不自覺的帶著角色走進現實人生，加入暗殺漢奸頭目易先生的秘密行動。一切均因自戀壞了事：

36　方漢文：《後現代主義文化心理：拉康研究》（上海市：上海三聯書店，2000年11月），頁34。

37　王國芳、郭本禹：《拉岡》，頁143。

38　張愛玲：〈色，戒〉，《色，戒——短篇小說集三》《張愛玲典藏》新版冊3（臺北市：皇冠文化出版公司，2010年6月），頁194。接續引文不復贅註。

她腦後有點寒颼颼的，樓下兩邊櫥窗，中嵌玻璃門，一片晶
澈，在她背後展開，就像有兩層樓高的落地大窗，隨時都可以
爆破。一方面這小店睡沉沉的，只隱隱聽見市聲——戰時街上
不大有汽車，難得撳聲喇叭。那沉酣的空氣溫暖的重壓，像棉
被搗在臉上。有半個她在熟睡，身在夢中，知道馬上就要出事
了，又恍惚知道不過是個夢。（頁202）

王佳芝在玻璃門的映照下，主體一分為二：其一清醒，其一熟睡。清
醒的是現實中這名具有愛國熱忱的女青年，膽識過人，甘冒生命危險
參與刺殺行動；熟睡的是意識中那名光艷照人的名伶，下不了戲，
「牆跟斜倚著的大鏡子照著她的腳，踏在牡丹花叢中」（頁202），那
壓抑在潛意識裡的自戀欲望，使她似乎愛上了她以為愛上了她的易
先生，「這個人是真愛我的」（頁205）的念頭一閃（而不是「我是
真愛這個人的」），而終是走向了自我毀滅，這正如〈談女人〉中所
引：「對於大多數的女人，『愛』的意思就是『被愛』。」[39] 王佳芝在鏡
像的混淆與誤認中，想要成全戲台上的麥太太，「現在也還是在台上
賣命」（頁193），那致命的「睫毛像米色的蛾翅，歇落在瘦瘦的面頰
上，在她看來是一種溫柔憐惜的神氣」（頁205），即是王佳芝以易先
生為鏡，在易先生身上看見了自己的重像。陳輝揚〈歷史的迴廊——
張愛玲的足音〉一文說得極好：「當然這段文字涉及心理分析，佛洛
伊德對崇拜物（fetish）、自我分裂等問題的探討，都可在這裡尋到一
些線索，最明顯是『有半個她在熟睡』，這半個她無疑是敘事體的主
體，但另外那半個她呢？我相信另外的半個她已成為敘事體的對象
（object），換言之，王佳芝在這個幻想（fantasy）裡，同時是欲望的
主體和對象，而那兩邊櫥窗及玻璃門，便成為一面明鏡，將她的欲望

39　張愛玲：〈談女人〉，《華麗緣——散文集一》，《張愛玲典藏》新版冊11，頁78。

折射過來，從而成為作者全知觀點的一部分。」[40]這場令人驚心動魄的色誘戲碼，說穿了就是王佳芝這欲望主體迷惑於自己這欲望客體的故事，至於殺漢奸，那是「時代」的事，充其量不過一個舞台，當然不是張愛玲最關心的「人性」的事。

其實熟睡中的，還有一個王佳芝非自覺的身分，即文本中不時出現的「妓女」隱喻。為了不讓「麥太太」身分穿幫，王佳芝不情願的與梁閏生發生性關係，因為「只有他嫖過」（頁195）。林俊男〈愛情（無）隱喻：論張愛玲的〈色，戒〉〉一文指出：這「使得失去貞操的恥辱經驗又進一步以轉喻移置的方式，強迫衝動地跟妓女、歡場舞女的意符相連，成了王心中揮之不去的矛盾情結與自我認同。」[41]此刻，王佳芝形同賣身給國家而獻出處女膜，這樣「壯烈」的犧牲竟以「妓女」之名概括，張愛玲企圖混淆、交纏、顛覆的動機極其明顯——等易先生出現，「怕店打烊，要急死人了，又不能催他快著點，像妓女一樣」（頁192）；對鏡補粉之後，發現對面陌生男子注意她，她思忖著男子的想法，「估量不出她是什麼路道？戴的首飾是不是真的？不大像舞女，要是演電影話劇的，又不面熟」（頁193）；黃磊被家裡人斷了經濟，因為「家裡聽見說他在香港跟一個舞女賃屋同居了」（頁196）；捏造與易先生偷情的理由是「報復丈夫玩舞女」（頁198）；易先生「陪歡場女子買東西，他是老手了」（頁205）——多處出現妓女隱喻的妙處，正在於張愛玲以意識流的方式凸顯了王佳芝的自省能力，王佳芝處處提防自己的作為形同妓女，這可與〈第一爐香〉的葛薇龍的心理遙相呼應，即一種「奇異的自尊」。高全之

40　陳輝揚：〈歷史的迴廊——張愛玲的足音〉，鄭樹森編選：《張愛玲的世界》（臺北市：允晨文化實業公司，1990年11月），頁90～91。

41　林俊男：〈愛情（無）隱喻：論張愛玲的〈色，戒〉〉，《中外文學》40卷2期（2011年6月），頁185。

在〈挫敗與失望——張愛玲〈色，戒〉的生命回顧〉中認為：「作者非常重視這種自省能力所暗示的自尊心理。」[42] 種種的反觀與錯認，讓「烈女」與「妓女」的虛實影像在文本中隱性的游移浮動、參差對照，確實深化了王佳芝的自戀者形象。這一方面是性欲的實踐，一方面是攻擊的實踐，那一聲「快走」，除了凸出了人性的軟弱，無疑也是對自我攻擊的顛峰，即佛洛伊德所謂的「死亡本能」（instinct of death）的外顯，王佳芝逕自以自我毀滅而保有了寶貴的自尊。

在等候易先生時，王佳芝的自我剎那間與現實脫節，「虛飄飄空撈撈的，簡直不知道身在何所」，於是取出香水抹於耳下，「一片空茫中只有這點接觸」，「半晌才聞見短短一縷梔子花香」（頁197），必須藉由花香強化自我認同，這種矇矇昧昧的神遊太虛，便是張愛玲小說中表現得最為隱密深入的自戀書寫——「自戀的疏離」（narcissistic alienation）。自戀的疏離除去明顯症候的描繪、鏡像分裂的修辭，而展現在張愛玲小說人物心靈的一瞬，作為潛意識向現實奔湧的閘口，那是欲望之門：曹七巧惑於姜季澤的甜言蜜語，「低著頭，沐浴在光輝裡，細細的音樂、細細的喜悅……這些年了，她跟他捉迷藏似的，只是近不得身，原來還有今天」[43]；小艾遭五老爺強暴後，將生著凍瘡的紅腫的手插到熱水裡，「在一陣麻辣之後，雖然也感覺到有些疼痛，心裡只是恍恍惚惚的，彷彿她自己是另外一個人」[44]；盛九莉愛上邵之雍，「有時候她想，會不會這都是個夢，會忽然醒過來，發現自己是另一個人，也許是公園裡池邊放小帆船的外國

[42] 高全之：〈挫敗與失望——張愛玲〈色，戒〉的生命回顧〉，《張愛玲學》（臺北市：麥田出版，2011年7月增訂二版），頁371。

[43] 張愛玲：〈金鎖記〉，《傾城之戀——短篇小說集一》，《張愛玲典藏》新版冊1，頁260。

[44] 張愛玲：〈小艾〉，《色，戒——短篇小說集三》，《張愛玲典藏》新版冊3，頁102。

小孩」[45]；殷寶灧要羅潛之的愛，但是自己卻不愛人，她無法愛上羅潛之，而之所以不斷誘惑羅潛之，是希望能以類似羅潛之愛她的強度來愛自己，享受一種「被愛」的快感，因此當羅潛之以信表達愛欲，明確說出「我對妳的愛是亂倫的愛，是罪惡的，也是絕望的，而絕望是聖潔的」[46]，殷寶灧便進入了自戀者自我分裂的極致：

> 寶灧伏在椅背上讀完了它。沒有人這樣地愛過她。沒有愛及得上這樣的愛。……信紙發出輕微的脆響，聽著像在很遠很遠的地方，她也覺得是夢中，又像是自己，又像是別人，又像是驟然醒來，燈光紅紅地照在臉上，還在疑心是自己是別人，然而更遠了。（頁191）

混淆了近與遠、現實與夢境、自我與他人，殷寶灧掉入現實空間與心理空間的罅隙之中，沉醉在自我編織的愛的虛幻之中，渴望被愛，但拒絕愛人。在鏡像般恍惚的誤認之後，殷寶灧得到了「新的自由，跋扈的快樂」（頁192），這快樂與佟振保與王嬌蕊發生關係後的「車子轟轟然朝太陽馳去」的「無恥的快樂」[47]大抵難分軒輊。而當發現羅潛之依舊與妻子持續夫妻房事，殷寶灧怒不可抑，這嚴重斲傷了她悉心呵護的自尊，因此她流淚慌張，假話連篇，遂成「無可挽回的悲劇」（頁195）。

最後，還是回到自戀典型佟振保身上，張愛玲同樣以自我分裂、摧毀自己的方式收束〈紅玫瑰與白玫瑰〉。振保的自戀，以自我欣賞

45　張愛玲：《小團圓》，《張愛玲典藏》新版冊8（臺北市：皇冠文化出版公司，2009年3月），頁219。

46　張愛玲：〈殷寶灧送花樓會〉，《張愛玲典藏》新版冊2《紅玫瑰與白玫瑰——短篇小說集二》，頁191。再引不復贅註。

47　張愛玲：〈紅玫瑰與白玫瑰〉，《紅玫瑰與白玫瑰——短篇小說集二》，《張愛玲典藏》新版冊2，頁151。

與撫摸的「花邊洗腳」一段為最：

> 浴缸裡放著一盤不知什麼花，開足了，是嬌嫩的黃，雖沒淋到
> 雨，也像是感到了雨氣。腳盆就放在花盤隔壁，振保坐在浴缸
> 的邊緣，彎腰洗腳，小心不把熱水濺到花朵上，低下頭的時候
> 也聞到一點有意無意的清香。他把一條腿擱在膝蓋上，用毛巾
> 揩乾每一個腳趾，忽然疼惜自己起來。他看著自己的皮肉，不
> 像是自己在看，而像是自己之外的一個愛人，深深悲傷著，覺
> 得他白糟蹋了自己。[48]

這段至關水仙人格的塑造，簡直是納西瑟斯的現代版——振保一分為
二，一實一虛，一個愛著一個被愛，陷於不可自拔的人格分裂狀態；
並置腳與嬌嫩的花朵，水仙意味十足，「有意無意的清香」是自戀的
投射，不把熱水濺上的小心翼翼呈現保護自我的本能；若直柱狀的腳
為陽具象徵，振保以「揩乾每一個腳趾」的男性撫摸，確定了自我中
心，以排拒骯髒的妻子與擾亂他的世界。之後，振保甚至出現了矛盾
情緒（ambivalence），對自己交織著既愛又恨的情感：

> 砸不掉他自造的家，他的妻，他的女兒，至少他可以砸碎他自
> 己，洋傘敲在水面上，腥冷的泥漿飛到他臉上來，他又感到那
> 樣戀人似的疼惜，但同時，另有一個意志堅強的自己站在戀人
> 的對面，和她拉著，扯著，掙扎著——非砸碎他不可，非砸碎
> 他不可！[49]

48　張愛玲：〈紅玫瑰與白玫瑰〉，《紅玫瑰與白玫瑰——短篇小說集二》，《張愛玲典
藏》新版冊2，頁173。

49　張愛玲：〈紅玫瑰與白玫瑰〉，《紅玫瑰與白玫瑰——短篇小說集二》，《張愛玲典
藏》新版冊2，頁175。

為何佟振保要砸碎（水面上的）自己？佛洛伊德在討論抑鬱症患者的「自戀性認同」時曾表示：抑鬱症患者確實都把自己的力比多從對象上撤回了，但是通過自戀性認同過程，這個對象在自我中已建立起來，以自我替換了對象，於是，患者的自我被看作那已被拋棄了的對象；那些要施加於對象之上的一切攻擊行為與兇惡的表示，都轉加於自我。[50]因此，自戀發展到極致，對自我的痛恨，與對那既愛又恨的對象的痛恨，竟是一致的。此時攻擊性回到起源之處，即指向了自我，自我把自己作為一個超我而和自我的其他方面對立起來，對自我嚴厲的攻擊，如此一來，自我就會享受到攻擊別人的快樂，這便是一種自戀者「內在化的」（internalized）攻擊性。透過佛洛伊德對自戀的觀察，讀者終能明白振保砸碎自己與對烟鸝施暴的原因。勝利即毀滅，這是自戀者的宿命。

自戀理論自佛洛伊德之後，還有眾家學者的批駁或延伸，儘管佛洛伊德的看法如今看來存在諸多問題，如概念混亂、性本能至上、對精神病性障礙的解釋不全、對移情認識的局限等；然而，作為一篇開創性的自戀論述，它依然提供了解讀張愛玲小說自戀情結的價值。

自戀是張愛玲小說人物的普遍症候，他們或多或少的顧影自憐，自私自利，渺小的自我在時代惘惘的威脅中膨大變形，甚或無法愛人，自我分裂，將本應投射在客體對象的本能欲望貫注於己身，焦慮以終。張愛玲要形塑的，原是一個人與人無法互愛的世界，除了展現出創作主體細密獨到的人性觀察，何嘗不是其精神內核的體現。張愛玲說：「我想到許多人的命運，連我在內的；有一種鬱鬱蒼蒼的身世之感。『身世之感』，普通總是自傷、自憐的意思罷，但我想是可以有更廣大的解釋的。將來的平安，來到的時候已經不是我們的了，我

50　佛洛伊德：《精神分析導論》，車文博主編：《弗洛伊德文集》，冊4，頁252。

們只能各人就近求得自己的平安。」[51]的確，人的命運受制於時代，人際之間疏離無愛，猶如孤島，每人只能就近求得自保。張愛玲在硝煙滾滾的抗戰期間生活，感受到現代文明惘惘的威脅，發抒一則孤獨的見解，也還是自我分裂式的顧影自戀：當世人乘上時代的車轟轟往前奔馳，驚心動魄之餘，面對現實的荒涼，也只好「忙著在一瞥即逝的店舖的櫥窗裡找尋我們自己的影子——我們只看見自己的臉，蒼白，渺小；我們的自私與空虛，我們恬不知恥的愚蠢——誰都像我們一樣，然而我們每人都是孤獨的」[52]，如此納西瑟斯式的空虛與自私，是張愛玲筆下人物的形象，也是張愛玲的處世基調。

---

[51]　張愛玲：〈我看蘇青〉，《華麗緣——散文集一》，《張愛玲典藏》新版冊11，頁286。

[52]　張愛玲：〈燼餘錄〉，《華麗緣——散文集一》，《張愛玲典藏》新版冊11，頁76。

第六章
戀物論張愛玲

　　本文從佛洛伊德的「戀物」（fetishism）觀點來閱讀張愛玲及其作品。張愛玲的戀物書寫，不只在於凸顯對現實物件尤其是衣飾的依戀，藉由佛洛伊德的學說觀察，且能尋索出其中隱於言外的「性」意味，內藏男性人物的閹割焦慮，以及女性人物「作為戀物」的匱乏。《小團圓》裡的母女離齟與戀物消退，則是宣告了張愛玲拒斥的結束，標誌其母親認同的轉折。挖掘張愛玲紛繁而執迷的戀物，當可呈現其對人的掌握與潛意識中的欲望想像。

一　衣裳架子：母親身體的缺席

> 我有一件藍綠的薄棉袍，已經穿得很舊，袖口都泛了色了，今年拿出來，才上身，又脫了下來，唯其因為就快壞了，更是看重它，總要等再有一件同樣的顏色的，才捨得穿。[1]

　　一九七〇到九〇年代，張愛玲獨居美國的生活狀況，就當時的讀者而言，一直是個神祕美麗的謎，直到張愛玲一九九五年去世，諸多資料紛紛披露，尤其是遺囑執行人林式同〈有緣得識張愛玲〉一文、司馬新《張愛玲與賴雅》等作出現，讀者才得以管窺其與世隔絕的些

---

[1]　張愛玲：〈我看蘇青〉，《華麗緣──散文集一》，《張愛玲典藏》新版冊11（臺北市：皇冠文化出版公司，2010年4月），頁277。

許日常細貌。據描述，張愛玲的租屋可算是「家徒四壁」，地上擺著許多紙袋，靠牆一張窄窄的行軍床，以及電視機、落地燈、日光燈、折疊椅，「這就是全部的家具了」，一疊紙盒充當寫字檯，除了自己的作品和雜誌之外沒有任何參考書。[2] 如此簡單到幾近陽春的物質需求，搬遷之利之外，可見晚年的張愛玲對物質毫無執著迷戀。能棄就棄，了無罣礙，這並不是讀者一向在作品中認識的張愛玲。

讀者一向認識的，是對物質始終充滿愛悅之情的張愛玲，小說是，散文是，人也是如此。《對照記》中，張愛玲自陳因後母贈送的衣服過於陳舊醜陋，以致後來造成特殊心理，一度成為「衣服狂」（clothes-crazy）[3]，而這名衣服狂，身故後卻只留下寥寥數物，不再滿目琳瑯。確實，從前的張愛玲，總是以別出心裁的寬袍大袖或明豔前衛的旗袍出現於公開場合，以彌補成長過程中的衣物匱乏，同時也樹立了作家獨特的外在風格；而其筆端物象更是紛繁縟麗，處處堆疊，尤其在角色衣飾與環境物件上已到達講究的地步，著實可見她對「世物」所下的工夫，其沉迷，其決絕，標舉了一種執著於細節生趣的戀物姿態，這不得不令人想到佛洛伊德的戀物學說。雖然張愛玲從來沒有表示過，作品受到佛洛伊德精神分析學「戀物」學說的直接影響，然而，其中大量具有佛洛伊德氣味的戀物敘事，依然可以讓人辨析當中或深或淺的痕跡，而成為讀者津津樂道的論題。

一直以來，張愛玲及其作品總是與「戀物」有所牽扯。「戀物」一詞，源於葡萄牙語的「feitico」，又源於拉丁文「factitius」、西班牙語「afeitar」詞根，意思是繪畫、修飾、美化；以及「afeite」，指

2　林式同：〈有緣得識張愛玲〉，蔡鳳儀編：《華麗與蒼涼——張愛玲紀念文集》（臺北市：皇冠文學出版公司，1996年3月），頁67～69。

3　張愛玲：《對照記》，《對照記——散文集三》，《張愛玲典藏》新版冊13（臺北市：皇冠文化出版公司，2010年4月），頁30。

的是準備、裝飾、化妝品。語源中並無「性」的意味，然而佛洛伊德的「戀物」觀點卻在其中放進了「性」的思索，以作為理論根柢。在張愛玲研究史上，首先以性與戀物來解讀張愛玲小說的，是水晶〈潛望鏡下一男性──我讀〈紅玫瑰與白玫瑰〉〉一文，指出佟振保的「戀物癖」變態人格會將一般人認為平常的動作或物事，「蘸飽了性的挑逗與刺激」，一觸即發且深具「爆炸性」；[4] 水晶凸出了振保觸目所見盡是性味的心理特徵，的是卓見；但後文又提到，振保與嬌蕊所以形成一段「萍水孽緣」，在幾次偷情的「大場面」裡，其「心理上的層巒疊翠、天光雲影，才是作者最關心的」，「相形之下，『戀物癖』所煽起的一陣艷麗奪目的『聲色聲』（Sensation），反倒不太重要了」[5]。真的不重要嗎？振保戀物人格的生動描寫，包括肥皂泡沫、條紋浴衣、水龍頭下水的流洩、滿地滾的頭髮等，都是膾炙人口的張腔意象，也都準確擊中振保的戀物癖特徵，其地位，真是次要於與嬌蕊間磨磨蹭蹭欲拒又迎的「大場面」？後來，張小虹以〈戀物張愛玲──性、商品與殖民迷魅〉一文，將文本分別織入精神分析的「性戀物」（sexual fetishism）、馬克思主義的「商品拜物」（commodity fetishism）、後殖民研究的「殖民凝物」（colonial fetishism）等不同觀點中。[6] 可惜在「性戀物」上著墨有限，雖然透過另類閱讀翻新「性戀物」在張愛玲作品中的潛在意義，但卻忽略了人物及其母親之間的緊密關係。眾家學者的討論，當是緣自張愛玲小說人物豐富的戀物色彩──其對象選擇均被戀物所主宰。從張愛玲一九四三年步入文壇的〈第一爐香〉開始，葛薇龍即心醉神馳於一櫃子的華麗衣裝，衣櫃隔開了現實的骯髒，上升為精神歸依；〈鴻鸞禧〉婁囂伯的自我認同，

4　水晶：《張愛玲的小說藝術》（臺北市：大地出版社，1993年7月），頁125。
5　水晶：《張愛玲的小說藝術》，頁129。
6　張小虹：《慾望新地圖》（臺北市：聯合文學出版社，1996年10月），頁8〜49。

必須仰賴桌面玻璃下壓著的一隻玫瑰拖鞋面；〈紅玫瑰與白玫瑰〉佟振保繫戀髮絲與紅襯裙，王嬌蕊的點燃餘菸，嗅聞大衣……，這些標準的戀物橋段，若從佛洛伊德的戀物學說觀察，應能得見在佛洛伊德學說衝擊正盛的一九四〇年代上海文壇裡，張愛玲透過潛意識所掌握到的人性高度；而必須挖深的是，張愛玲描畫出的「人」的圖像，在精神分析性戀物的視野下，是否有與佛洛伊德積極對話的可能？佛洛伊德在戀物學說中提到的男孩的閹割焦慮與對母親匱乏的拒斥，是否在張愛玲作品中形成隱流，而形成張愛玲人性圖像的底色？

　　雖然佛洛伊德的戀物學說遭到後來學界的駁斥或修正（尤其是女性主義研究），然而其連結閹割焦慮的思考，依然成為人類理解戀物不得不認知的起點，畢竟，此思考註記了二〇世紀前半葉人類對人與文明某種層次的認識。因此本文即從佛洛伊德的戀物學說來閱讀張愛玲，以作為另一種閱讀文本的可能。首先，從張愛玲著墨最多的衣裝為起點，以佛洛伊德「失落是戀物的濫觴」的命題觀察張愛玲戀戀一生的衣裝書寫裡潛藏的失落意向，並嘗試連結其母親記憶；其次，從失落的閹割觀點，分析張愛玲文本中男性人物戀物的佛洛伊德式趣味，試圖浮出其中隱藏的陽具指涉；再者，著眼於「女性戀物」，檢視女性人物的戀物內容，是否具有超越從屬性的高度；最後，再總體回視張愛玲的戀物書寫，指出其與母親認同的歷時變化，及其透過文本所建立的創作主體的價值。

　　一九五〇年代之前，無論是自己或是作品，張愛玲都不斷彰顯有物的快樂，尤其在於衣飾。早在十二、十三歲的〈理想中的理想村〉、〈摩登紅樓夢〉中，張愛玲便已開始展現對服飾的諸多想望，雖然今不得見完整文字，但從父親盛讚的態度及其代擬的「賽時裝嗔鶯叱燕」回目，與主席夫人賈元春主持的「新生活時裝表演」、微

笑著的野薔薇的「時裝展覽會」看來，[7]讀者依然能感受其想像世界的翩翩風華。二十三歲步入文壇之後，小說人物的衣飾更是精心安排，意象豐盈，〈金鎖記〉曹七巧的「銀紅衫子，蔥白線鑲滾，雪青閃藍如意小腳袴子」[8]、〈封鎖〉吳翠遠的「白洋紗旗袍，滾一道窄窄的藍邊」[9]、〈花凋〉鄭川嫦樸素的「藍布長衫」[10]、〈年青的時候〉沁西亞的「玫瑰紫絨線衫是心跳的絨線衫」[11]、〈色，戒〉王佳芝的「電藍水漬紋緞齊膝旗袍」[12]、《半生緣》曼璐的「蘋果綠軟緞長旗袍」，腰際上出現「一個黑隱隱的手印」[13]……，無不深植人心，強化了人物性格。至於自己，張愛玲更是奇裝炫人，至印刷廠造成工人停工；到蘇青家，巷子轟動，小孩追叫；赴人婚宴，滿座驚奇。張愛玲的奇裝異服，已是彼時眾人的共同印象。[14]余斌《張愛玲傳》即言：「她創下了一個文壇

7　張愛玲：〈存稿〉，《華麗緣──散文集一》，《張愛玲典藏》新版冊11，頁92～94。

8　張愛玲：〈金鎖記〉，《傾城之戀──短篇小說集一》，《張愛玲典藏》新版冊1（臺北市：皇冠文化出版公司，2010年6月），頁243。

9　張愛玲：〈封鎖〉，《傾城之戀──短篇小說集一》，《張愛玲典藏》新版冊1，頁167。

10　張愛玲：〈花凋〉，《紅玫瑰與白玫瑰──短篇小說集二》，《張愛玲典藏》新版冊2（臺北市：皇冠文化出版公司，2010年6月），頁95。

11　張愛玲：〈年青的時候〉，《紅玫瑰與白玫瑰──短篇小說集二》，《張愛玲典藏》新版冊2，頁82。

12　張愛玲：〈色，戒〉，《色，戒──短篇小說集三》，《張愛玲典藏》新版冊3（臺北市：皇冠文化出版公司，2010年6月），頁185。

13　張愛玲：《半生緣》，《張愛玲典藏》新版冊4（臺北市：皇冠文化出版公司，2010年1月），頁18。

14　如文海犂〈奇裝異服〉一文，說張愛玲「喜歡奇裝異服，以使人作為談資，而當作『登龍術』」（《大上海報》，1945年4月10日）；正典〈論奇裝異服〉認為，「雖然別出心裁，但多少有她的根據，而且是絕對合理的，可稱為異而不可以稱為其奇」（《小日報》，1948年1月7日）；老闆〈張愛玲的衣著〉則指出，「有的像宮裝，有的像戲服，有的簡直像道袍，五花八門，獨一無二」（《東方日報》，1945年6月2日）；以上三文，見蕭進編著：《舊聞新知張愛玲》（上海市：華東師範大學出版社，2009年6月），頁48～50。

之最——從來沒有哪一位作家的服飾似這般聳人聽聞。一入街談巷議，毀譽並肩而來，多少年後也還是如此。」[15]

張愛玲對於衣飾物件有這樣執一的迷戀，也許並非來自於「加法」，即非意欲凸顯意識裡如何清堅決絕的穿衣策略，刻意去錦上添花；在佛洛伊德看來正好相反，它是「減法」，即亟欲消弭來自潛意識的某種失落。不妨先從這兩段文字看起：

> 因為我母親愛做衣服，我父親曾經咕嚕過：「一個人又不是衣裳架子！」我最初的回憶之一是我母親立在鏡子跟前，在綠短襖上別上翡翠胸針，我在旁邊仰臉看著，羨慕萬分，自己簡直等不及長大。我說過：「八歲我要梳愛司頭，十歲我要穿高跟鞋……」[16]
>
> 我母親和我姑姑一同出洋去，上船的那天她伏在竹床上痛哭，綠衣綠裙上面釘有抽搐發光的小片子。……她睡在那裡像船艙的玻璃上反映的海，綠色的小薄片，然而有海洋的無窮盡的顛波悲慟。[17]

類似的記憶質素正進行回環往復的對話——衣飾、父母、自己、觀看。童稚的眼睛何其不幸，目睹家庭的不睦與破碎，當張愛玲要記述與之血脈相連的母親，在欣羨與悲傷之間，竟只能一再書寫衣物，因此綠色小薄片是母親，顛波悲慟的海洋是母親，鏡子裡的衣架子是母親，短襖、胸針、愛司頭、高跟鞋、衣裙亮片無一不是那位拋家棄子

---

[15] 余斌：《張愛玲傳》（臺中市：晨星出版社，1997年3月），頁194。

[16] 張愛玲：〈童言無忌〉，《華麗緣——散文集一》，《張愛玲典藏》新版冊11，頁126。

[17] 張愛玲：〈私語〉，《華麗緣——散文集一》，《張愛玲典藏》新版冊11，頁146～147。

飛渡重洋的母親，衣飾書寫似乎形成張愛玲觀看世界的心裡定勢——草蓆上一疊舊睡衣，「翠藍夏布衫，青綢袴，那翠藍與青在一起有一種森森細細的美」，「在房間的薄暗裡挖空了一塊，悄沒聲地留出這塊地方來給喜悅」[18]。有物的快樂，隱然滲透著有人缺席的失落。細賞幽暗寧靜，習於空洞無人，其中的欣悅是相當重要的心理質素，直抵意識深層，遮蔽生命中某一部分的匱乏。當張愛玲欲以文字構建精神世界，呈現其記憶與想像，必須透過符號形式以作為傳達訊息的中介，而衣飾語言便常常成為其表述自我進而創造藝術的武器。心理學上的「機能的順應說」也認為：記憶所殘留的痕跡，因機能作用之順應，能逐漸作用於下次的經驗。[19]從張愛玲一再周旋於衣飾書寫的慣性看來，母親的缺席已然成為其精神失落，而作為後來創作的一種模式甚至動力。

　　上文提及的藍綠色衣飾，讀者必須留心，那是來自母親「神祕飄忽」[20]的遺傳，當然「藍綠色」也就成為張愛玲最愛的顏色——「等我的書出版了，我要走到每一個報攤上去看看，我要我最喜歡的藍綠的封面給報攤子上開一扇夜藍的小窗戶，人們可以在窗口看月亮，看熱鬧。」[21]若由上文的藍綠冷調帶來喜悅，那麼讀者同樣可以從紅暖色系的記憶，對照張愛玲衣飾書寫的心理迴路。對於少女張愛玲而言，紅

---

[18] 張愛玲：〈談音樂〉，《華麗緣——散文集一》，《張愛玲典藏》新版冊11，頁198。

[19] 「機能的順應說」（theory of functional adaptation）由阜汪（W Köehler）所主張。鄒謙：《普通心理學・記憶論》（臺北：鄒謙自印，1958年7月增訂再版），頁206。

[20] 張愛玲回憶：「我第一本書出版，自己設計的封面就是整個一色的孔雀藍，沒有圖案，只印上黑字，不留半點空白，濃稠得令人窒息。以後才聽見我姑姑說我母親從前也喜歡這顏色，衣服全是或深或淺的藍綠色。……遺傳就是這樣神秘飄忽——我就是這些不相干的地方像她，她的長處一點都沒有，氣死人。」張愛玲：《對照記》，《對照記——散文集三》，《張愛玲典藏》新版冊13，頁8。

[21] 張愛玲：〈《傳奇》再版的話〉，《華麗緣——散文集一》，《張愛玲典藏》新版冊11，頁176。

色代表母親回國，原是希望，原是「緊緊的硃紅的快樂」[22]，那房間牆壁「沒有距離的橙紅色」[23]，溫暖而親近，是女兒對母親回家的期待；然而母親回來那一天，「我吵著要穿上我認為最俏皮的小紅襖，可是她看見我第一句話就說：『怎麼給她穿這樣小的衣服？』」[24]紅色的熱情被母親澆熄，刻意裝扮的女兒得不到母親的歡心，母親的直語刺進女兒的自我意識，失落帶著一輩子。於是姨太太老八攏絡張愛玲的那件「雪青絲絨短襖長裙」便別具意義，雪青以深青為底，微帶紅色，隱隱浮現張愛玲日漸矛盾的母親情結——「你喜歡我還是你母親？」老八一語問進張愛玲的內心，張愛玲「喜歡你」回答得真誠直接，因為沒有說謊，反而更加耿耿於懷。羞赧與抱歉形成揮不去的情結，此情結更擴及到中學時期對後母的排斥，成為自卑來源，張愛玲只能撿繼母穿剩的衣服穿，「永遠不能忘記一件黯紅的薄棉袍，碎牛肉的顏色，穿不完地穿著，就像渾身都生了凍瘡；冬天已經過去了，還留著凍瘡的疤——是那樣的憎惡與羞恥。一大半是因為自慚形穢，中學生活是不愉快的，也很少交朋友」[25]，紅暖衣裝原本的喜氣，後來卻充塞了負面記憶，追根究柢，當然是母親的缺席。

於是如此「衣裳架子」的文字在張愛玲文本中星羅棋布，讀者與其看作是一種書寫策略，毋寧直接當成一種精神狀態。佛洛伊德曾說：「在所謂的童年早期記憶中，我們擁有的並非是真正的記憶印象，而是後來對它的翻版，這種翻版或改裝是由後來生活中的心理力量所決定的。這樣，個體的這種童年記憶便是掩蔽記憶。」[26]佛洛伊德

---

22 張愛玲：〈私語〉，《華麗緣——散文集一》，《張愛玲典藏》新版冊11，頁148。

23 張愛玲：〈私語〉，《華麗緣——散文集一》，《張愛玲典藏》新版冊11，頁149。

24 張愛玲：〈私語〉，《華麗緣——散文集一》，《張愛玲典藏》新版冊11，頁148。

25 張愛玲：〈童言無忌〉，《華麗緣——散文集一》，《張愛玲典藏》新版冊11，頁126。

26 （奧）西格蒙德‧佛洛伊德（Sigmund Freud, 1856～1939）：《日常生活心理病理

指出的這條路徑，對於讀者理解張愛玲的戀物書寫極有助益。如果佛洛伊德所說的「翻版與改裝」是文本中無處不在的衣裳架子，那麼「掩蔽記憶」則可以認知為一次致命的失去——「綠色的小薄片」——母親的身體。這一改裝如同幽靈，在張愛玲小說中不斷疊印復現，而各色人物將一再回到這個創傷場景之中。確實，破碎的家庭是張愛玲的基本焦慮，終其一生，張愛玲都在不斷衍生其家庭敘事，從早期的《傳奇》、《流言》至晚期的《小團圓》、《對照記》皆然。幼年的張愛玲將自己所有的情感寄託在父母身上，母親一從歐洲回上海，母女均對彼此抱持無限的理想，尤其是女兒不斷勉強自己去適應母親希望其作為一名西式「淑女」的要求，如是的回應，以一種病態的狂熱來形塑一個過度理想化的自己——到香港大學讀書，得了兩項獎學金，「覺得我可以放肆一下了，就隨心所欲做了些衣服，至今也還沉溺其中」[27]；然而父母的不和，還是讓孩子感受不到愛，尤其是母親流露的質疑更叫人心碎——「同時看得出我母親是為我犧牲了許多，而且一直在懷疑著我是否值得這些犧牲。我也懷疑著」，面對母親的出走與質變，張愛玲必須獨自面對一個無依無靠、自危自抑的世界，「仰臉向著當頭的烈日，我覺得我是赤裸裸的站在天底下，被裁判著像一切的惶惑的未成年的人」，因為「母親的家不復是柔和的了」[28]。母親的幻滅是張愛玲青春的結論，惶惑，自卑，赤裸，唯有試圖在人世間抓住一些什麼東西，才能彌補成長的匱缺。

　　於是張愛玲自覺成為一名戀衣狂，其所表現出來的典型戀物癥候

學》；車文博主編：《弗洛伊德文集》（長春市：長春出版社，2004年5月）冊1，頁198。

[27]　張愛玲：〈童言無忌〉，《華麗緣——散文集一》，《張愛玲典藏》新版冊11，頁126。

[28]　張愛玲：〈私語〉，《華麗緣——散文集一》，《張愛玲典藏》新版冊11，頁155。

即為隔絕公眾生活、樂於積聚物品。張愛玲隔絕公眾生活，眾所周知，亦是來自性格中的「在沒有人與人交接的場合，我充滿了生命的歡悅」[29]；張愛玲迷戀清裝行頭，也曾經和炎櫻合開服裝設計小鋪，雲紋、水袖、旗袍、藍綠元素在在出現身上，她更寫下〈更衣記〉，向外國人介紹近代中國服裝演變的歷史。據潘柳黛〈記張愛玲〉記載，張愛玲之所以如此迷戀古代服飾，其說法是「別致」──「還有一次相值，張愛玲忽然問我：『你找得到你祖母的衣裳找不到？』我說：『幹嘛？』她說：『你可以穿她的衣裳呀！』我說：『我穿她的衣裳，不是像穿壽衣一樣嗎？』她說：『那有什麼關係，別致。』」[30]尚‧布希亞的《物體系》認為：對古物的品味和收藏的熱情，兩者之間有一深刻的親近性──存在於〔它們共有的〕自戀式心理退化，兩者似皆來自由古物的時間密閉性所構成的，對〔自我的〕生出，一個神話式的回喚──出生代表曾有父母。向根源反向演化顯然是向著母親退化：物品越古老，它就越能使我們接近一個先前的時代。[31]按照尚‧布希亞的說法，之所以觀察、設計、迷戀、積聚古代服飾，張愛玲的心理需求在於企圖接近一個先前的時代，以完成所謂的「深刻的親近性」，這是一種自戀式的心理退化，退回的正是與母親身體連結的孩童時期，而接近一個先前時代的目的，正是因為在時代的惘惘的威脅中，人不能夠證實自己的存在，因此張愛玲說：「為要證實自己的存在，抓著一點真實的，最基本的東西，不能不求助於古老的記憶，人類在一切時代之中生活過的記憶，這比瞭望將來要更明晰、

---

29 張愛玲：〈天才夢〉，《華麗緣──散文集一》，《張愛玲典藏》新版冊11，頁10。

30 潘柳黛：〈記張愛玲〉，原載於香港《南北極》58期，1975年3月；陳子善編：《私語張愛玲》（杭州市：浙江文藝出版社，1995年11月），頁30。

31 （法）尚‧布希亞（Jean Baudrillard）著，林志明譯：《物體系》（臺北市：時報文化出版公司，1997年6年），頁84。

親切。」[32]張愛玲如此顯在的戀物，表現為一種張揚的姿態，自身之外，一九四四年散文集《流言》封面，她擺上一名無臉女人，身著一襲前清大襖，這是一種要人驚異的姿態，何其自信且咄咄逼人，拒人千里，正是胡蘭成說的「跋扈」的自戀。[33]由佛洛伊德的戀物學說來看，張愛玲擺出的姿態，及其作品中諸多的戀物記述，於飛揚跋扈之中，同時掩蔽其壓抑；換句話說，張愛玲正是以張揚的古裝戀物來掩蔽母親缺席的深沉傷痛。

佛洛伊德在一九二七年發表了〈戀物癖〉一文，認為「戀物」就是替代「女性失去的陰莖」。小男孩瞥見母親無陰莖的身體後，無法理解那是生理上的性別差異，而以為母親遭到閹割，因此也開始害怕自己面臨同樣的命運，是為小男孩的「閹割恐懼」（castration anxiety），這種恐懼被壓抑在潛意識中，無法察覺，卻足以影響其成年後的行為。早在佛洛伊德一九〇一年的《日常生活心理病理學》中，即針對記憶掩蔽提出了看法。他說：在童年早期保留下來的記憶，似乎都是一些無足輕重的東西，這些瑣碎記憶似乎存在一個移置（displacement）的過程：這些內容是對另一些重要內容的代替，或是再現。這些重要的記憶印象，可以通過精神分析的方式發現，但是有一種阻抗的存在，促使它們不能直接的表現出來，這些不重要的記憶不僅對它保留的印象負責，而且還要對其內容和聯想到的另一些

32　張愛玲：〈自己的文章〉，《華麗緣——散文集一》，《張愛玲典藏》新版冊11，頁116。

33　胡蘭成說：「因為愛悅自己，她會穿上短衣長褲，古典的繡花的裝束，走到街上去，無視於行人的注目，而自個兒陶醉於傾倒於她曾在戲台上看到或從小說裡讀到，而以想像使之美化的一位公主，……自我戀是傷感的、執著的，而她卻是跋扈的。」胡蘭成：〈論張愛玲〉，原載上海《雜誌》13卷2、3期，1944年5、6月；陳子善編：《張愛玲的風氣——1949年前張愛玲評說》（濟南市：山東畫報出版社，2004年5月），頁20。

被壓抑的重要東西聯繫負責，因此將這種記憶稱之為稱為「掩蔽性記憶」（screen memory）[34]。連繫到戀物學說，為了掩蔽令人不安的閹割恐懼，男孩日後開始戀物，期待以擁有某物來取代母親身體的匱乏；換句話說，戀物對象的符號作用，在於代替母親失去的陰莖，同時也遮蔽與否認了因缺失而形成的傷痛。

於是戀物作為一種姿態，一種不自覺而不得不的書寫，希望讀者不要把焦點放在遭到掩蓋的事物上，所以當戀物表現得越豐富越猖狂，需要被壓抑的創傷事件便越確實越「在場」。勞拉・穆爾維《戀物與好奇》即言：「戀物對象展示自己越多，過去創傷事件的『在場』，就被表示得越多。『在場』只能通過解碼過程來理解，因為被掩蓋的材料必然已被扭曲成了症候。」[35]原來戀物書寫，是一件欲蓋彌彰的事。讀者在陷溺於張愛玲戀物奇觀的同時，很容易便能察覺，在有意排斥即不在乎母親出走的背後，在那句「最初的家裡沒有我母親這個人，也不感到任何缺陷，因為她很早就不在那裡了」[36]的坦然底下，戀物書寫更成為童年經驗在其中發酵的證據，凸顯了「掩蔽性記憶」的巨大力量。在掩蔽中，張愛玲揭櫫了既深且久的童年傷痛的「在場」。王德威指出：張愛玲的小說不斷求助於古老的回憶，「她的小說成為喚起回憶，重回那生命不堪（abject）場域的儀式。頹廢躁鬱的宅第，陰森幽暗的禁錮，遠走高飛的母親，邪惡無行的繼母──張的自傳經驗似乎總為她的小說人物主題，提供素材，而她在鋪陳生命故事的主線（master plot）同時，也必得讓一主線分歧化、複雜

---

34 佛洛伊德：《日常生活心理病理學》，車文博主編：《弗洛伊德文集》冊1，頁196。

35 （英）勞拉・穆爾維（Laura Mulvey）著，鍾仁譯：〈序〉，《戀物與好奇》（上海市：上海人民出版社，2007年2月），頁17。

36 張愛玲：〈私語〉，《華麗緣──散文集一》，《張愛玲典藏》新版冊11，頁146。

化，因此顛覆了主線。」[37]的確，小說創作是張愛玲回顧生命中「不堪場域」的儀式，在演繹小說人物戀物的同時，也明顯夾帶了自己的戀物，因此在此儀式中，張愛玲透過戀物書寫獻祭了掩蔽的傷痛，甚至顛覆了主體，干擾了敘事，而一再以紛繁的物件上溯母親的記憶，重申袍子與蝨子的世界觀──「生命是一襲華美的袍，爬滿了蝨子」[38]──這是張愛玲的人生宣言，以衣裝為喻依，喻體當然是無母的失落生命。

　　張愛玲的戀物書寫，潛藏著母親匱乏的心理質素，藍藍綠綠，大袖寬袍，她一再仰臉看著那冰冷的衣架子，不斷拼貼彌補古代的記憶，如此才能確立自己的存在，感受那陰暗而明亮的世界，鄭重而輕微的騷動。然而讀者必須進一步詢問，從佛洛伊德的戀物學說來閱讀張愛玲，是否更能理解其小說人物的行為意義？張愛玲不自覺於文本中，是凸出了對佛洛伊德亦步亦趨的模樣，還是能超越佛洛伊德，建立嶄新的人世觀察？

二　失落：戀物的濫觴

　　　中國文學裡瀰漫著大的悲哀。只有在物質的細節上，它得到
　　　歡悅──因此《金瓶梅》、《紅樓夢》仔仔細細開出整桌的菜
　　　單，毫無倦意，不為什麼，就因為喜歡──細節往往是和美暢
　　　快，引人入勝的，而主題永遠悲觀。[39]

37　王德威：〈張愛玲再生緣──重複、迴旋與衍生的敘事學〉，劉紹銘、梁秉鈞、許
　　子東編：《再讀張愛玲》（香港：牛津大學出版社，2002 年），頁9～10。

38　張愛玲：〈天才夢〉，《華麗緣──散文集一》，《張愛玲典藏》新版冊11，頁10。

39　張愛玲：〈中國人的宗教〉，《華麗緣──散文集一》，《張愛玲典藏》新版冊11，
　　頁179。

　　戀物帶來奇異的歡悅，歡悅卻由失落衍生。本節藉由佛洛伊德「戀物癖」的觀點，觀察張愛玲小說中的男性戀物。

　　張愛玲小說裡的男性人物普遍被暗比作孩童或女人，藉由未發育成熟的男體或無陽具的女體以象徵閹割，反諷父權體制。林幸謙在《張愛玲論述──女性主體與去勢模擬書寫》中，便以「反父權體制的祭典」專章爬梳了張愛玲文本的反父權策略，指出其中男性人物的去勢意涵。[40]確實，〈第一爐香〉裡的喬琪喬，一名混血男人，卻「帶點丫頭氣」[41]，而也不時流露「小孩似的神氣」，引起薇龍「近於母性愛的反應」（頁38）；〈花凋〉中的鄭先生是「酒精缸裡泡著的孩屍」，「圓臉，眉目開展，嘴角向上兜兜著，穿上短褲子就變了吃嬰兒藥片的小男孩」[42]；〈鴻鸞禧〉中的新郎婁大陸「比他爸爸矮一個頭，一張甜淨的小臉，招風耳朵，生得像《白雪公主》裡的啞子」[43]；〈留情〉中的米晶堯，「除了戴眼鏡這一項，整個地像個嬰孩，小鼻子小眼睛的，彷彿不大能決定它是不是應當要哭」，穿了西裝，也不過是「打了包的嬰孩」[44]；〈創世紀〉裡，毛耀球是個「無依無靠的孩子」[45]，匡霆谷則被敘述為「一臉的孩子氣的反抗，始終是個頑童身

[40]　林幸謙：《張愛玲論述──女性主體與去勢模擬書寫》（臺北市：洪葉文化事業公司，2000年1月），頁159～206。

[41]　張愛玲：〈第一爐香〉，《傾城之戀──短篇小說集一》，《張愛玲典藏》新版冊1，頁35。接續引文不復贅註。

[42]　張愛玲：〈花凋〉，《紅玫瑰與白玫瑰──短篇小說集二》，《張愛玲典藏》新版冊2，頁93。

[43]　張愛玲：〈鴻鸞禧〉，《紅玫瑰與白玫瑰──短篇小說集二》，《張愛玲典藏》新版冊2，頁121。

[44]　張愛玲：〈留情〉，《紅玫瑰與白玫瑰──短篇小說集二》，《張愛玲典藏》新版冊2，頁250～251。

[45]　張愛玲：〈創世紀〉，《紅玫瑰與白玫瑰──短篇小說集二》，《張愛玲典藏》新版冊2，頁267。接續引文不復贅註。

分」（頁283）；《秧歌》中的譚老大，「下巴光溜溜的，臉上雖然滿是皺紋，依舊是一張很清秀的鵝蛋臉，簡直有點像個女孩子」[46]……。這些男性，為何都被形容成孩童或女人？從佛洛伊德的戀物學說看來，他們都是活在閹割恐懼中的男人，這樣的恐懼自小便深藏在男孩的潛意識中而伴隨一生，因此，在張愛玲筆下，成熟的男人才被形塑為孩童（永遠帶著閹割恐懼）或女人（無陰莖）。

　　閹割恐懼的基底便是性。在〈戀物癖〉中，佛洛伊德首先提到了一個個案：一名年輕男性以鼻子為戀物，「鼻子的閃亮」是其戀物的先決條件。這名男性在英國的托兒所成長，隨後來到德國，幾乎忘光了母語英語，佛洛伊德表示：探求此人在嬰兒初期的戀物起源，應該在英語中，而非德語，因此「鼻子的閃亮」（The shine on the nose，德語為 Glanz auf der Nase）應被理解為「對鼻子的乍見一瞥」（glance at the nose，德語為 Blick auf die Nase）。鼻子成為戀物，他可以賦予它別人無法察覺的光亮。[47]不管是鼻子的閃亮或是對鼻子的乍見一瞥，這案例必然讓讀者聯想到〈年青的時候〉。潘汝良在課本上不斷塗畫俄國女人的臉部線條，「鼻子太出來了一點」[48]，以突出的鼻子線條開場，張愛玲直接連繫到男性至高無上的占有欲，明顯指涉男性戀物──「他對於她，說不上喜歡不喜歡，因為她是他的一部分」，甚至「可以輕輕掐下她的頭來夾在書裡」（頁78）；當然，讀者也會憶及〈茉莉香片〉中聶傳慶凝視言丹朱的鼻子：

---

[46] 張愛玲：《秧歌》，《張愛玲典藏》新版冊5（臺北市：皇冠文化出版公司，2010年8月），頁17。

[47] 佛洛伊德：〈戀物癖〉，劉慧卿、楊明敏譯：《論女性：女同性戀案例的心理成因及其他》（臺北市：心靈工坊，2004年9月），頁101。

[48] 張愛玲：〈年青的時候〉，《紅玫瑰與白玫瑰──短篇小說集二》，《張愛玲典藏》新版冊2，頁75。接續引文不復贅註。

他的眼光又射到前排坐著的丹朱身上。丹朱凝神聽著言教授講書，偏著臉，嘴微微張著一點，用一支鉛筆輕輕叩著小而白的門牙。她的臉龐側影有極流麗的線條，尤其是那孩子氣的短短的鼻子。鼻子上亮瑩瑩地略微有點油汗，使她更加像一個噴水池裡濕濡的銅像。[49]

讀者容易輕忽這段文字與戀物之間的神秘連結──性的連結。佛洛伊德在《性學三論》中表示：觀看是一種衍生自撫摸的行為，視覺印象是挑惹力比多（libido）興奮的最常見方式。[50]透過觀看，聶傳慶瞥見女同學丹朱的鼻子，流麗如同噴水池裡的銅像，閃現「亮瑩瑩」的油汗，此象徵性動作凸顯了男性觀看的主體性。而在流露羨慕的同時，為何此段鼻子的描寫足以連繫到性？一、傳慶在此觀看之後，腦中浮出的是丹朱性「濫交」（頁114）的結論，嫌惡與憎恨油然而生；二、由丹朱進而推想到傳慶戀慕的對象言子夜，性的意味更加浮現，「在這種心理狀態下，當然他不能夠讀書」（頁114），「言子夜輕輕的一句話就使他痛心疾首，死也不能忘記」（頁117），不是出自衷心的「畸形的傾慕」（頁114），不能產生這種刻骨銘心的情愫；三、在佛洛伊德夢的象徵體系中，鼻子象徵男性陰莖。佛洛伊德在《夢的解析》中表示：語言學將臀部（字面意為「後臉頰」）與臉頰看成是同一個系，並把「陰唇」對等於口腔的嘴唇而在用法上遵循這同一方式，將鼻子比作陰莖也很常見，這兩個部位都出現的毛髮則使它們的相似性更加徹底。」[51]觀察濡濕突出的鼻子，雖然都是出於意識控制

49　張愛玲：〈茉莉香片〉，《傾城之戀──短篇小說集一》，《張愛玲典藏》新版冊1，頁113。接續引文不復贅註。

50　佛洛伊德：《性學三論》，車文博主編：《弗洛伊德文集》冊3，頁20。

51　佛洛伊德：《釋夢》，車文博主編：《弗洛伊德文集》冊2，頁251～252。

的行為，但卻是經過意識壓抑而掩埋的標誌，是經過審查的性事話語，因此均暗指傳慶幽深的潛意識活動。而「孩子似」的鼻子「短短的」，為何能引起傳慶的凝視，這又是如何的一種潛意識運作法則？在此不妨從自戀的觀點出發。也許傳慶發現了另一個象徵性的自己，而正欣賞著自己在水中的鏡像。傳慶一直認為，若當初母親嫁給了言子夜，世界上便沒有言丹朱，而自己就會變成言子夜的小孩，變成言丹朱；若自己變成言丹朱，樣貌就會更接近言子夜，因此傳慶不由得幻想著，自己長得像言子夜，「十有八九是像的，因為他是男孩子，和丹朱不同」（頁112），故而在象徵意義上，傳慶此刻凝視的，正是本該屬於父親的陽具以及由此血脈而下的自己的陽具。無奈傳慶終不是丹朱，父親也不是言子夜，一切的錯誤乃來自於母親的匱乏——「她害了她的孩子！傳慶並不是不知道他對於他母親的譴責是不公平的」（頁112），但傳慶確實看見了母親的匱乏，也因為此匱乏所帶來的終身遺憾，使得家中的父親不是言子夜，而是聶介臣，聶介臣的暴戾、侮辱、虐待，帶給傳慶如影隨形的恐懼——「他跟著他父親二十年，已經給製造成了一個精神上的殘廢」（頁111）。由是，若濡濕的鼻子象徵陰莖，便在此牽引出傳慶潛意識裡的閹割恐懼。丹朱短短的鼻子，隱喻了傳慶壓抑在潛意識中閹割恐懼，在父親重重的甩耳光之後，傳慶「睜大了那惶恐的眼睛」（頁106），其實他看見的正是自己，發現了一具孩子似的身體——被閹割的身體。

　　然而，傳慶無能自覺潛意識中的閹割恐懼，讀者不妨再從「傳慶並不是不知道他對於他母親的譴責是不公平的」出發，探索傳慶的戀物心理。佛洛伊德認為，戀物包含一個相當重要的「拒斥」（disavowal，德語為Verleugnung）觀念：小男孩不願意承認母親沒有陰莖，因此在潛意識思考法則（Denkgesetze）的管轄下，他排斥了閹割恐懼，排斥了母親沒有陰莖這個事實，而指派某種物件以為替

代。佛洛伊德特別釐清,「拒斥」與「潛抑」不同:「如果我們要嚴格地在『再現』(Vorstellung)與『情感』(Affekt)之間作一區分,而將潛抑保留給情感,那麼對再現的變化的正確德文字眼,應該是拒斥。」[52] 簡單來說,「潛抑」(repression)是對內部本能的防衛機制,而「拒斥」則是對外部現實的防衛機制。如此看來,拒斥於一特定意義之下,是主體的一種防禦模式,拒絕承認一個創傷性知覺的現實性,即女性沒有陰莖這個知覺的外部現實,它源自於閹割恐懼,而隱藏於潛意識中,佛洛伊德便是以此機制來分析戀物癖與精神病的。

由此,讀者便得以詮釋,張愛玲筆下的戀物、拒斥、母親三者間的緊密關係。箱盒與女性生殖器相似,作為女性身體的隱喻,那是深鎖而欲遺忘的禁秘之地。當傳慶打開箱子,伸手入箱,便發現了自己與母親生命的連結:

> 他的臥室的角落裡堆著一隻大籐箱,裡面全是破爛的書。他記得有一疊《早潮》雜誌在那兒。籐箱上面橫縛著一根皮帶,他太懶了,也不去褪掉它,就把箱子蓋的一頭撬了起來,把手伸進去,一陣亂掀亂翻。突然,他想了起來,《早潮》雜誌在他們搬家的時候早已散失了,一本也不剩。
>
> 他就讓兩隻手夾在箱子裡,被箱子蓋緊緊壓著。頭垂著,頸骨彷彿折斷了似的。藍夾袍的領子豎著,太陽光暖烘烘的從領圈裡一直晒進去,晒到頸窩裡,可是他有一種奇異的感覺,好像天快黑了——已經黑了。他一人守在窗子跟前,他心裡的天也跟著黑下去。說不出來的昏暗的哀愁⋯⋯像夢裡面似的,那守在窗子前面的人,先是他自己,一剎那間,他看清楚了,那是他母親。(頁107~108)

---

52 佛洛伊德:〈戀物癖〉,《論女性:女同性戀案例的心理成因及其他》,頁101。

臥室裡被綑綁的大籐箱，可視為母親身體的象徵，傳慶記得裡頭擺放著母親的《早潮》雜誌，這是母親與言子夜相戀的證據，也是傳慶發現母親之不足而啟動拒斥機制的關鍵。《早潮》原來並不在籐箱中，在傳慶的認知裡，母親的身體產生缺憾，傳慶不願意將找物的手抽出籐箱，一任箱蓋夾手，依然不願承認箱子裡沒有「碧落女史清玩，言子夜贈」的事實。父母之所以不和，源自馮碧落對言子夜依然懷抱舊情，「他知道她沒有愛過他父親」（頁108），這是母親的罪咎，罪咎之身無法抵抗父權體制的制裁，因而成為「繡在屏風上的鳥」（頁110）。在佛洛伊德的理解中，代表戀物的創傷的初始情境，是一個揮之不去的印記，被掩埋在潛意識中；而在意識上，傳慶拒斥了母親身體的匱乏，而以保存箱子、眷戀《早潮》的戀物行為取而代之。

　　前文提到，拒斥母親陰莖從來都沒有存在過的事實，佛洛伊德將之理解為一種失落。馮碧落作為一屏風上的死鳥，失去生命，喪失主體，形同閹割而無力選擇，無法像擁有陽具的男性一樣為自己的生命帶來超越性，「傳慶回想到這一部分不能不恨他的母親」（頁110），雖然傳慶性格陰柔，最終卻以暴力拒斥著母親身體的不足，同時也拒斥著自己不是言子夜與馮碧落的小孩的事實。在討論自戀的第五章中，我們歸結出，暴力是傳慶戰勝與保護自己的方式，而拒斥在某一程度上，也是一個戰勝的符號。佛洛伊德說，拒斥是「戰勝閹割威脅的符號，保護對抗著這威脅」[53]。從戰勝或保護自我的觀點解讀〈紅玫瑰與白玫瑰〉中的佟振保，讀者將更能理解振保的戀物行為。

　　就佛洛伊德的觀點來看，張愛玲小說中密度最高的戀物書寫，當屬一九四四年發表的中篇〈紅玫瑰與白玫瑰〉。水晶在〈潛望鏡下一男性——我讀〈紅玫瑰與白玫瑰〉〉中表示，「振保的『戀物癖』深

---

[53]　佛洛伊德：〈戀物癖〉，《論女性：女同性戀案例的心理成因及其他》，頁103。

具爆炸性」,「蘸飽了性的挑逗和刺激」[54];張小虹〈戀物張愛玲——性、商品與殖民迷魅〉一文也指出,其中的肥皂沫子、浴室裡如同鬼影的髮絲、深粉紅的襯裙等皆為戀物的典型,是男性「對女性閹割的移轉置換」[55]。除此之外,讀者當然也不能忽略小說中頻頻出現的腿腳、鞋子、花朵、房子、香烟洞、熱水管子等性意象,其中毛髮尤其帶有明顯的戀物色彩,只見振保「把它塞進袴袋裡去,他的手停留在口袋裡,只覺渾身熱燥」[56],女性毛髮與男性陽具的象徵性結合,意淫氣味強烈之餘,更直指閹割焦慮的隱含意義。振保於法國嫖妓的最羞恥的經驗,成為其認知中重大的挫敗,顛覆了男性世界「對」的律法,使振保無法成為自己絕對的主人。如此的創傷,阻滯了力比多的正常宣洩,而形成其記憶無法前進之處,成就了不會愛人的人格,也塑造了不斷尋找欲望投射替代物的戀物基底。佛洛伊德表示:在戀物建立的過程中,令人想起「創傷性失憶」(traumatischen Amnesie)中記憶無法前進之處。該情形是當事者的關切中途而止,保留不安(unheilichen)以及創傷的最後印象成為戀物,因此,鞋子、腳或是其中的一部分,較容易成為戀物,這是因為好奇的小男生,由下、由腿往上窺伺女性的性器之故;毛皮、絨緞如我們長期所懷疑的,是因為渴望窺見女性身體的目光,停留在陰部的毛髮;一些內衣,之所以如此頻繁地被當作戀物,是結晶成形於寬衣解裙的最後片刻,女性仍然被視為是有陰莖的。[57]嬌蕊的腿腳、拖鞋、毛髮、內衣在小說中全數上陣,原是振保拒斥女性身體失落的呈現,而其中「小紅月牙」更

[54] 水晶:〈潛望鏡下一男性——我讀〈紅玫瑰與白玫瑰〉〉,《張愛玲的小說藝術》,頁125。

[55] 張小虹:〈戀物張愛玲——性、商品與殖民迷魅〉,《慾望新地圖》,頁14。

[56] 張愛玲:〈紅玫瑰與白玫瑰〉,《紅玫瑰與白玫瑰——短篇小說集二》,《張愛玲典藏》新版冊2,頁138。接續引文不復贅註。

[57] 佛洛伊德:〈戀物癖〉,《論女性:女同性戀案例的心理成因及其他》,頁104。

是呼喚出振保的閹割恐懼：

> 嬌蕊的床太講究了，振保睡不慣那樣厚的褥子，早起還有點暈
> 床的感覺，梳頭髮的時候他在頭髮裡發現一彎剪下來的指甲，
> 小紅月牙。因為她養著長指甲，把他劃傷了，昨天他朦朧睡去
> 的時候看見她坐在床頭剪指甲。昨天晚上忘了看看有月亮沒
> 有，應當是紅色的月牙。（頁150）

佛洛伊德的戀物思索，極有助於理解這段文字裡振保的心理活動。指
甲是與身體分離之物，可視為一閹割意象，振保在纏綿一夜之後醒
來，隱約記得昨夜嬌蕊在睡前剪指甲，剪指甲此一具閹割意味的象徵
性動作「把他劃傷了」，回溯振保與法國妓女的創傷經驗，而深怕此
象徵性的閹割再次發生在自己身上。如果剪下的指甲常呈彎月狀，從
指甲聯想到月亮，便是建立在形似的基礎上；那麼形似彎月的「小紅
月牙」又與戀物有何深刻連繫？在中國傳統文人的想像中，月牙暗指
小腳。清朝蘇馥編《香閨鞋襪典略》引《道山新聞》云：「李後主宮
嬪窅娘，纖麗善舞，以帛繞足，令纖小屈上，如新月狀。由是人皆效
之，以此扎腳。知五代以來方有之，如熙甯、元豐前，人猶為者少，
近年則人人相效，以不為者為恥也。」[58]原來裹成的小腳，透過男性的
聯想而具有「如新月狀」的美麗，小腳一方面能控制女性，使女性內
化父權體制；一方面讓男性撫摩，以投射其戀物情結，安定閹割恐
懼，滿足欲望。在佛洛伊德看來，男性拒斥女性失去陰莖，因之將陰
莖的替代物——女性彎曲拱起的小腳，包裹在唯美的綺思中，如辛幼
安句「簾底纖纖月」，楊廉夫詩「碧雲淺露月牙彎」、「翡翠裙翻踏月

---

[58] （清）蘇馥編：《香閨鞋襪典略》（臺北市：文海出版社，1974年），頁46。

牙」、「美人小襪青月牙」[59]，以及更多的「弄新月」、「雙鉤月」、「瘦月雙分」的想像，無一不是以新出的月亮雅喻小腳，以壓抑男性的閹割焦慮，同時擁抱控制的渴望與想像性的滿足。小紅月牙，影射了振保作為一戀物者對戀物對象曖昧的宰制關係，帶來快樂，帶來確定的權力展示，雖然戀物不過是陽具的替代，但振保仍能感到歡愉，那是比快樂「更為快樂」的一種「無恥的快樂」，公共汽車朝著太陽馳去，也朝著振保的滿足與愉悅馳去。

小腳確實是女性吸引男性的性徵，觀之賞之，撫之摩之，此愛之神物是男性陽具的替代品，是男孩面對母親被閹割的心理移轉機制，作為男性寄寓其精神傾慕的對象。佛洛伊德在〈戀物癖〉中提到：在中國風俗中可以找到與戀物癖平行的群眾心理，男性著手殘害女性的腳，對它崇敬有加，接著這雙被殘害的腳搖身成為戀物。我們可認為中國男人非常誠摯的感謝女性，將它（身體、腳）屈服於閹割。[60]女性就這樣以她們的身體來承受閹割。張愛玲作品中有纏小腳的女性，〈金鎖記〉曹七巧是其中典型，其實張愛玲的母親黃逸梵也纏過小腳，因此張愛玲以母親作為小腳女人的想像範本，是極有可能的。高全之〈〈金鎖記〉的纏足與鴉片〉[61]一文，便以裹小腳的角度呈現七巧作為母親的瘋狂與惡質。

小腳之外，小孩也涉及陽具。〈紅玫瑰與白玫瑰〉中女兒慧英的出現，強化的亦是振保的男性生殖力——「振保遠遠坐著看他那女兒，那舞動的黃瘦的小手小腿。本來沒有這樣的一個孩子，是他把她

59 蘇馥編：《香閨鞋襪典略》，頁65。
60 佛洛伊德：〈戀物癖〉，《論女性：女同性戀案例的心理成因及其他》，頁107。
61 高全之：〈〈金鎖記〉的纏足與鴉片〉，《張愛玲學》（臺北市：麥田出版，2011年7月增訂二版），頁79～97。

由虛空之中喚了出來」[62]，這正是父權體制所維繫的「陽物理體中心主義」（phallogocentrism）的外顯，小孩即物，即陽具存在的正名與替身，振保此番戀物所體現的無非是在其閹割焦慮下所反生的自尊自大。自尊自大的振保，「看著他手造的世界，他沒有法子毀了它」，自戀者振保似退回了孩童時期，發現「一個世界到處都是他的老母」（頁158），也發現母親的不足，在象徵社會目光的艾許母女之前，振保表現了對母親不足的拒斥，「我母親常常燒菜呢，燒得非常好，我總是說像我們這樣的母親真難得的」，然而在微笑讚揚母親的同時，與之相對的潛意識又形成「總不免有點咬牙切齒」（頁156）的不自覺行為，母親的諄諄叮嚀雖然「也和他心中的話相彷彿」，可是由母親說來，竟「沾辱了他的邏輯」，於是「他覺得羞愧」（頁160）。由此可見振保的形象塑造，正是朝著拒斥母親的不足這個方向前進的。在母親面前，振保永遠是個孩子，堅持與母親同住彰顯的正是由拒斥所帶來的陽具力量；而當女性身上出現了這種孩子氣，振保便順理成章的將情感投射於其上，其實夾帶的是自戀元素。振保不斷欣賞嬌蕊的孩子氣，其實正是自我欣賞，一種自戀症的癥候；而在妻子烟鸝面前，他聞到了一種污穢的濁氣，在佛洛伊德的理解中，這正是與戀物相連的「嗜糞快感」（coprophilic pleasure）的呈現。雨夜回家，振保首先聞見一股「嚴緊暖熱的氣味」，又見烟鸝「提著袴子」，「短衫摟得高高的，一半壓在頷下，睡袴臃腫地堆在腳面上，中間露出長長一截白鱔似的身軀」，而「像下雨天頭髮窠裡的感覺，稀濕的，發出蓊鬱的人氣」（頁172～173），同樣寫腳與頭髮，嬌蕊能勾人神魂，而烟鸝則是如此令人嫌惡，這種心理上的不悅氣味，消弭了振保的戀物

62　張愛玲：〈紅玫瑰與白玫瑰〉，《紅玫瑰與白玫瑰──短篇小說集二》，《張愛玲典藏》新版冊2，頁168。接續引文不復贅註。

欲望,而回溯至其幼兒期的「嗜糞快感」。佛洛伊德在《性學三論》中表示:說到對崇拜物的選擇,它已表明了嗅覺中嗜糞快樂的重要性(由於壓抑本已消失)。腳和頭髮均具有強烈氣味,只有當嗅覺變得不愉快並被放棄之後,它們才會變成崇拜物。[63] 烟鸝的不潔氣味,對比了振保對嬌蕊的戀物,致使振保一回家「馬上得洗腳」,強化戀物的愉悅。於是髮戀便與腳戀連結在一起,而又與肛門情欲(anal eroticism)銜接。

而被腳踏著的鞋子,作為避免陽具受創之物,在〈紅玫瑰與白玫瑰〉中同樣具有男性戀物的意義。佛洛伊德認為:「鞋或拖鞋常常是女性生殖器的象徵。」[64] 張愛玲通過創作主體客觀觀點與振保主觀觀點疊合的現代寫法,讓原本客觀的鞋物描寫,夾帶了振保主觀的心理投射。此種以能指暗示多重所指的技巧,創造出關聯中的跳躍,致使潛意識以圖像置換意義。嬌蕊的皮拖鞋一隻被踢掉了,「沒有鞋的一隻腳便踩在另一隻的腳背上」,經過一番「糖似的化了去」的打情罵俏後,振保「走來待要彎腰拿給她,她恰是已經踏了進去了」(頁148),此處明寫嬌蕊的主動性,暗寫振保的拖鞋戀物,在幽暗中一直留心嬌蕊的鞋腳,那是振保潛意識中呵護備至而深恐失去的自己的陽具象徵;而烟鸝的繡花鞋,呈八字式,一隻前一隻後,「像有一個不敢現形的鬼怯怯向他走過來,央求著」(頁177),則是振保眼中的烟鸝,是由自戀者身體脫落的身外物了。早在烟鸝被發現與裁縫關係

---

63 佛洛伊德:《性學三論》,車文博主編:《弗洛伊德文集》冊3,頁20。

64 《性學三論》一九一○年增註:精神分析學已為我們對戀物癖的理解掃清了一個障礙。腳在兒童的性理論中,代表女人的陽具,因孩子發現女人沒有陰莖(1915年增註)。許多戀腳的例子證明,窺視本能試圖讓人從隱蔽處尋找目標(即性器),但由於禁止或壓抑,不得不半途停止。由於這一原因,腳或鞋才變成崇拜物,女性的性器被想像成與男人的相同(兒童期望這樣)。見佛洛伊德:《性學三論》,車文博主編:《弗洛伊德文集》冊3,頁20。

曖昧時，在振保眼中便已變得卑賤污穢；另一方面，這繡花鞋同時亦作為振保閹割恐懼的外化，他害怕烟鸝毀滅了自己汲汲營營建立的美滿的家，害怕烟鸝堅定的離棄家庭擁抱未來，進而變色成為別人心口上的一顆「硃砂痣」，他不能接受竟是烟鸝閹割了自己，閹割了男性建立的世界。此結局呼應了法國嫖妓的性事創傷，振保竟成了「豐肥的辱屈」的被征服者，一切「不對到恐怖的程度」。這正是佛洛伊德所說的：「成年人若遇到王權或教權有危機時，也會有類似的恐慌、類似的不合邏輯之情形出現。」[65]在男性王權鬆動之際，結語「第二天起床，振保改過自新，又變了個好人」之精彩，便在於表現了佛洛伊德對戀物癖的觀察——修正記憶的方法就是掩埋。振保一覺醒來，掩埋昨日種種，萬物各得其所，那是一種慶祝也是一種毀滅。

　　再回看〈年青的時候〉，這篇小說也是探討男性戀物的絕佳文本，呼應〈茉莉香片〉聶傳慶之觀看言丹朱，以臉部線條開場——沁西亞「鼻子太出來了一點」[66]。潘汝良作為一觀看主體，觀看學校休息室中的俄羅斯女人沁西亞，而將其臉部線條描摹在課本上，凸顯了男性觀者的主體性與被觀者的他性，而逕自覺得沁西亞是自己的一部份，可以輕輕掐下她的頭來夾在書裡。汝良信仰咖啡，是因為「科學化的銀色的壺」與「晶亮的玻璃蓋」；汝良學醫，是因為醫師器械的「嶄新燦亮」，冰涼小巧全能，尤其「最偉大的是那架電療器，精緻的齒輪孜孜輾動，飛出火星亂迸的爵士樂」（頁81）；汝良對沁西亞有欲望，而留心沁西亞寫字檯下的一雙腳，只著「肉色絲襪」，「高跟鞋褪了下來」，而「不是踢著她的鞋就是踢著了她的腳」（頁82）；凸顯汝良的戀物之情，可見一斑，而其中力道最強的物戀，終是在

65　佛洛伊德：〈戀物癖〉，《論女性：女同性戀案例的心理成因及其他》，頁102。

66　張愛玲：〈年青的時候〉，《紅玫瑰與白玫瑰——短篇小說集二》，《張愛玲典藏》新版冊2，頁75。接續引文不復贅註。

一件衣服上——「那件潔無纖塵的白外套」（頁81）。穿上醫師的白
外套，象徵擁抱西方現代科技，對比於舊文化「唱紹興戲」的姑娘與
「聽紹興戲」的母親的中國母體，那是遭西方文明閹割的母體，「汝
良不要他母親那樣的女人」（頁81）的意念因而得以實踐。外套的認
同，勾勒了張愛玲的戀衣情結，也牽引著汝良潛意識的運作：發現母
親的不足。但汝良拒斥了母親／中國遭到閹割的事實，因此尋找了陽
具的替代物，這正是佛洛伊德所謂戀物者失去主體性的典型，雖然看
似掌握了主體，事實上卻是一種自我喪失，因而始終在時代之中始終
感到一種「惘惘的威脅」，此威脅固然原來指的是人在傳統與現代間
的尷尬，但不妨也可以用來理解張愛玲筆下男性戀物的閹割焦慮——
「他們走過一家商店，櫥窗上塗了大半截綠漆」，沁西亞的鼻子突出
的側影「反襯在那強調的戲劇化的綠色背景上」（頁87），櫥窗鏡像
反映真實，綠色符號昭然出場，以借屍還魂的方式夾帶那失落的母
親。於是紹興姑娘唱的是「越思越想越啦懊啊毀啊啊」穩妥的拍子，
汝良突然省悟，「紹興戲聽眾的世界是一個穩妥的世界——不穩的是
他自己」（頁82）。不穩定的年輕汝良，在看見沁西亞婚後「像蜜棗
吮得光剩下核」（頁90）的最終，看清了人生的終局與婚姻的價值，
結束了對沁西亞的迷戀。然而，汝良的戀物同時也結束了嗎？固然不
再對沁西亞有所幻想，但未必表示汝良有能力走入現實。結句「汝良
從此不再書頭上畫小人，他的書現在總是很乾淨」（頁90），表示汝
良將再去尋找下一個美麗的沁西亞，還是如佛洛伊德所說將取消對母
親不足的拒斥從而超越，或在情感投射受挫之後退回自戀？無論如
何，張愛玲至少在〈年輕的時候〉裡刻畫了一場男性戀物的歷程，從
陷溺於沁西亞鼻子的線條，到迷醉於西方醫學科技的器械，再到經歷
一場落空的愛，汝良戀物的深層心理結構依然是佛洛伊德所說的拒斥
與掩蔽，一致指向性欲。

　　以佛洛伊德的戀物學說觀察，張愛玲小說中的周遭什物無不彼此相繫呼應，夾帶渴望，透過置換作用而直指原初的傷痛。這些男性人物均受困於閹割焦慮之中，否定母親的身體這產生閹割焦慮的所在，因此他們在潛意識裡均視女性為遭受閹割而匱乏者，拒斥母親的不足，也一概拒斥了生命中某一重要的現實片段，而以迷戀某種象徵陽具的物件取代，因而在看似無牽無涉的敘述中，讀者一旦執起注視，戀物的炸彈便會在敘事中引爆。這些男性潛意識的觀看，凝視物體而賦予其情色想像，而以此拒斥他們視女性身體為「遭閹割」之物。拒斥亦是戰勝，因此聶傳慶要戰勝言丹朱，佟振保要戰勝紅白玫瑰與淚眼汪汪的老母，潘汝良要戰勝沁西亞……，男性潛意識的觀看，標誌著必須時時提醒自己必須戰勝威脅，從此可以理解張愛玲小說中男性人物潛意識的基本活動。為了戰勝，男性後來也就成為閹割他人的人，使得女性一如〈金鎖記〉中的長安——鹽醃／閹過的。佛洛伊德的戀物學說雖然是建立在男性的觀點上，然而讀者發現，張愛玲筆下的女性同時也戀物，這可視為張愛超越佛洛伊德之處嗎？

三　女性戀物：去陽具？

> 她的本身是不存在的，不過是一個衣架子罷了。[67]

　　不只對佛洛伊德男性戀物的觀點多有呼應，張愛玲作為一名女性作家，產出了諸多女性戀物的文字，這些文字能否顛覆傳統的男性戀物，是極具價值的課題。張愛玲說：「無奈我所寫的悲哀往往是屬於『如匪澣衣』的一種」，「堆在盆邊的髒衣服的氣味，恐怕不是男

---

[67] 張愛玲：〈更衣記〉，《華麗緣——散文集一》，《張愛玲典藏》新版冊11，頁22。

性讀者們所能領略的罷?」對物的認知,男女性別確實存在差異,這種所謂專屬女性的「雜亂不潔的,壅塞的憂傷」[68],有如一身穿著污穢的衣服,幽憂之甚,折射了創作主體對女性戀物的理性思索。女性戀物離不開衣服,衣服離不開身體的隱喻,在張愛玲的觀察中,女性對衣服擁有特別的迷戀,「再沒有心肝的女子說起她『去年那件織錦緞夾袍』的時候,也是一往情深的」[69],如果女性的服裝史即是女性的身體史,那麼當小說中的女性與衣飾連結交纏,當生命的華袍沾惹了囓人的蝨子,那便是張愛玲對於女性身體處境的暗示;然而讀者要問的是,張愛玲筆下的女性戀物,依然如同佛洛伊德男性戀物般上溯至拒斥母體的匱乏?還是能突破佛洛伊德的理論局限,翻新時人對於戀物的認識?

佛洛伊德雖然沒有針對「女性戀物」提出明確的看法,只是表示患者「幾乎總是男性」[70],但讀者依然可以在晚期的《精神分析新論》中得知,女孩同樣擁有「拒斥」,也同樣具有閹割情結。佛洛伊德說:「女孩對她沒有陰莖這一事實的承認,絕非意味著她很容易屈服於這個事實。相反,在很長的一段時間裡,她會繼續堅持希望自己獲得像陰莖那樣的東西,並且過了許多年後,她仍相信這種可能性;精神分析還表明,當兒童對現實的認識否定了這個願望實現的可能性後,該願望就繼續存在於潛意識中,並保持著相當可觀的貫注能量。」[71]發現自己被閹割,成為女孩成長的轉捩點,這是佛洛伊德提出的女孩「陽具欽羨」的觀點。而在女性戀物上,張愛玲在小說中時時安排女性人物心心念念於某物件之上,這樣的傾向彷彿打破了佛洛伊

68　張愛玲:〈論寫作〉,《華麗緣——散文集一》,《張愛玲典藏》新版冊11,頁103。

69　張愛玲:〈更衣記〉,《華麗緣——散文集一》,《張愛玲典藏》新版冊11,頁29。

70　佛洛伊德:《精神分析綱要》,車文博主編:《弗洛伊德文集》冊5,頁239。

71　佛洛伊德:《精神分析新論》,車文博主編:《弗洛伊德文集》冊5,頁79。

德男性戀物的局限，似是導向女性文本「去陽具」的象徵內容；然而讀者質疑的是：在張愛玲寫作高峰的一九四〇年代，全世界的女性意識尚未成熟，西蒙・波娃（Simone de Beauvoir, 1908～1986）的存在主義女性主義對女性處境的思索也尚未形成影響，張愛玲果真能以小說創作突破佛洛伊德的男性觀點，在女性戀物上建立超越的功績？

就一九四三年初試啼聲的〈第一爐香〉來看，張愛玲在第一篇作品中就觸及了女性戀物的題材，葛薇龍受到了華麗衣裝的引誘：

> 樓下吃完了飯，重新洗牌入局，卻分了一半人開留聲機跳舞。薇龍一夜也不曾闔眼，才闔眼便恍惚在那裡試衣服，試了一件又一件；毛織品，毛茸茸的像富於挑撥性的爵士舞；厚沉沉的絲絨，像憂鬱的古典化的歌劇主題曲；柔滑的軟緞，像「藍色的多瑙河」，涼陰陰地匝著人，流遍了全身。才迷迷糊糊盹了一會，音樂調子一變，又驚醒了。樓下正奏著氣急吁吁的倫巴舞曲，薇龍不由想起壁櫥裡那條紫色電光綢的長裙子，跳起倫巴舞來，一踢一踢，淅瀝沙啦響。想到這裡，便細聲對樓下的一切說道：「看看也好！」[72]

美麗的衣裙是姑母故意置於衣櫃中的罪惡的欲望，搭配著誘人的舞樂，企圖攫取少女薇龍的純真無邪。小說中薇龍的母親幾近缺席，姑母便是代理母親，這母親之所以要挑起薇龍的物欲，是為了日後控制薇龍，想藉由薇龍青春的身體來替自己尋找男人與賺錢，薇龍於是禁不住聲色誘惑，一腳陷入無邊深淵，從一名單純的學生變成了名聞遐邇的交際花。這段薇龍對衣服的綺思裡，母親、衣裙、女孩隱然連成

---

[72] 張愛玲：〈第一爐香〉，《傾城之戀——短篇小說集一》，《張愛玲典藏》新版冊1，頁22～23。接續引文不復贅註。

一線，薇龍的失落被美麗的衣裙所掩蔽所取代，擁有並穿上它們，將
能彌補成長經驗中的匱乏。這幾乎是張愛玲潛意識的投射了。此段文
字絕非偶一為之，之後使薇龍更加困擾的司徒協的「金剛石手鐲」，
以及末尾紫黝黝的海天之間的密密層層的貨品——「藍磁雙耳小花
瓶、一捲一捲蔥綠堆金絲絨、玻璃紙袋裝著『巴島蝦片』、琥珀色的
熱帶產的榴槤糕、拖著大紅穗子的佛珠、鵝黃的香袋、烏銀小十字
架、寶塔頂的涼帽」（頁58），更是在物戀之上強化失母的終局，人
與物的界線一如海與天的界線愈趨模糊，人終究是消弭在「無邊的荒
涼，無邊的恐怖」之中，儘管如此，「只有在這眼前的瑣碎的小東西
裡，她的畏縮不安的心，能夠得到暫時的休息」（頁58）。母親遭到
閹割而流血受傷，戀物者的潛意識於是以追求美麗的物質來掩埋內心
的焦慮，這是佛洛伊德認定的戀物者的心理建構。

　　前文提及，藍綠冷色成為張愛玲文學創作的構型，夾帶失母情
結，進而轉化為其迷戀的對象。〈第一爐香〉正充分展現了張愛玲筆
下藍綠色與失落母親之間的緊密關係：一、姑母登場，草帽垂下綠色
面網，面網上扣著綠寶石蜘蛛，「像一顆欲墜未墜的淚珠」（頁10），
姑母離開葛家既久，呼應的是張愛玲對母親離家「綠色的小薄片」的
印象；二、薇龍初來乍到，見姑母客廳「寶藍磁盤」中的一棵仙人
掌，「那蒼綠的厚葉子，四下裡探著頭，像一窠青蛇」（頁14），這
是姑母形象的外化，指其性如蛇蠍；三、姑媽的別墅鑲嵌著「綠玻
璃窗」與「綠色的琉璃瓦」（頁18），鬼氣森森，遠看形同古代的皇
陵；四、由薇龍的窗口望去，花園中的小麻雀被草坪這塊「綠色大
陸」給弄糊塗了，而自省「也許那不是麻雀」（頁25），暗示姑母布
下的迷陣；五、司徒協贈送金剛石手鐲的雨夜，車外的樹「像綠繡
球，跟在白繡球的後面滾」（頁38），這是姑母販賣薇龍給司徒協的
恐怖協議；五、灣仔新春市場的妓女，有著「淺藍的鼻子」與「綠

色的面頰」（頁59），薇龍與喬琪喬結婚如同賣身，本與這些妓女無異，這當然是姑母一手計畫的結果。從諸多藍綠的設色看來，〈第一爐香〉裡浮動著張愛玲對母親的記憶與潛意識圖像，其中梁太太的心思「這次打算在姪女兒身上大破慳囊，自己還拿不定主意，不知道這小妮子是否有出息，值不值得投資」（頁20），更是直接複製了散文〈私語〉中母親黃逸梵的心思，「我母親是為我犧牲了許多，而且一直在懷疑著我是否值得這些犧牲」[73]，因此，〈第一爐香〉儼然成為看見母親不足的標誌物，在戀物上產生了重要意義——薇龍的生命逃不出代理母親的操弄，只能以戀物掩蔽母親的兇殘恐怖；張愛玲的生命逃不出母親缺席的桎梏，而只能以戀物（與戀物書寫）掩蔽母親的匱乏。

當〈傾城之戀〉的白流蘇受家人抨擊，六親無靠，只見她依偎在一件掛著的「月白蟬翼紗旗袍」下，「歪身坐在地上，摟住了長袍的膝部，鄭重地把臉偎在上面」[74]。這個空的衣架子，呼應的是正是流蘇母親的匱乏無力。白家兄長搬出三綱五常，要求流蘇回到亡夫家裡守寡，這是強勢的父權體制話語，使得流蘇不得不求助於母親，無奈無陽具的母親不但無法帶給女兒以男性的超越性，更內化了父權思考而提出「領個孩子過活，熬個十幾年，總有你出頭之日」（頁180），流蘇因此跪在母親的床前，發現到母親的不足：

> 她彷彿做夢似的，滿頭滿臉都掛著塵灰吊子，迷迷糊糊向前一撲，自己以為是枕住了她母親的膝蓋，嗚嗚咽咽哭了起來道：「媽，媽，你老人家給我做主！」她母親呆著臉，笑嘻嘻的不

---

[73] 張愛玲：〈私語〉，《華麗緣——散文集一》，《張愛玲典藏》新版冊11，頁155。

[74] 張愛玲：〈傾城之戀〉，《傾城之戀——短篇小說集一》，《張愛玲典藏》新版冊1，頁189。接續引文不復贅註。

作聲。她摟住她母親的腿,使勁搖撼著,哭道:「媽!媽!」恍惚又是多年前,她還只十來歲的時候,看了戲出來,在傾盆大雨中和家裡人擠散了。她獨自站在人行道上,瞪著眼看人,人也瞪著眼看她,隔著雨淋淋的車窗,隔著一層層無形的玻璃罩——無數的陌生人。人人都關在他們自己的小世界裡,她撞破了頭也撞不進去,她似乎是魘住了。(頁181~182)

其實母親早不在床上,眾人之前已把老太太「搬運」下樓,因此流蘇面對著的是母親的缺席,母親不過是一個空架子,一個虛空的存在。這個空的衣架子,當然也連繫到張愛玲小時候對於母親的記憶——她所祈求的母親與真正的母親根本是兩個人,與母親之間始終有一道無形的隔閡。而象徵代理母親的徐太太,已內化父權話語,其「找事,都是假的,還是找個人是真的」(頁182)的「真知灼見」,正印證父權體制對從屬女性的壓抑。雖然徐太太帶著父權主張而來,然而張愛玲筆下女性戀物,倒不是讓女性同時也擁有如同男性戀物的權力,而是女性自己變成戀物對象,這些女性之迷戀於繁複的衣物布料,一如流蘇所倚靠的月白蟬翼紗旗袍,其中潛藏的是經濟與生存的打算。她們的應對策略是,唯有自己變成戀物對象,才能擁有男性戀物的權力;換句話說,女性擁有陽具的方法,就是讓自己變成陽具。〈金鎖記〉的曹七巧即是此一典型。

　　〈金鎖記〉的曹七巧對衣物的迷戀相較隱約,張愛玲以月亮的扭曲意象與五套衣裝之間的雙線異動,展現七巧陰性權力的變化歷程——月亮(陰戶)終而變為太陽(陽具)。從月光照枕的溫柔開場,到下弦月像「赤金的臉盆」[75],到「戲劇化的猙獰的臉譜」(頁

---

[75] 張愛玲:〈金鎖記〉,《傾城之戀——短篇小說集一》,《張愛玲典藏》新版冊1,頁241。接續引文不復贅註。

270），再到黑漆天上的「白太陽」（頁271），七巧的陰性權力不斷增升而終為太陽，成為如有陽具的父權執行者；而同時在服裝上，從「藍夏布衫褲」（頁254）的樸質，到「銀紅衫子，蔥白線鑲滾」與「雪青閃藍如意小腳袴子」（頁243）的貴氣而具攻擊性，到分家「白香雲紗衫，黑裙子」（頁255）的錙銖必較，到季澤來訪的「佛青實地紗襖子」與「玄色鐵線紗裙」（頁258）的決絕，最後到「青灰團龍宮織緞袍」（頁283）的皇帝威勢，七巧的男性權力至此臻於頂峰。七巧無能以女性身體自覺，只能內化父權體制，其遭閹割的遺失物被再現為替代性的衣裝，衣裝置換了匱乏，呈現了焦慮，太陽與龍袍的至高無上誇大了掌握權柄的力量，也暗示了權柄消失的焦慮。

　　七巧戀物之精采處更在箱盒與腳。七巧伸手去觸探季澤的腿腳遭到拒絕，情狀如「玻璃匣子裡蝴蝶的標本，鮮豔而悽愴」（頁249），雖生猶死；兄嫂探視，只見七巧以手去解弄箱子上的鈕釦，「解了又扣上，只是開不得口」（頁251），向人道盡床笫的不滿足，畢竟還是有損婦德；七巧再將箱籠束之高閣，「立在房裡，抱著胳膊看小雙祥雲兩個丫頭把箱子抬回原處，一隻一隻疊了上去」（頁254），暗指往後身體之無用，卻終止不了對健康男體的渴望，「漏斗插在打油的人的瓶裡」（頁254）拚命打油，充滿性暗示……；誰能懂得，那抬回去的箱子正是七巧刻意遮蔽的受傷身體與父權的象徵秩序中不願意見到的女性情欲？七巧終究是關上了潘朵拉的盒子，決定犧牲身體欲望，去成就父權肯定的金錢價值。若連結母親、子宮、箱盒，於是一個內在空間便作為一種創傷置換，隱喻身體與性，啟動與母親特質相關的各種涵義，這是張愛玲專擅之事——藉由鋪衍戀物對象的豐贍美好，以呈現父權社會之避免凝視女性（或母親）身體失去陽具的創傷。因此，大量敘寫長白與芝壽新房的物件，在戀物上便極具意義：玫瑰紫繡花椅披桌布、大紅平金五鳳齊飛的圍屏、水紅軟緞對聯繡著

盤花篆字，以及梳粧台上紅綠絲網絡著銀粉缸、銀漱盂、銀花瓶，裡面滿滿盛著喜菓，帳簷上垂下五彩攢金繞絨花球、花盆、如意、粽子，下面墜著指頭大的琉璃珠和尺來長的桃紅穗子，房裡充塞著箱籠、被褥、鋪陳⋯⋯，於眾多名物之後，乍然映現芝壽的腳，「她腳沒有一點血色——青、綠、紫、冷去的屍身的顏色」（頁272），華麗喜氣的新房與青紫如屍的新娘，這是張愛玲的並置美學了，由此可見——描述眾多的新婚陳設並非贅筆，名物愈繁多，記憶中的傷害與匱缺就愈鮮明。不只是芝壽的腳失去血色，清純如學生的長安同樣遭到不幸，「玄色花繡鞋與白絲襪停留在日色昏黃的樓梯上」（頁284），長安明白母親已告訴世舫她吸鴉片的秘密，結婚幻想毀滅，於是旋身上樓，一級一級迎向黑暗，完成了〈金鎖記〉最重要的象徵性動作。七巧宰殺了女兒長安的幸福，戀物對象註記了父權社會拒斥記憶之所在，這些名物一概肩負著標誌掩蔽的功能，如同一個不容易被發現的見證，微不足道卻又至關重要。芝壽與長安的腳如果是不幸的身體符號，象徵父權社會下的女體閹割；那麼七巧的腳，則更有豐富的層次。前文提到，七巧是小腳婦女，承受著父權社會的性別閹割；然而，當七巧的權力漸漸擴張，原遭閹割的腳卻漸漸演化與陽具同形，從被動而主動，具有掌控力量——當初季澤的臉雖然變了色，卻「仍舊輕佻地笑了一聲，俯下腰，伸手去捏她的腳」（頁248），日後這腳就烙上男人觸摸的印記，在七巧渴求情欲實踐時，便「探身去捏一捏她的腳，僅僅是一剎那，她眼睛裡蠢動著一點溫柔的回憶」，「她的腳是纏過的，尖尖的緞鞋裡塞了棉花，裝成半大的文明腳」（頁265），之後更把情欲轉向兒子長白，「把一隻腳擱在他肩膀上，不住的輕輕踢著他的脖子」（頁270）。腳從被閹割的象徵轉化為具有主動性的陽具象徵，七巧的小腳人生，就這樣顛顛躓躓的被囚禁在偽男性的焦慮與困局中，終而形成了偏差變態的人格特質。

　　張愛玲小說中，眾多的名物能照見眾多的關係，人與人或者人與自己的關係，總是成為物與物之間的關係，女性在父權社會中普遍遭到物化。女性追求的衣飾使女性身體淪為物，一切女性人物均通過衣飾獲得意義。從〈第一爐香〉開始，張愛玲即意識到女性裝扮是男性社會集體意識的體現，女性是專門「被看」的——「翠藍竹布衫，長齊膝蓋，下面是窄窄袴腳管，還是滿清末年的款式；把女學生打扮得像賽金花模樣，那也是香港當局取悅於歐美遊客的種種設施之一」[76]；更甚者，女人在象徵意義上都是妓女，從早期的〈第一爐香〉至晚期的〈色，戒〉，女人即妓的暗示一脈相承，〈傾城之戀〉的范柳原還說了，「婚姻是長期的賣淫」[77]。陽尊陰卑的傳統思想，一直深植於宗法倫理體系，而全面定義女性的從屬地位，她們無主動性，被迫進入男性欲望體制而陷於焦慮的精神狀態中。男性的閹割焦慮來自於失去陽具的恐懼，從屬的女性本無陽具，她們普遍恐懼的是失去具有陽具男性的寵愛；張愛玲的女性塑造隱約呼應佛洛伊德的，不是讓女性成為欲望主體去反撲父權，而是讓女性作為戀物，去迎合男性投射在女性身上的價值。換句話說，女性不是戀物主體，而是自己作為戀物。於是女性在男性的眼光中看見自己，如葛薇龍在喬琪喬的眼中發現「她自己的影子，縮小的，而且慘白的」[78]——女性原是男性欲望的倒影。這是勞拉・穆爾維在《戀物與好奇》中闡述的類似意念：為了躲避閹割焦慮，女性身體的地形學呈現出迷人的外表，借以分散男性對表面下隱藏傷口的注意，從而建構起內在和外在的二元對立。當面具

---

[76] 張愛玲：〈第一爐香〉，《傾城之戀——短篇小說集一》，《張愛玲典藏》新版冊1，頁7。

[77] 張愛玲：〈傾城之戀〉，《傾城之戀——短篇小說集一》，《張愛玲典藏》新版冊1，頁206。

[78] 張愛玲：〈第一爐香〉，《傾城之戀——短篇小說集一》，《張愛玲典藏》新版冊1，頁43。

吸引和抓住凝視的目光時，焦慮製造出一種對可能隱藏在背後的東西的恐懼。[79]女性身體是傷口的所在，女性的拒斥自己，原是因為要拯救自己。張愛玲筆下，女性人物看似作為戀物主體，事實上卻未能超越佛洛伊德以男性為主的戀物論述，因此張小虹總結出這樣的邏輯：「女人要用商品將自己妝點成商品，成功出售後的商品則可更恣意的擁有商品。」[80]這是女性作為戀物的悲劇。

　　張愛玲指出的，雖然不是女性人物能與男性等量齊觀，站上戀物主體的位置進而擁有戀物，就書寫與作家本身而言，張愛玲的前半生也都迷醉於戀物中；然而，其凝視著小說人物的凝視，尤其是女性人物對物的觀看，而企圖恢復女性作家「觀看」的位置，在凸顯觀看的主體性上確實是有貢獻的。張愛玲的觀看，揭示了女性作為男性的觀看物——女性作為戀物。陳鼓應編的《存在主義》提到：德國哲學家黑格爾（George Wilhelm Friedrich Hegel, 1770～1831）的《精神現象學》認為，人的意識統轄著兩種存在形式，其一為有超越性的或「在看的」自我（observing ego），是一名觀看者，具有主體性；另一為固定的（fixed）或「被看的」自我（observed ego），如同一個被物化的人，是個被觀看的客體；存在主義大師沙特（Jean-Paul Sartre, 1905～1980）則將此觀者與被觀者的雙重自我稱之為「自覺存在」（Being-for-itself）與「自體存在」（Being-in-itself），自覺存在為人所獨有，是行使感知行動的主體性存在，有自由與不斷超越的特質；自體存在則為萬物所共有，是經由五官感知的物質性存在，自足安定，永遠不能自我超越。[81]男性為了保有屹立不搖的主體地位，於是以強

79　穆爾維：《戀物與好奇》，頁86。

80　張小虹：〈戀物張愛玲——性、商品與殖民迷魅〉，《慾望新地圖》，頁23。

81　劉崎：〈沙特（二）〉，陳鼓應編：《存在主義》（臺北市：臺灣商務印書館，1992年11月），頁225。

大的父權機制壓抑女性「在看的」自覺存在，使女性永遠無法自我超越，只能作為一名被物化的人、被觀看的客體，主客體的位置便截然劃分，女性是為「他者」。在張愛玲人物觀看與作者觀看混淆的敘述模式中，看與被看，通常是在同一刻完成的。陳暉《張愛玲與現代主義》即表示：「出自人物視點的敘述佔據了相當大的篇幅，作者常常在『看』中卓有成效地完成『看』與『被看』雙方人物的塑造。」[82]一九四六年十一月出版的「《傳奇》增訂本」的封面，張愛玲請好友炎櫻設計，底圖借用晚清吳友如《海上百豔圖》的其中一張，一名少婦坐在桌旁幽幽的玩骨牌（版面中心偏下方），左側奶媽抱著小男孩正看著，顯然一幅晚飯後的家常畫作；而欄杆外，卻增加了一個突兀而比例過大的現代人形（版面右上方），失去五官，鬼魂似的孜孜往裡窺視。張愛玲在序中表示，如果這畫面令人感到不安，那正是她所希望營造的氣氛。[83]顯而易見，如此一場戲劇性的看與被看的並置，體現了張愛玲小說人物的生存處境——古著的少婦嫻貞靜定，成為父權家庭中的戀物，無法作為一「自覺存在」的主體；窗外的現代女體一方面是具有觀看能力的主體，但一方面又形如鬼魅面目模糊，作為封面上被觀看的「自體存在」——這種看與被看的並置，看似「自覺存在」實際卻又下降為「自體存在」的生存，確實是張愛玲的女性書寫策略。

　　《怨女》中，藉由銀娣的觀看，凸顯的並非是銀娣的自覺存在，而是從屬性質的自體存在：

---

[82] 陳暉：《張愛玲與現代主義》（廣州市：新世紀出版社，2004年2月），頁37。

[83] 《傳奇》是張愛玲一九四四年的中短篇小說集，由上海雜誌社出版；一九四六年的《傳奇》增訂本，由上海山河圖書公司出版，多收錄了〈留情〉、〈鴻鸞禧〉、〈紅玫瑰與白玫瑰〉、〈等〉、〈桂花蒸阿小悲秋〉五篇。張愛玲在《傳奇》增訂本中加了一篇〈有幾句話同讀者說〉，作為序言。張愛玲：〈有幾句話同讀者說〉，《華麗緣——散文集一》，《張愛玲典藏》新版冊11，頁295。

躺在烟炕上，正看見窗口掛著的一件玫瑰紅夾袍緊挨著一件孔
雀藍袍子，掛在衣架上的肩膀特別瘦削，喇叭管袖子優雅地下
垂，風吹著胯骨，微微向前擺盪著，背後襯著藍天，成為兩個
漂亮的剪影。紅袖子時而暗暗打藍袖子一下，彷彿怕人看見
似的。過了一會，藍袖子也打還它一下，又該紅袖子裝不知
道，不理它。有時候又彷彿手牽手。它們使她想起她自己和三
爺。[84]

玫瑰紅與孔雀藍，典型張氏「婉妙複雜的調和」[85]的美學追求，投射
了紅藍衣裝的失落記憶與心理定勢。袍子的飄忽擺盪，隱喻著銀娣的
女體存在，優雅，漂亮，含蓄，卻失去了血肉身體，即象徵失去了主
體性；銀娣的戀物正架構在「作為戀物」的基礎上，其觀看，不具自
覺存在的意義，而是作為父權體制玩物的自體存在，始終超越不了家
庭的桎梏，無法主張身體與欲望，更無法擁有觀者的權力。衣飾細
節使女性身體淪為物，一切女性的生命均通過衣飾才獲得意義，這即
是張愛玲戀物書寫的路徑。然而張小虹認為：張愛玲小說的女性戀
物，打破了佛洛伊德男性戀物對女性陰部的歧視，規避了佛洛伊德的
陽具理體中心論與視覺主導論。[86]張愛玲小說在女性戀物上未必具有
如此鮮明的顛覆價值，藉由諸多象徵「性」的觀看，讀者發現其作
品更多的只是揭示女性身體的創傷與不足──〈第一爐香〉薇龍初見
喬琪喬，一襲「磁青薄綢旗袍」[87]，生命如從青色的壺中潑出，無從收

84　張愛玲：《怨女》，《張愛玲典藏》新版冊7（臺北市：皇冠文化出版公司，2010年
　　8月），頁124。

85　張愛玲：〈童言無忌〉，《華麗緣──散文集一》，《張愛玲典藏》新版冊11，頁
　　128。

86　張小虹：〈戀物張愛玲──性、商品與殖民迷魅〉，《慾望新地圖》，頁11。

87　張愛玲：〈第一爐香〉，《傾城之戀──短篇小說集一》，《張愛玲典藏》新版冊1，

復；〈第二爐香〉凱斯玲「整整齊齊地穿著粉藍薄紗的荷葉邊衣裙，頭上繫著蝴蝶結」[88]，明寫童真，卻暗指蜜秋兒家中女性對現實與自己身體的蒙昧無知；〈心經〉許小寒「孔雀藍的襯衫消失在孔雀藍的夜裡」[89]，明顯象徵女性主體的消亡；〈連環套〉霓喜的「嬌綠四季花綢袴」[90]，作為鄉下女性的符碼，服膺的是父權體制下的女體商品交易律法……——身體即牢獄，女性原都住在自己的衣服裡。這些創傷與不足，大致與古舊衣飾或藍綠冷色連結，母親的靈魂遂游移其間。現實與過往通常在剎那中並置，張愛玲透過物件展示古今不是遙遠的對立，不是絕然的斷裂，而是奇異的同處在一個空間中，其尷尬的不和諧，使任一方都真實也都不真實。

張愛玲筆下的女性人物，看似戀物，實則作為戀物；其戀物看似去陽具，實則向陽具意識靠攏。

四　小團圓：有件什麼事結束了

這花花世界充滿了各種愉快的東西——櫥窗裡的東西，大菜單上的，時裝樣本上的；最藝術化的房間，裡面空無所有，只有高齊天花板的大玻璃窗，地毯與五顏六色的軟墊；還有小孩——呵，當然，小孩她是要的，包在毛絨衣，兔子耳朵小帽

頁32。

[88] 張愛玲：〈第二爐香〉，《傾城之戀——短篇小說集一》，《張愛玲典藏》新版冊1，頁65。

[89] 張愛玲：〈心經〉，《傾城之戀——短篇小說集一》，《張愛玲典藏》新版冊1，頁125。

[90] 張愛玲：〈連環套〉，《紅玫瑰與白玫瑰——短篇小說集二》，《張愛玲典藏》新版冊2，頁12。

裡面的西式小孩，像耶誕卡上印的，哭的時候可以叫奶媽抱出去。[91]

　　抗戰結束之後，張愛玲的文風丕變，《十八春》、〈小艾〉、《秧歌》、《赤地之戀》等作不再延續《傳奇》美麗蒼涼的典型張腔，紛繁濃密的物件也漸漸卸除敘事重任，胡適「平淡而近自然」[92]一語道盡繁華的跌落；一九五七年，母親黃逸梵在英國去世，彼時的張愛玲大約在美國墮胎，貫徹了小孩作為「不幸的種子，仇恨的種子」[93]的詛咒；一九七六年，張愛玲完成了《小團圓》，令人驚異的是，張愛玲除了在其中以盛九莉之名披露其與胡蘭成令人咋舌的交往秘辛之外，還揭發了母親大量的性事以及母女關係的齟齬，其中的母親書寫，份量其實並不亞於邵之雍（胡蘭成）多少。好友宋淇讀後，建議不要出版，張愛玲當時也決定將之銷毀，然而這部本應不見天日的小說，終在遺產擁有人宋以朗（宋淇之子）的決定下於二〇〇九年問世。讀者可以發現，《小團圓》的衣飾書寫，雖然還作為刻畫人物形象的元素，然而和早期作品相較，卻多只是點到為止，少見鋪張的以衣飾暗示人物性格、命運、生命狀態的筆法，而是更加隱晦了。意象少了，不見斑斕紛呈的衣袖裙裾，如此戀物精神的消褪，與美國生活的經濟困窘有關嗎？如果戀物標誌著失落的在場，那麼戀物的沖淡與對母親態度的改變之間，是否存在若干相對的關係？張瑞芬〈童女的路途——張愛玲《雷峰塔》與《易經》〉一文指出：「一般人總以為

91　張愛玲：〈花凋〉，《紅玫瑰與白玫瑰——短篇小說集二》，《張愛玲典藏》新版冊2，頁110。

92　張愛玲：〈憶胡適之〉，《惘然記——散文集二》，《張愛玲典藏》新版冊12（臺北市：皇冠文化出版公司，2010年4月），頁12。

93　張愛玲：〈造人〉，《華麗緣——散文集一》，《張愛玲典藏》新版冊11，頁138。

父親和胡蘭成是張愛玲一生的痛點，看完《雷峰塔》與《易經》，你才發覺傷害她更深的，其實是母親。」[94]與《雷峰塔》與《易經》同一系列的《小團圓》，當也可以從這個角度觀之。

　　戀物以性為根柢，又與拒斥母親身體的不足相關，《小團圓》確實是以性愛、以母女關係「看張」的重要轉折，銘刻了張愛玲一九七〇年代的記憶與神魂。主角盛九莉是個中學女孩，然而這女孩卻用一雙早熟的眼，提前進入了成人世界的性關係禁區。檢視《小團圓》的戀物書寫，對九莉而言，其中與母親海邊散步一段極具啟蒙意涵——「水裡突然湧起一個人來，映在那青灰色黃昏的海面上，一瞥間清晰異常，崛起半截身子像匹白馬，一撮黑頭髮黏貼在眉心，有些白馬額前拖著一撮黑棕毛，有穢褻感，也許因為使人聯想到陰毛」[95]，看似寫男體，實則連母親，身體連繫著「性」的秘密，若將頭髮看作陰毛，那麼一具男體就是一支陰莖。在狐疑與生疏中，九莉發現母親原不是要和女兒散步，而是為了自己的性愛實踐，母女連心的海邊散步只是順便。青灰海面令讀者想起〈私語〉裡離家前的母親，那小薄片一如海洋的顛波悲慟，那不過是不知人事的少女的浪漫幻想；而如今海中出現的，竟是一個年輕英國男性軍官矯健身體的「崛起」，何況騎馬連結性愛，「陰毛」的聯想更投射了九莉心目中母親身體的不潔，如此清晰的陽具指涉，使母親從此「穢褻」不堪。這樣的母親並非散文〈童言無忌〉中那「親切有味」的母親，亦非〈私語〉中那「溫暖而親近」的母親，尤其在發現母親將教授給的八百元獎學金浪擲在賭局之後，九莉認為母女之情已然終了——「一回過味來，就像有件什麼

---

[94] 張瑞芬：〈童女的路途——張愛玲《雷峰塔》與《易經》〉，見張愛玲著，趙丕慧譯：《雷峰塔》（臺北市：皇冠文化出版公司，2010年9月），頁13。

[95] 張愛玲：《小團圓》，《張愛玲典藏》新版冊8（臺北市：皇冠文化出版公司，2009年3月），頁43。接續引文不復贅註。

事結束了。不是她自己作的決定，不過知道完了，一條很長的路走到
了盡頭。」（頁32）象徵意義上，九莉體認了母親的匱乏，於是在遇
到邵之雍後，蒐集邵之雍餘留的烟蒂便意義非常——「他走後一烟灰
盤的烟蒂，她都揀了起來，收在一隻舊信封裡」（頁165），拾烟明明
是〈紅玫瑰與白玫瑰〉裡王嬌蕊的招牌動作，九莉做來卻駕輕就熟，
夾帶嬌蕊嬰孩般的明媚，一方面是力比多作祟，一方面連繫到掩蓋失
母的傷痛。由此，九莉、嬌蕊、張愛玲原來異體同魂，那是創作主體
投射於小說人物的清楚疊影。張小虹認為：「嬌蕊自是佛洛伊德性戀
物理論中的異數，也正可凸顯其學說的性別盲點與偏見。」[96]嬌蕊聞烟
未必能視為異數，其實從依賴男性與回歸父權家庭上看，嬌蕊依然無
法超越佛洛伊德的男性本位；而《小團圓》九莉的馬桶沖嬰，才真正
在戀物意義上具有突破的價值。

　　小孩之為物，佛洛伊德在《夢的解析》中認為小孩本是陽具象
徵，之前提及佟振保之於女兒慧英，本在於彰顯男性的生殖力；而
《小團圓》中九莉將小孩視為糞便，沖入馬桶，幾乎是邏各斯理體中
心主義的反撲了：

> 夜間她在浴室燈下看見抽水馬桶裡的男胎，在她驚恐的眼睛裡
> 足有十吋長，畢直的欹立在白磁壁上與水中，肌肉上抹上一層
> 淡淡的血水，成為新刨的木頭的淡橙色。凹處凝聚的鮮血勾劃
> 出它的輪廓來，線條分明，一雙環眼大得不成比例，雙睛突
> 出，抿著翅膀，是從前站在門頭上的木彫的鳥。
> 恐怖到極點的一剎那間，她扳動機鈕。以為沖不下去，竟在波
> 濤洶湧中消失了。（頁180）

---

[96] 張小虹：〈戀物張愛玲——性、商品與殖民迷魅〉，《慾望新地圖》，頁16。

血肉小孩透過九莉的眼睛觀視，竟物化成新刨的木頭，九莉從而聯想到與邵之雍擁抱時門頭上木彫的鳥。蘇偉貞《長鏡頭下的張愛玲》認為木彫的鳥隱喻張愛玲「內心有翅難飛，也有觀察訓誡的意味」[97]；確實有訓誡意味，其實木彫的鳥更讓讀者想到〈茉莉香片〉「繡在屏風上的鳥」的意象，而作為舊作意象的再製——母親。佛洛伊德在《精神分析導論》中表示：木材，象徵女性或母親，意為製造物品的原料可以被看作是那物品的母親。[98]循此路線，將訓誡與母親合觀，木彫的鳥的象徵意涵可能就呼之欲出。〈茉莉香片〉的母親馮碧落，內化父權體制，放棄了嫁給大學教授言子夜的自主選擇，使得聶傳慶不能不恨他的母親，因而屏風上又添上了一隻鳥，兒子身束母親的緊箍咒，兩代同命不言可喻。若母親暗喻木彫的鳥而架構在《小團圓》中，此段文字便夾帶了九莉對母親的記憶，使得蕊秋對待九莉的方式成為九莉對待死嬰的隱流。張愛玲早在散文〈談跳舞〉中便提及：「普通一般提倡母愛的都是做兒子而不做母親的男人，而女人，如果也標榜母愛的話，那是她自己明白她本身是不足重的，男人只尊敬她這一點，所以不得不加以誇張，渾身是母親了。其實有些感情是，如果時時把它戲劇化，就光剩下戲劇了；母愛尤其是。」[99]此番體認，全盤否定了母親的價值，原因可能在於張愛玲從來沒有從黃逸梵身上感

---

[97]　蘇偉貞：〈連環套：張愛玲的出版美學——1995年後出土著作為例〉，《長鏡頭下的張愛玲》（新北市：INK印刻文學生活雜誌出版公司，2011年8月），頁159。

[98]　佛洛伊德指出，欲解讀夢境中的性象徵，應從神仙故事、神話、笑話、戲語、民間故事、各民族的習俗（習慣、風俗、格言、歌曲）、詩歌、慣用語中獲得有關的知識。而木材作為女性或母親象徵的緣由，即是從語言學得來——大西洋中有一個島，名為「馬德拉」（Madeira），由葡萄牙人發現之後命名，因為那時全島森林覆蓋。「馬德拉」是拉丁文「materia」的小小變式，拉丁文原意指「材料」。而拉丁文「materia」來源於「mater」，即「母親」之意。佛洛伊德：《精神分析導論》，車文博主編：《弗洛伊德文集》冊4，頁92～93。

[99]　張愛玲：〈談跳舞〉，《華麗緣——散文集一》，《張愛玲典藏》新版冊11，頁219。

受過絲毫的母愛。九莉驚異蕊秋在離婚後身體的開放，因而在與邵之
雍卿卿我我亦即開放自己身體之際，意識中浮現了蕊秋，木彫的鳥作
為一種超我的警示與監看，那無數男性性器出出入入的蕊秋，那以
眼神擁抱海面上崛起的雄偉陽具的母親，那「非常原始」的性欲，使
得九莉「隨時可以站起來走開」（頁177）。要更清楚的詮釋「木彫的
鳥」與釐清九莉此處的心裡糾結，梅蘭妮・克萊恩對伊底帕斯情結的
研究似乎可以提供一種閱讀的角度。

　　克萊恩〈由早期焦慮看伊底帕斯情結〉一文提到，在治療幼兒李
察的某日，李察畫了兩隻「非常恐怖的鳥」，淺藍色的頭頂是鳥冠，
紫色部分是眼睛，鳥嘴張得很大，母親便是以「恐怖」的鳥（張開的
鳥嘴）及皇后（淺藍色的鳥冠）呈現出來。這使李察得以面對並接受
母親令他感到挫折的事實，也因此引起李察對母親的懷恨，而被視為
李察開始學習面對現實的里程碑。張開的鳥嘴是母親貪婪的嘴巴，同
時也顯示李察想將母親吞噬下去的欲望，在李察的心智中，他已經
將那具殺傷力及會吞噬的客體媽媽給吞下去了，他內化了好媽媽，
認為好媽媽會保護他，並且和他一起對抗內化進去的壞父親。[100] 若將
木彫的鳥理解為母親，按照克萊恩的邏輯，那便是內化了壞父親陰
莖的「陰莖母親」（genital mother）——陰莖母親即遭父親侵入的壞
母親，孩童會以逃離到「乳房母親」（breast mother）為防衛，藉以
抵抗面對「陰莖母親」的焦慮。在孩童內化父母的過程中，會引發針
對父母而來的口腔施虐衝動，因此產失吞噬欲望，父母隨即成了貪婪
與具殺傷力的敵人，孩童不只害怕這些內化進去的迫害者，且同時產

---

100 （英）梅蘭妮・克萊恩（Melanie Klein）：〈由早期焦慮看伊底帕斯情結〉，Ronald
　　Britton 等著，林玉華編譯：《伊底帕斯情結新解——臨床實例》（*The Oedipus
　　Complex Today: Clinical Implications*）（臺北市：五南圖書出版公司，2003 年 12
　　月），頁 36～37。

生罪疚感。當孩童越發害怕，就越覺得無法保護所愛的內在客體，使之免於被摧毀的危險或死亡，而所愛的內在客體的死亡，不可避免的表示自己生命的結束，在此即碰觸到了憂鬱者的基本焦慮。[101] 由此，讀者不妨如此觀察：當九莉發現母親賭輸獎學金而覺得「有件什麼事結束了」，便是「所愛的內在客體」的死亡，此憂鬱的高峰，即潛意識中陰莖母親形象的高峰。九莉無處可逃，那溫暖的乳房母親確定是死了。《流言》中的母親，大體是張愛玲一直用嬰兒的方式愛著的對象；而《小團圓》中的母親，則是一個與父親聯合起來的陰莖母親，充滿威脅，令人抑鬱──「她從來不想要孩子，也許一部份原因也是覺得她如果有小孩，一定會對她壞，替她母親報仇。」（頁324～325）她內心所愛的客體，原也是她所恨的客體。

　　木彫的鳥因此可視為九莉對母親性事紛繁的記憶進而化為道德人格化的超我，如影隨形，揮之不去。墮胎沖嬰看似寫的是九莉與死嬰，其實暗渡陳倉的是自己的母親──九莉的母親卞蕊秋，張愛玲的母親黃逸梵。她毅然沖去了潛意識中的陰莖母親，才能更穩定的重新建立她對母親的愛。克萊恩因此這樣結論李察：當他允許自己將母親的兩個面向放在一起，壞的面向將中和好的面向，這位更安全的好母親才得以保護他對抗那位怪獸父親，這也意味著母親在他心智中，不再被他的口腔貪婪與壞父親所傷害；反過來他也會覺得自己與父親不再那麼危險，好母親於是能再次活過來，而李察的憂鬱也因此得以釋放。[102] 這何嘗不是解讀《小團圓》母親形象的蹊徑。她內心所恨的客體，原也是她所愛的客體。正如許子東在〈《小團圓》中的母女關

---

[101] 克萊恩：〈由早期焦慮看伊底帕斯情結〉，Ronald Britton 等著：《伊底帕斯情結新解──臨床實例》，頁39。

[102] 克萊恩：〈由早期焦慮看伊底帕斯情結〉，Ronald Britton 等著：《伊底帕斯情結新解──臨床實例》，頁45。

係〉一文所言:「蕊秋能夠傷她的心,還是因為她愛母親。」[103]

張愛玲看見了母親的不足與失落,《小團圓》正是一部擺脫戀物、拯救自我之作,在感情世界的萬轉千迴之中,若真還能剩下一些東西,那應該就是救贖。如同潘汝良的課本,再不出現人像的側影,從而變得乾淨;張愛玲經過《小團圓》的洗禮,真正的超越了戀物泥淖,不再規避母親的匱乏,而正視並認同了母親。王德威曾說:「張的重複敘事學因此可以視為她交代自家心事、重述心理創傷的衝勁;……更重要的,張明白藉著『無意義』的回想,瑣碎的生活觀照,真偽參差,歷史記憶才以重三疊四的形式來到我們眼前。」[104]張愛玲也說:「無論出了什麼事,她只要一個人過一陣子就好了。這是來自童年深處的一種渾,也是一種定力。」[105]經過《小團圓》此番瑣碎而重複的自我療癒,此番自己過一過便能翻越一切的「渾」與「定力」,母親不再是匱乏的存在,戀物於是退場。一九九四年的《對照記》,於是成為張愛玲對母親最後的擁抱。

佛洛伊德的戀物理論建立在性事話語之上,而性在張愛玲的戀物書寫中,一直作為一種暗示,一種基礎的能量,可視為被壓抑者心靈回歸的首要符號。當中的被壓抑者,包含了小說中的男女人物,當然也包含創作的張愛玲自己。如果按照佛洛伊德所說,戀物之源的身體是母親的身體,神祕而悠遠,並作用於實際傷痛與後來的記憶之間,精神忍受閹割焦慮,促成自我的防衛機制,以記憶遮蔽傷痛的真相;那麼張愛玲的戀物書寫,便是如此作用於實際的傷痛與後來的記憶之

---

103 許子東:〈《小團圓》中的母女關係〉,《張愛玲的文學史意義》(香港:中華書局公司,2011年10月),頁54。

104 王德威:〈張愛玲再生緣──重複、迴旋與衍生的敘事學〉,劉紹銘、梁秉鈞、許子東編:《再讀張愛玲》,頁11。

105 張愛玲:《小團圓》,《張愛玲典藏》新版冊8,頁129。

間——男性人物戀物，拒斥母親遭到閹割的事實，藉由觀視與擁有外物以拒斥自己的閹割恐懼；女性人物看似戀物，實則作為戀物，甚而變成陽具化的女性，終究還是將生命消弭於無邊的荒涼與恐怖之中，雖然張愛玲並沒有將女性推上欲望主體的位置，去享有戀物的自主快感，但至少指出了女性身體是一具充滿壓抑的所在，對抗意味十足，便是在這場女性物戀的華麗與喜悅中，超越了佛洛伊德在戀物論上的局限；而張愛玲，其戀物書寫卻開啟了探討戀物主體的對話空間，回歸了觀看主體的位置，在塑造「女性作為戀物」的女性主體喪失的同時，完成了深刻的母親認同以及女作家「看」的主體性建構，以潛意識的欲望書寫顛覆了佛洛伊德男性戀物的學說。

　　早期精神分析學中的戀物研究受到佛洛伊德影響，集中在閹割焦慮的思索上，認為戀物對象是女性失去的陰莖的象徵；而一九五〇年代以後則開始研究分離焦慮、邊緣性人格以及自我 self 與 ego 之缺損在戀物症形成上的重要性。佛洛伊德的戀物觀點雖然確實有盲點，如張小虹指出的「暗含了對女性陰部的嫌惡，更充滿了性別歧視與異性戀霸權之專擅」[106]，但不可諱言，它依然指出了一條文學解碼的基本途徑，將父權社會對女性的壓抑，銘刻於無意識的父權心理。張愛玲壓抑人物的戀物書寫，一致指向母親的匱乏，就這方面看，確實是可以與佛洛伊德的陽具匱乏對話的。

　　而在主體的創作意義上，讀者普遍看見，張愛玲總在硝煙滾滾的時代關心一些微不足道的事物，那些刻意的瑣屑，其實包藏了女性身體對陽性文學典律的反叛。這些不相干的紛繁物象，皆可上溯至失落的前置因素，連結童年記憶中母親的缺席，而以圓滿掩飾匱乏，絕不僅只於單純的「衣服狂」所致：

---

[106] 張小虹：〈戀物張愛玲——性、商品與殖民迷魅〉，《慾望新地圖》，頁11～12。

在這樣凶殘的，大而破的夜晚，給它到處開起薔薇花來，是不
能想像的事，然而這女人還是細聲細氣很樂觀地說是開著的。
即使不過是綢絹的薔薇，綴在帳頂，燈罩，帽沿，袖口，鞋
尖，陽傘上，那幼小的圓滿也有它的可愛可親。[107]

廖咸浩認為：「張愛玲寫小物件，自己也變成了眾人心目中的小物
件。」[108]但別小看這個小物件，小物件能顛覆大敘述，小物件的喜悅
裡能體現大處的悲哀。張愛玲周旋於前朝衣飾，執著於凝視古代的世
界，於是自己被釘在一個時間點上，鮮豔而悽愴，傷痛的記憶隱隱作
痛。根據佛洛伊德的觀點，如果舊衣服一如古物、古代源起之地、舊
世界等隱喻，再現了孩子與母親伊甸園式的關係；那麼從張愛玲的小
說看來，那矛盾不安的，被戀物掩埋在現代世界「物」的積累之下
的，正是傷痛場景所隱喻的母親的喪失與古老的世界。張愛玲似乎永
遠走不出家庭的桎梏，這母親出走的廢墟，從《傳奇》一直到《小
團圓》，其「家庭」故事盤桓一生，王德威便指出這構成了一種不斷
「重複」（repetition）、「迴旋」（involution）、「衍生」（derivation）的
敘事學。[109]羅蘭·巴特認為：「書寫服裝的目的似乎純粹是內省的：服
裝彷彿在自說自話（se dire），指稱自我，從而陷入了一種同義反覆
的境地。」[110]張愛玲如此同義反覆的自說自話，極具內省意義，是不
斷「指稱自我」的服裝學與敘事學，當年逃家雖然成功，卻永遠沒有

---

107 張愛玲：〈談音樂〉，《華麗緣——散文集一》，《張愛玲典藏》新版冊11，頁206～
　　207。

108 廖咸浩：〈迷蝶——張愛玲傳奇在台灣〉，楊澤編：《閱讀張愛玲——張愛玲國際研
　　討會論文集》（臺北市：麥田出版，1999年10月），頁486。

109 王德威：〈張愛玲再生緣——重複、迴旋與衍生的敘事學〉，劉紹銘、梁秉鈞、許
　　子東編：《再讀張愛玲》，頁7。

110 （法）羅蘭·巴特（Roland Barthes, 1915～1980）著，敖軍譯：《流行體系——符號
　　學與服飾符碼》（臺北市：桂冠圖書公司，1998年2月），頁28。

走出家庭的囹圄。重複的空間敘事在不同的文本間形塑出一種相同的精神內核，更深入的看，家庭對張愛玲而言就是一個母親缺席、失去、匱乏的地點，一段母親在家庭裡遭到閹割的歷史。《小團圓》的完成，代表著張愛玲拒斥與戀物情結的消退，正視了母親的不足，從而解放了母親，也解放了自己，它為讀者提供了一道細讀與重讀文本的關卡，它是一次經由追述過往而釐清動機的美學實踐。

　　張愛玲晚年著迷於考證人種學，即是想要追尋相承自母親的血統，她在〈《張看》自序〉中說：「我從小一直聽見人說她像外國人，頭髮也不大黑，膚色不白，像拉丁民族。……這本集子裡〈談看書〉，大看人種學，尤其是史前白種人在遠東的蹤跡，也就是納罕多年的結果。」[111] 張愛玲對人種學大有興趣的時期，其實正是獨居時期，也正是放棄物質、不斷搬遷的時期，因此我們不妨大膽假設：人種學的閱讀與研究，置換了張愛玲的戀物情結；如果真如佛洛伊德所言，失落是戀物的濫觴，張愛玲以戀物置換母親的失落，那麼重新回溯母親血脈的人種學，正是回歸母親身體的方式。填平匱乏，是對自我的修補與療癒。因此周芬伶在《孔雀藍調——張愛玲評傳》中表示：「納罕多年的心結使她追蹤人種的血統關係，我們不妨把它視為『西方中心主義』或『漢文化中心主義』的逆向書寫，也是一種母體的追尋。」[112] 原來，張愛玲在一九七○年代創作《小團圓》、閱讀人種學，以至臨終前推出《對照記》，是一系列的尋母工程，在依循的凝視與書寫之後，張愛玲不再缺憾失落，母親身體的匱乏由血脈的記憶補足。失落不再，何需戀物。

---

[111] 張愛玲：〈《張看》自序〉，《惘然記——散文集二》，《張愛玲典藏》新版冊12，頁114～115。

[112] 周芬伶：《孔雀藍調——張愛玲評傳》（臺北市：麥田出版，2005年9月），頁153。

第七章

結論：佛洛伊德視野下的張愛玲

佛洛依德的大弟子榮（Jung）給他的信上談心理分析，說有
個病例完全像易卜生的一齣戲，又說：「凡是能正式分析的病
都有一種美，審美學上的美感。」──見《佛洛依德、榮通信
集》，威廉麥檜（McGuire）編──這並不是病態美，他這樣
說，不過因為他最深知精神病人的歷史。別的生老病死，一切
人的事也都有這種美，只有最好的藝術品能比。[1]

張愛玲認為，不只是精神病患，人生最平凡的生老病死都具有一
種美感，如同最好的藝術品；連結張愛玲畢生在文學上追求的「蒼
涼」美學，這段文字就彷彿是在說，「人」是天地間至美的藝術品，
和諧，素樸，蒼涼，安穩，蘊含無限啟示。同樣對人有細緻觀察的佛
洛伊德指出，精神分析的關鍵在於性本能的壓抑，那是文明不斷向前
邁進的基石，其實佛洛伊德所說的性壓抑也正是張愛玲小說居高臨
下、觀察人性的一個重要視角，讓小說能精準刻畫生命蒼涼的源頭，
與佛洛伊德的學說之間具有對話空間。本書《佛洛伊德讀張愛玲》二
至六章便分別論析了其中的夢境、歇斯底里、伊底帕斯情結、自戀、
戀物等面向──

第二章「夢境論張愛玲」。張愛玲的小說，明顯的模擬了夢

---

[1] 張愛玲：〈談看書後記〉，《惘然記──散文集二》，《張愛玲典藏》新版冊12（臺
北市：皇冠文化出版公司，2010年4月），頁110～111。

境──架構上，仿照入夢與出夢的程式，迴旋於「現實─夢境─現實」的敘事框架；而既為一「夢」，在語言上，出現了諸多妝扮完成的「性」意象，其曖昧的潛在意義，推動了夢中「顯意」與「隱意」的對話。以「夢」為原形，張愛玲的小說在真實與虛假、現實與夢境、意識與潛意識之間，精準刻畫了複雜湧動的人性欲望，如夢荒涼的人生。

第三章「歇斯底里論張愛玲」。張愛玲筆下眾多人物皆出現幾近歇斯底里的症候：曹七巧的顫抖、暴怒、瘋狂，婁太太對鏡焦慮的自審，聶傳慶踢罵言丹朱……，無一不是源自性本能的壓抑。如果歇斯底里是人類躲避「性壓抑」最後的因應之道，那麼張愛玲透過小說展現的不是人性的瘡疤，而是人物處在自此之後絕無退路的文明道德處境中，一種不得不且說不得的無奈。張愛玲的姿態原是關注，而非揭示。對讀佛洛伊德歇斯底里觀點與張愛玲小說，確實能照見張愛玲小說以「性壓抑」的角度挖掘人性之深，及其所追求的「真實」為何。

第四章「伊底帕斯情結論張愛玲」。一九四三年七、八月發表的〈茉莉香片〉與〈心經〉，染有鮮明的佛洛伊德精神分析學的核心觀念──伊底帕斯情結。從佛洛伊德與克萊恩對伊底帕斯情結的論述來解讀張愛玲小說，可以看見張愛玲窺得的人性圖樣──自我分裂，以及閹割焦慮、情感矛盾、認同作用、罪疚感等伊底帕斯情結討論中的重要議題。若如張愛玲所言，文學必須成就普遍性與啟示性，那麼這一組伊底帕斯小說，似乎便能照見她當時體認到的人類潛意識中那最幽深之處。

第五章「自戀論張愛玲」。自戀是張愛玲小說人物普遍的心理質素，其中最鮮明者當屬〈紅玫瑰與白玫瑰〉的佟振保，其妄自尊大、視一切為身外物、生理疾病、被視妄想、暴力等癥候，在在是佛洛伊德論述自戀的重點；而鏡與窗，是張愛玲描繪自戀的修辭策略，並置

虛像與實像，藉由虛像的異化與啟示，可直指水仙人物自我分裂的精神特徵。佛洛伊德的自戀學說與張愛玲的小說人物之間，具有高度和諧的趣味。

第六章「戀物論張愛玲」。張愛玲的戀物書寫，不只在於凸顯對現實物件尤其是衣飾的依戀，藉由佛洛伊德的學說觀察，且能尋索出其中隱於言外的「性」意味，內藏男性人物的閹割焦慮，以及女性人物「作為戀物」的匱乏。《小團圓》裡的母女齟齬與戀物消退，則是宣告了張愛玲「拒斥」的結束，標誌其母親認同的轉折。挖掘張愛玲紛繁而執迷的戀物，當可呈現其對人的掌握與潛意識中的欲望想像。

張愛玲在佛洛伊德眼中，應該是個有趣的閱讀對象，其生命歷程傳奇周折、創作豐富多樣，均亟待讀者去挖掘其中潛藏的心理能量。佛洛伊德如果真有機會讀張愛玲，則應該不會反對，散文〈更衣記〉的結語是總結他們對話的絕佳起點：

> 秋涼的薄暮，小菜場上收了攤子，滿地的魚腥和青白色的蘆粟的皮與渣。一個小孩騎了自行車衝過來，賣弄本領，大叫一聲，放鬆了扶手，搖擺著，輕倩地掠過。在這一剎那，滿街的人都充滿了不可理喻的景仰之心。人生最可愛的當兒便在那一撒手罷？[2]

離題的收稍，歧出於〈更衣記〉評介中國衣裝的演進，卻正好創造了一段典型的張腔，承載了張愛玲式的人生體悟——當生命呼嘯飛衝，一掠而過，在維繫飲食、象徵人類生存繁衍的小菜市場裡，那一撒手的瀟灑，正是「一個美麗而蒼涼的手勢」[3]，此手勢既描畫小孩放手騎

2　張愛玲：〈更衣記〉，《華麗緣——散文集一》，《張愛玲典藏》新版冊11（臺北市：皇冠文化出版公司，2010年4月），頁30。

3　張愛玲：〈金鎖記〉，《傾城之戀——短篇小說集一》，《張愛玲典藏》新版冊1（臺

車的自若，又雙關撒手人寰而凸顯眾人對死亡的「不可理喻的景仰之心」，其景仰之浩大，之充盈而不可理喻，即觸及了潛意識的特質及運作方式，那是人類自行控制不了的本能，在普通人汲汲求生、延續族類之餘，竟也對死亡產生了欣羨之情。死亡的可愛可敬，「人生最可愛的當兒便在那一撒手罷」，彷彿是佛洛伊德晚年提出的「死亡本能」（death instinct）的體現。本章擬由「死亡本能」出發，連結「死亡本能的召喚」、「現代文明的壓抑」、「自我分裂的迷惘」、「強迫重複的復歸」，詮釋張愛玲作品依隨創作主體生命歷程的改變，以文明以個體的張弛，以生以死的迴旋，總結佛洛伊德視野下的張愛玲圖像。

一 死亡本能的召喚

> 「剛才那是炸彈！」……
>
> 七張八嘴，只有九莉不作聲，坐在那裡一動也不動，冰冷得像塊石頭，喜悅的浪潮一陣陣高漲上來，沖洗著岩石。也是不敢動，怕流露出欣喜的神情。[4]

佛洛伊德在一九二〇年發表的《超越快樂原則》中，正式提出了「死亡本能」，而與「生存本能」（life instinct）相對——每個人身上都有一種趨向毀滅的本能衝動。人類從誕生日開始，死亡本能便引

北市：皇冠文化出版公司，2010年6月），頁281。

[4] 張愛玲：《小團圓》，《張愛玲典藏》新版冊8（臺北市：皇冠文化出版公司，2009年3月），頁52～53。

導著生命趨向死亡，以恢復無生命狀態為目的。[5] 趨向死亡，正是張愛玲筆下人物的精神概括。連結一九四三年〈第一爐香〉「薇龍的一爐香，也就快燒完了」[6]，到一九九四年最後著作《對照記》「等我死的時候再死一次」[7] 的警句，死亡，一直是張愛玲生命認識中一個隱蔽的目的；或者說，那是張愛玲所謂的人類在思想背景裡始終擺脫不了的「惘惘的威脅」[8]。威脅總是存在，張愛玲的文字於是處處飄散死亡的氣息，照見人類在腐臭卑瑣中掙扎求生的形跡，生命一概「一級一級，走進沒有光的所在」[9]，拾級而上之後，眼前竟是更加黑暗無望。唐文標在《張愛玲研究》即指出，「她眼中看見了一個死世界，她筆下也只是一個死世界」，「『張愛玲世界』是一個死世界，沒有希望，沒有下一代，沒有青春，裡面的人根本不會想到明天」[10]。姑且不論此負面評價的說服力，唐文標的觀點，倒是直指出張愛玲作品貼近佛洛伊德死亡本能的傾向。

　　所謂本能，原指人類先天具有的能力，但據佛洛伊德的說法：本能指的是有機體生命中固有的一種恢復原初狀態的衝動，其活動中心在本我，本我因而作為各類本能總合的儲藏室，尤其是性欲。[11]

---

[5]　（奧）西格蒙德・佛洛伊德（Sigmund Freud, 1856～1939）：《超越快樂原則》；車文博主編：《弗洛伊德文集》，冊6（長春市：長春出版社，2004年5月），頁33。

[6]　張愛玲：〈第一爐香〉，《傾城之戀——短篇小說集一》，《張愛玲典藏》新版冊1，頁60。

[7]　張愛玲：《對照記》，《對照記——散文集三》，《張愛玲典藏》新版冊13（臺北市：皇冠文化出版公司，2010年4月），頁47。

[8]　張愛玲：〈《傳奇》再版的話〉，《華麗緣——散文集一》，《張愛玲典藏》新版冊11，頁176。

[9]　張愛玲：〈金鎖記〉，《傾城之戀——短篇小說集一》，《張愛玲典藏》新版冊1，頁284。

[10]　唐文標：《張愛玲研究》（臺北市：聯經出版事業公司，1984年2月），頁44、56～57。

[11]　佛洛伊德：《超越快樂原則》，車文博主編：《弗洛伊德文集》，冊6，頁29。

性欲在佛洛伊德本能結構中一直是統治者，是人類心理機制的本性；而性欲的壓抑在張愛玲筆下也一直是共相，是「性反常」的根源，因此小說中的受虐、施虐、自虐、伊底帕斯情結、歇斯底里症、自戀、戀物等，其實皆是性壓抑的各種面向，這是張愛玲認定的普遍人性的幽暗，對生命真實圖案的「臨摹」[12]。如同炎櫻在《傳奇》再版設計的封面，那「古綢緞上盤了深色雲頭，又像黑壓壓湧起了一個潮頭，輕輕落下許多嘈切喊嚓的浪花」，明顯是張式人生隱喻，「有的三三兩兩勾搭住了，解不開；有的單獨像月亮，自歸自圓了；有的兩個在一起，只淡淡地挨著一點，卻已經事過境遷」，便在浪花的湧起落下間，生命自顧自的走過了，因此張愛玲說，以此「代表書中人相互間的關係，也沒有什麼不可以」[13]，當然，以綢緞上黑暗雲紋的起落來象徵芸芸眾生趨向死亡的生命終局，其實更是妥貼。

　　雖然生命終歸寂滅，雖然死亡本能對列於以性本能為主要特徵的生命本能，張愛玲筆下的平凡生命，卻都還是代表著「時代的總量」[14]，汲汲營營、軟弱而普通的存在著。張愛玲依循生命本能，去觀察壓抑性的性欲組織的存在樣貌，這是一條以生命本能側寫死亡本能的路徑，因而在諸多著重現實求生的故事裡，死亡氣味「呼之欲出」，是故讀者看見了〈紅玫瑰與白玫瑰〉的佟振保第二天起床變成好人，卻逐漸走向自戀者的毀滅；〈金鎖記〉的曹七巧守得金鎖，情

12　張愛玲：「生命也是這樣的罷──它有它的圖案，我們惟有臨摹。」本句原見《傳奇》再版序言（上海市：雜誌社，1944年9月），今臺灣皇冠版〈《傳奇》再版的話〉一文已刪除此語。此處引用見〈《傳奇》再版序〉，金宏達、于青編：《張愛玲文集》，卷4（合肥市：安徽文藝出版社，1992年7月），頁137。

13　張愛玲：〈《傳奇》再版序〉，金宏達、于青編：《張愛玲文集》，卷4（合肥市：安徽文藝出版社，1992年7月），頁137。

14　張愛玲：〈自己的文章〉，《華麗緣──散文集一》，《張愛玲典藏》新版冊11，頁116。

欲卻無處實踐，以致性格扭曲，令人毛骨悚然；〈傾城之戀〉的白流蘇迫不及待的奔向婚姻以求生計，生命將成燒焦蜷曲的鬼影子；〈封鎖〉的吳翠遠一生循規蹈矩，竟只活那麼一剎那；〈第二爐香〉的羅傑安白登逃脫不了社會的集體制裁，孤立無援，自殺以終；〈小艾〉在父權體制下勞碌犧牲，且遭強暴，臨死前依然咬牙含恨……，張愛玲的所有小說人物，均可視為死亡本能的外化。

然而張愛玲筆端呈現的死亡本能，畢竟和佛洛伊德的有所不同。佛洛伊德的二元思維，認為生命中總有一組相對的力量在彼此鬥爭，那是死的本能與生的本能的鬥爭。他在自傳中表示：「我在『生的本能』（Eros）概念之下把自我保存和物種保存諸本能結合起來，然後把它和一種默默活動的『死亡或毀滅的本能』（instinct of death or destruction）相比較。……生命呈現給我們的這幅圖景是由於生的本能和死的本能共同存在而又相互對立的結果。」[15]對佛洛伊德而言，生命與死亡本能永遠在進行一場鬥爭，這是既定的生命圖像。《超越快樂原則》又言：在有機體的生命中，似乎有一種擺動的節律，一組本能向前壓，以求盡可能快速的到達生命的最終目標；而另一組本能則在發展到某一階段時，就返回到某一點，只是又從某一點走了一段同樣的路程，從而延長了旅程。[16]去者已逝，來者可追，生命或許如佛洛伊德所說，是一場尖銳的生存鬥爭，生命圖像即生存本能與死亡本能相互鬥爭的成果——生存本能，依循快樂原則的運作，注重來自機體內部的刺激；而死亡本能，則超越快樂原則的運作，注重來自機體外部的刺激。佛洛伊德認為用死亡本能來形成超我，可確保文明的道德，而使快樂原則屈從於現實原則。這很容易讓人聯想到張愛玲說的

---

[15] 佛洛伊德著，游乾桂校閱：《佛洛依德自傳》（臺北市：桂冠圖書公司，1992年），頁59。

[16] 佛洛伊德：《超越快樂原則》，車文博主編：《弗洛伊德文集》，冊6，頁31。

「認真而未有名目的鬥爭」[17]；但是張愛玲在〈自己的文章〉中卻說：「倘使為鬥爭而鬥爭，便缺少回味。」[18]那麼張愛玲是看清了何種人生底蘊，才如此忠誠的戀戀於一個個趨向寂滅而富涵回味的生命？答案在於：蒼涼是一種啟示。[19]蒼涼在張愛玲，是一種美，一種人生的真實。讀者必須注意，張愛玲筆下這些趨向寂滅復又凸顯其「一級一級上去」的掙扎故事，強調的是生存本能與死亡本能的相互參雜、混同為一，而更著重在死亡本能中的性成分，愛欲之屈從於死亡本能，這是張愛玲形構的人生終極的安穩與和諧。因此張愛玲說：「人是為了要求和諧的一面才鬥爭的。」[20]為了和諧而鬥爭，典型的一貫的「蔥綠配桃紅」[21]的人性論，張愛玲的人性深度，即在於在性本能的壓抑下，存在著一則則死亡本能與生存本能參差對照的故事。

　　每個人以自己的方式趨近死亡。死亡無形無相，在生活中是時時刻刻的，人隨時會產生生命終結的預感，此預感會形成一種原始挫折，為所有的力比多關係帶進了壓抑成分，而成為其他挫折的來源。當佛洛伊德將希望置諸愛欲的力量，張愛玲更凸顯的卻是愛欲的失敗，在生活中無法實踐，故而提高了普通人求生故事裡的死亡本能的價值，在一生一死之間映照其「陰暗而明亮」[22]的人生認識。

17　張愛玲：〈自己的文章〉，《華麗緣——散文集一》，《張愛玲典藏》新版冊11，頁116。

18　張愛玲：〈自己的文章〉，《華麗緣——散文集一》，《張愛玲典藏》新版冊11，頁115。

19　張愛玲：〈自己的文章〉，《華麗緣——散文集一》，《張愛玲典藏》新版冊11，頁115。

20　張愛玲：〈自己的文章〉，《華麗緣——散文集一》，《張愛玲典藏》新版冊11，頁114。

21　張愛玲：〈自己的文章〉，《華麗緣——散文集一》，《張愛玲典藏》新版冊11，頁115。

22　張愛玲：〈自己的文章〉，《華麗緣——散文集一》，《張愛玲典藏》新版冊11，頁

死亡本能作為一種欲求，企圖恢復事物最初的狀態，因而較生存本能更安穩、更基本、更普遍，而安穩、基本、普遍，原是張愛玲寫作的美學追求。當生存本能處心積慮的破壞死亡本能，張愛玲看見了人類永遠無法解決的問題，那是現代文明對於人類欲望的「壓抑」（suppression）。

二　現代文明的壓抑

> 這裡是什麼都完了。剩下點斷堵頹垣，失去記憶力的文明人在黃昏中跌跌蹌蹌摸來摸去，像是找著點什麼，其實是什麼都完了。[23]

張愛玲的筆下人物，總是踉踉蹌蹌、鬱鬱蒼蒼，擁有形形色色的跨不出的心理癥結，以佛洛伊德的學說來看，這些癥結源自現代文明對人性的壓抑。如果，文明發展的過程就是忽略、剝奪人性的過程，在文明的限制與本能的要求之間，永恆存在著無法解決的鬥爭；如果，壓抑產生文明，文明的發展得自壓抑的加強，那麼這樣的文明依循此路發展到底，便容易導致人類的極度異化甚至自我毀滅，走到「其實是什麼都完了」的絕境。

張愛玲在其人性書寫中，面對如此的異化特質，時時流露出對現代文明的不安。讀者不會忘了散文〈談畫〉中提到塞尚的一幅一八六三年的畫作，一名中老年男子坐在高背靠椅上，兩隻悠悠下垂

116。

[23]　張愛玲：〈傾城之戀〉，《傾城之戀——短篇小說集一》，《張愛玲典藏》新版冊1，頁218。

的手過長,「那白削的骨節與背後的花布椅套相襯下,產生一種微妙的,文明的恐怖」[24];讀者更不會忘了〈傾城之戀〉那堵極高極高望不見邊的牆,「牆是冷而粗糙,死的顏色」[25]。人的個體變化在巨大的文明運作機制中微不足道,造成個人思想背景中惘惘威脅的,固然是來自於文明的崩壞,其實更多的是文明與人類本能之間的衝突——愛欲和攻擊的衝突、生的本能與死的本能的衝突,不斷的衝突折人心魂,張愛玲小說的人物塑造與思想意識,在在反應著對文明發展的憂心忡忡:

> 個人即使等得及,時代是倉促的,已經在破壞中,還有更大的破壞要來。有一天我們的文明,不論是昇華還是浮華,都要成為過去。如果我最常用的字是「荒涼」,那是因為思想背景裡有這惘惘的威脅。[26]

便是在這樣的時代與時間的威脅下,張愛玲企圖凸顯現代文明對現代人的破壞。如此看來,佛洛伊德與張愛玲的文明觀,大致上是一致的。文明發展的極致,發生在人對人彼此征服的顛峰,那是人類物質與精神成就的高點,使人相信可以建立起一個真正自由的世界,但是人類卻會在文明發展系統的影響下,成為神經症患者,這是文明的代價。佛洛伊德在《一個幻覺的未來》表示:神經症患者是用反社會性的行為來反應這些挫折,其本能願望包含亂倫、同類相食、殺人。[27]張愛玲同樣看見了這點,因而筆下出現了一群類似神經症患

---

[24] 張愛玲:〈談畫〉,《華麗緣——散文集一》,《張愛玲典藏》新版冊11,頁235。

[25] 張愛玲:〈傾城之戀〉,《傾城之戀——短篇小說集一》,《張愛玲典藏》新版冊1,頁198。

[26] 張愛玲:〈《傳奇》再版的話〉,《華麗緣——散文集一》,《張愛玲典藏》新版冊11,頁176。

[27] 佛洛伊德:《一個幻覺的未來》,車文博主編:《弗洛伊德文集》,冊8,頁122。

者的人物，非正常、反社會，甚至變態，無論徹底或不徹底，總稱之
為「瘋狂」。她在〈自己的文章〉中說，「這些年來，人類到底也這
麼生活了下來，可見瘋狂是瘋狂，還是有分寸的」[28]；〈金鎖記〉中亦
有「這是個瘋狂的世界」[29]的觀察；〈到底是上海人〉說上海人是「傳
統的中國人加上近代高壓生活的磨練」，是「新舊文化種種畸形產物
的交流」[30]。瘋狂的人類，縱然身處於現代文明的高壓下，畢竟還是接
受控制，在生命本能與死亡本能的鬥爭中循規蹈矩的做好一名「文明
人」。諷刺的是，愛欲（Eros）是人類文明之母，文明的利益當前，
壓抑著源源不絕的愛欲，因此愛欲的圖像遭受破壞，張愛玲筆下的愛
欲世界於是百孔千瘡。

　　百孔千瘡何其不堪，卻真實的留下了本我、自我、超我鬥爭的紀
錄與想像，這是張愛玲作品中極為珍貴的資產。文明雖然壓抑了人類
的社會生存，也壓抑了人類的生物生存，亦即本能結構；然而這樣的
壓抑，卻是人類向前進步的前提。人類本能與社會文明永遠處於矛盾
衝突之中，文明既對人類有益，是人類知識能力與調節人際關係的規
章制度的統一體，但同時又否定人性，每一種文明都必須奠基於對本
能的壓制之上。文明作為人類的高度成就，有其正向價值，這些正向
價值夾帶了一系列的壓制機制，逐漸內化為人的超我，而留存於文明
各式的禁律之中。

　　以本我、自我、超我的鬥爭為創作主題，張愛玲勢必不會否認，
人的歷史就是人的本能被壓抑的歷史。強大的超我限制性欲，無法

28　張愛玲：〈自己的文章〉，《華麗緣——散文集一》，《張愛玲典藏》新版冊11，頁
　　115。

29　張愛玲：〈金鎖記〉，《傾城之戀——短篇小說集一》，《張愛玲典藏》新版冊1，頁
　　271。

30　張愛玲：〈到底是上海人〉，《華麗緣——散文集一》，《張愛玲典藏》新版冊11，
　　頁12。

接受性欲作為人類尋求快樂的根源,而文明迄今還能忍受性欲的緣由,即性欲能使人類種族繁衍,迄今仍無法被替代。男性的心理能量有限,在面對外界艱難的任務時,必須分配其力比多,「在很大程度上把用於文明目的的東西從女人和他的性生活裡撤出來」[31],因此文明亟需大量受目的制約的力比多,當然就必須限制只追求感官愉悅的性生活,這是現代文明的特質;至於女性,佛洛伊德認為:女人敵視文明,「她們很快就和文明傾向對立起來,並四處散布她們的阻礙和起限制作用的影響—— 這些女人最初曾用她們的愛的要求奠定了文明的基礎」[32]。佛洛伊德發現到,許多女人對文明採取敵對的態度,不滿於現存文明的狀態。所謂正常女人的性欲模式,並不符合自然的生物性需要,文明除了限制其性欲,更禁止亂倫的對象選擇。張愛玲觸及性與亂倫這些題材,在某種程度上,可視為是女性對現實的反抗。因此她寫下〈心經〉中許小寒與許峰儀的父女戀,以及寫人在各種踰越的情況下所遭受的欲望創傷;而就算在體制範疇內,女性得到了婚姻的保障,而愛情也早已是猥瑣不堪,愛情若還有絲毫存在的可能,也必須接受一夫一妻(多妻)的父權體制,那當然是一整套的律法、禁忌、習俗、社會規範等所形成的種種約束。這因此使得〈留情〉的淳于敦鳳不快樂,〈鴻鸞禧〉的婁太太不快樂,〈小艾〉的五太太、〈連環套〉的霓喜都不快樂,小說中眾多的「她們」都是內化律法而使得超我嚴厲而僵化的道德執行者,僵化的自我隨即導致自我的僵化,其表現就是在奇異的時間和地點產生奇異的行為和態度。淳于敦鳳看見米先生「半禿的後腦勺與胖大的頸項連成一片」對照「淡藍的天上出現一段殘虹」,出現了「又是一剎那,又是遲遲的」[33]的感覺;婁太

31　佛洛伊德:《文明及其缺憾》,車文博主編:《弗洛伊德文集》,冊8,頁193。

32　佛洛伊德:《文明及其缺憾》,車文博主編:《弗洛伊德文集》,冊8,頁193。

33　張愛玲:〈留情〉,《紅玫瑰與白玫瑰——短篇小說集二》,《張愛玲典藏》新版冊

太「幾乎把臉貼在鏡子上，一片無垠的團白的腮頰」[34]，一陣溫柔的牽
痛；五太太「時而似咳嗽非咳嗽的在鼻管和喉嚨之間輕輕的『唷！』
一聲，接著又『唷唷』兩聲」[35]，歇斯底里式的焦慮；霓喜站起身時膝
蓋骨一響，「她裡面彷彿有點什麼東西，就這樣破碎了」[36]，那是女性
遲暮的悲涼之聲──她們痛苦而犧牲的形象不是一剎那而是一輩子，
長久處在強烈的自我矛盾中，而幾乎可以用愛欲與攻擊本能的永恆鬥
爭來解釋了。在文明的進化中，充滿著生的本能（愛欲）與死的本
能（攻擊）的鬥爭，現代文明造成了攻擊本能的犧牲，因攻擊本能反
對文明，而文明又建築在愛欲之上，文明所寄望於她們的那些犧牲，
便成為沉重的負擔，從快樂原則到現實原則的轉移，是一個巨大的創
傷，潛意識中深藏著快樂原則的追求目標而無能實踐，使她們深受挫
折。

　　這其實是人類必須面對的普遍的問題。廖咸浩〈迷蝶──張愛
玲傳奇在台灣〉一文，以「上海性」的無所不在來說明張愛玲作品
中的「普遍的境界」，那是人類文明的本質，也是文明想要藉國族、
社會、道德甚至藝術等大敘述加以壓抑的「癥狀」──「張愛玲不過
是在無意間實踐了拉崗對佛洛伊德名言 "Wo es war, soll ich werden"
的解釋：『我必須從無意識主體（unconscious subject）成為存在
（being）的地方，重見天日』。」[37]那「惘惘的威脅」，那無所不在的上

2，頁 260。

[34]　張愛玲：〈鴻鸞禧〉，《紅玫瑰與白玫瑰──短篇小說集二》，《張愛玲典藏》新版
　　　冊 2，頁 123。

[35]　張愛玲：〈小艾〉，《色，戒──短篇小說集三》，《張愛玲典藏》新版冊 3，頁 112。

[36]　張愛玲：〈連環套〉，《紅玫瑰與白玫瑰──短篇小說集二》，《張愛玲典藏》新版
　　　冊 2，頁 74。

[37]　廖咸浩：〈迷蝶──張愛玲傳奇在台灣〉，楊澤編：《閱讀張愛玲──張愛玲國際研
　　　討會論文集》（臺北市：麥田出版，1999 年 10 月），頁 498。

海性，或許即來自那無可名狀、不可捉摸的心靈幽微之處，如影隨形。如此的上海癥狀，張愛玲在〈我看蘇青〉中是這樣看代人類文明的本質：

> 我忽然記起了那紅綠燈的繁華，雲裡霧裡的狗的狂吠。我又是一個人坐在黑房裡，沒有電，磁缸裡點了一支白蠟燭，黃磁缸上凸出綠的小雲龍，靜靜含著圓光不吐。全上海死寂，只聽見房間裡一隻鐘滴答滴答走。[38]

戰爭所導致的殘敗黑暗，是人類攻擊本能與自我毀滅本能的最大體現。戰爭中，人類的存在一片混沌，身不由己，可能受制於窗外的硝煙滾滾，也可能是為內部的死亡本能所驅使。戰爭是人類破壞本能的表現，戰爭的根源在於人類潛意識深處的死亡本能，完全是一件自然而然發生的事，古今中外一概如此，有著穩固的生物學基礎，因此幾乎不可避免。佛洛伊德觀念中的戰爭起因於人類天生的本能衝動，而未見政治、經濟、種族方面的考量，似嫌局限；然而其認為戰爭不可避免的看法，確實也點出了人類在文明發展、利益爭奪上的悲哀。在整個世界的死寂裡，張愛玲卻對文明懷抱眷戀，矛盾的接受著文明給予的便利──「一隻鐘滴答滴答，越走越響。將來也許整個的地面上見不到一隻時辰鐘。夜晚投宿到荒村，如果忽然聽見鐘擺的滴答，那一定又驚又喜──文明的節拍！」[39]由荒村時鐘的滴答所興起的「又驚又喜」可以想見現代人習於以現代文明保護生命的心理。現代文明依賴於知識、理性、權威，提供一種生存的必然性以延續人類的生

---

38 張愛玲：〈我看蘇青〉，《華麗緣──散文集一》，《張愛玲典藏》新版冊11，頁275。

39 張愛玲：〈我看蘇青〉，《華麗緣──散文集一》，《張愛玲典藏》新版冊11，頁276。

命，看起來張愛玲頗能享受這種文明的喜悅，以致「蠻荒的日夜，沒有鐘，只是悠悠地日以繼夜，夜以繼日，日子過得像軍窨的淡青底子上的紫暈，那倒也好」[40]。這是面臨人類文明崩毀的冷眼微笑嗎？佛洛伊德較忽視文明發展的物質根源，偏重本能在文明發展中的功能，尤其是對立了本能與文明；而在張愛玲，本能與文明似乎不那麼截然劃分，人未必要選擇敵視欲望或文明，最佳的生命狀態應該是在「將來的荒原下，斷瓦頹垣裡」[41]活成一名蹦蹦戲的花旦，夷然的將生命延續下去。

　　顯然，在對世界理性的認識上，佛洛伊德與張愛玲不同。歐內斯特・瓊斯在《弗洛伊德自傳》導言中指出，佛洛伊德待人以二分法判斷，他認為人只有好人和壞人兩種。[42]佛洛伊德不僅抱持頑固的二元論，以典型的辯證理論路線，將學說建立在兩種力量的相互作用之上，在人性與文明的認識上也堅持二元觀點，他認為每一個人都是文明的敵人，性欲與文明之間、快樂原則與現實原則之間，具有永恆存在的衝突；張愛玲卻看見了破壞秩序之必然，以性反常的故事駕馭普遍的人生觀：

　　　　我發現弄文學的人向來是注重人生飛揚的一面，而忽視人生安
　　　　穩的一面。其實，後者正是前者的底子。又如，他們多是注重
　　　　人生的鬥爭，而忽略和諧的一面。[43]

---

[40] 張愛玲：〈我看蘇青〉，《華麗緣——散文集一》，《張愛玲典藏》新版冊11，頁276。

[41] 張愛玲：〈《傳奇》再版的話〉，《華麗緣——散文集一》，《張愛玲典藏》新版冊11，頁178。

[42] （英）歐內斯特・瓊斯（Emest Jones,1879～1958）：〈《弗洛伊德自傳》導言〉，佛洛伊德著，王思源譯：《弗洛伊德自傳：人類精神捕手》（哈爾濱市：黑龍江教育出版社，2011年11月），頁7。

[43] 張愛玲：〈自己的文章〉，《華麗緣——散文集一》，《張愛玲典藏》新版冊11，頁

當人類的本能需要與文明社會的提升互相牴觸，佛洛伊德呈現飛揚的
對立，主張文明的基礎在於征服人類的本能，快樂原則與現實原則的
對立是永恆的；而張愛玲筆下的人物並不如佛洛伊德所說的敵視文
明，尤其是女性，雖然身陷父權體制的困境，但她們卻懂得如何與文
明和諧共處、妥協退讓。張愛玲選擇書寫和諧與安穩，凸顯人在文明
中「影子似的沉沒下去」[44]的恐怖，以追求回味與蒼涼的美，因為那
是素樸的永恆的啟示，存在於一切時代。

　　強調文明的要求，為的是凸顯人的困境。張愛玲在〈心經〉中強
調了人與環境的空間關係是：天，小寒，上海。象徵現代文明的上海
處在小寒之下，小寒在構圖上介入與破壞的意義不言可喻。現代文明
統治下的性欲，以一夫一妻制為軌道，以繁衍後代為進程，而非原始
的「從身體的某些區域獲取快感」[45]的倒退；而張愛玲的小說選擇書
寫隱隱流動著性壓抑甚至性反常，性反常行為通常在嚴密的壓抑中企
圖獲取本能快感，反對將性欲納入父權體制的生殖秩序，因而似乎比
正常的性欲實踐更能滿足性欲的需求。張愛玲以文字描摹人的困境，
可視為是潛意識中對過度的文明的反抗；張愛玲筆下死亡本能的種種
外化，以及基於文明壓抑所形成的各種神經症的反常行為，無不也同
時參與了這樣的反抗。文明的道德若是壓抑了本能，那麼去細心描摹

114。

[44]　張愛玲：〈自己的文章〉，《華麗緣——散文集一》，《張愛玲典藏》新版冊11，頁
116。

[45]　佛洛伊德歸結精神分析的主要發現在於：一、性生活並不僅僅開始於青春期，而是
在出生後不久就有了明顯的表現；二、必須明確區分「性」的概念和「生殖器」的
概念，前者更為廣泛，包括許多不涉及生殖器的活動；三、性活動，包括從身體的
某些區域獲得快感的功能，這一功能後來才成為生育的輔佐。快感和生育功能經
常是不一致的。佛洛伊德：《精神分析綱要》，車文博主編：《弗洛伊德文集》，冊
5，頁210。

被壓抑了的本能圖像，在某種程度上則意味了對父系文明道德的抗拒。這樣的書寫，對於大敘述或抗戰文學或統治邏輯的破壞性，正好反向證明了其所欲破壞的現代文明才是最具有破壞性的。其實原始父親為文明的發展貢獻卓著，為了自身的利益，建立集體秩序，限制快樂，以換來文明的前進。在這一點上，張愛玲筆下那盛氣、具有暴力傾向與支配性的父親形象，不能說與之完全無關。面對建立象徵秩序的父親，張愛玲尤其呈現了作為女兒的自我分裂。

三　自我分裂的迷惘

> 這一邊的她是這樣想：「我希望她死！我希望她快點兒死！」那一邊卻默然微笑著望著她，心裡想：「你怎麼能夠這樣的卑鄙！」那麼，「我照她說的──等著。」「等著她死？」「……可是，我也是為他想呀！」「你為他想，你就不能夠讓他的孩子恨他，像你恨你的爸爸一樣。」[46]

愛欲與死亡本能的對立，來自於共同根源的分化。父權體制定義了性欲與秩序，統一了快樂原則與現實原則，奠定了人類歷史的生物基礎與社會基礎，也從而呼喚出愛欲與恨意。如果人類的幸福，指的是前歷史的願望在後來的實現，那麼文明就是一種對願望的遏制，那最強烈的幼時願望──伊底帕斯。

張愛玲在一九四三年發表「沉香屑」系列小說（〈第一爐香〉、〈第二爐香〉）之後，緊接著又推出兩篇以伊底帕斯情結為題材的小

---

[46] 張愛玲：〈多少恨〉，《色，戒──短篇小說集三》，《張愛玲典藏》新版冊3，頁73。

說——〈茉莉香片〉與〈心經〉，這兩篇在佛洛伊德視野的觀照下顯得非同小可，創作主體分別以男女各一性別身分去處理戀母與戀父的問題，雖然其中虛構成分居多，然而小說創作是創作主體的一種幻想的實踐，作為一種現實行為與意識活動，同時也作為擺脫現實桎梏的潛意識活動，它在某種程度上能連結意識上的最高產物藝術追求，以及潛意識上的最深層次即欲望圖像——是故，兩篇伊底帕斯小說以及張愛玲小說人物的總體精神狀態，必然夾帶張愛玲自己潛意識中的父母情結，而其中呈現了精神分析學中典型的「自我分裂」。

〈茉莉香片〉的聶傳慶，在生理與心理上混雜男女性別特徵，擺盪在戀母與戀父之間，其戀之父，非指親生父親，而是母親原來應該嫁的對象言子夜；而其分裂，則展現在聶傳慶對言丹朱的認同上，聶傳慶一直以為當初若是母親嫁給言子夜，如今就沒有言丹朱，而自己就可以成為言丹朱；因此，小說結尾聶傳慶揍了言丹朱，在象徵意義上，便是納西瑟斯式的自我分裂後的自我毀滅。〈心經〉的許小寒與段綾卿兩人外型相像，立在鏡前讓人以為是同一人，自我分裂意味昭然若揭，結尾象徵戀父發展的兩條路徑：其一結束伊底帕斯情結，離開父親，面對現實；其一與父親結合，繼續沉溺於伊底帕斯願望，可視為同一主體在意識與潛意識上的不同選擇。

張愛玲伊底帕斯小說的如此呈現，或隱或顯的透過聶傳慶、言丹朱、許小寒、段綾卿的象徵性分裂，洩露了潛意識中面對父母問題時的矛盾；伊底帕斯願望作為個體生命的核心，其中的自我分裂必可衍生成各色小說人物的形象——〈金鎖記〉的曹七巧發出「什麼是真的？什麼是假的？」的困惑，遂分裂成玻璃窗前的意識主體與玻璃窗內的鬼魅生存；〈紅玫瑰與白玫瑰〉的佟振保一分為二，其一在公車司機旁的小鏡裡流淚，其一鏡外冷眼旁觀；《怨女》的柴銀娣透過對窗玻璃的虛像，發現自己早在十六年前已經上吊身亡……，分裂之

中，符合社會期待的，通常予以保留，同時必須揚棄違反體制規範的
本能欲望，任其荒廢。佛洛伊德在《文明及其缺憾》中表示：個體的
發展對我們來說似乎是兩種欲望相互作用的產物，一種是追求幸福
的欲望，通常稱為「利己主義的」（egoistic）；一種是趨向於結合社
會中其他人的欲望，稱之為「利他主義的」（altruistic）；在個體發展
的過程中，主要是滿足利己主義的欲望；而在文明發展的過程中，最
重要的目的是將每個個人組合成一個統一體，因此幸福就被推到後面
去了。[47]在舊與新、傳統與現代、黑暗與光明的無盡鬥爭裡，現代人
遂在文明的傾軋與欲望的追逐中迷失了。現代文明一如繁弦急管，人
的生命多半破碎而虛幻，急於尋求自我認同，於是在時代的列車上，
「忙著在一瞥即逝的店鋪的櫥窗裡找尋我們自己的影子」[48]便成生命虛
無的隱喻，「自我分裂」也就成為張愛玲刻畫人性的基本刀工。

　　文明的集體生活是人類避免痛苦的方式，卻同樣帶來痛苦。所謂
「利己主義的」心理力量，與現實原則對立，遂遭壓抑而降入潛意識
中，與自我進行鬥爭。佛洛伊德表示：當一種本能傾向受到壓抑，力
比多成分就會變成症狀，其攻擊成分就會形成一種罪疚感，甚至形成
神經症。神經症的症狀，即是對未實現的性願望的替代滿足，或許每
一種神經症都保留了一定數量的潛意識罪疚感，罪疚感又反過來通過
懲罰而強化了這些症狀。[49]由此讀者可以理解，張愛玲筆下出現諸多
反常行為的原因，這是張愛玲著力的議題。如果罪疚感在文明發展的
過程中至關重要，增強罪疚感而喪失幸福，便能換得文明的進步；那
麼張愛玲便是藉由罪疚感來刻畫現代人的心理矛盾，呈現將道德、法
律、禁忌、戒規、壓抑等內化於個體生命之後，超我對自我的內向的

---

[47] 佛洛伊德：《文明及其缺憾》，車文博主編：《弗洛伊德文集》，冊8，頁219。
[48] 張愛玲：〈燼餘錄〉，《華麗緣——散文集一》，《張愛玲典藏》新版冊11，頁76。
[49] 佛洛伊德：《文明及其缺憾》，車文博主編：《弗洛伊德文集》，冊8，頁218。

破壞性，在這破壞性當中，張愛玲巧妙的連結了死亡本能的召喚，這本是張愛玲又懼怕又迷戀的。

所以不難理解，〈第一爐香〉的葛薇龍為何要一個無愛的婚姻；〈金鎖記〉的曹七巧為何要身著龍袍，捧著自慰用的大紅熱水袋，背著光，令人毛骨悚然的站在樓梯上；〈紅玫瑰與白玫瑰〉的佟振保為何要握著傘柄，不停的打碎自己水中的倒影；〈茉莉香片〉的聶傳慶為何要毆打言丹朱，……眾多小說人物的自毀傾向，其實帶有自我破壞的滿足與快樂。馬爾庫塞在《愛欲與文明──對弗洛伊德思想的哲學探討》中表示：「內向的破壞性構成了成熟人格的道德核心。良心，這個文明個體最珍愛的道德力量也滲透著死亡本能；超我執行的絕對命令依然是一種自我破壞的命令，雖然它也造就了人格的社會生存。」[50]張愛玲小說中的人物，多是具有嚴厲超我的道德者、良心者，良心若是本能克制的結果，或者由外部強加的本能克制產生了良心，那麼良心後來又要求產生更多的本能克制。我們未被滿足的每一個攻擊衝動都被超我接受下來，從而進一步增強了超我對自我的攻擊性，若再加上外部權威的作用，那麼良心從一開始就會因壓制攻擊性衝動而形成，隨著時間進展，又被同一種新的壓制強化。人類每一次偏執的自我克制甚至自殘自壞，都是良心的動態泉源，當破壞本能藉由超我轉向自身，遂成就了死亡本能的滿足。這是曹七巧躺在煙舖上流淚的原因，這是佟振保流淚如「靜靜的笑」的原因，這也是張愛玲筆下所有人物「一級一級，走進沒有光的所在」的原因。對某一方面說是痛苦，但對另一方面而言卻是歡愉滿足，這又是另外一層的「參差對照」了。

---

50 （美）赫伯特・馬爾庫塞（Herbert Marcuse,1898～1979）著，黃勇、薛民譯：《愛欲與文明──對弗洛伊德思想的哲學探討》（*Eros and Civilization*）（上海市：上海譯文出版社，2005年7月），頁39。

　　人類以死亡本能形成超我，導致自我屈服於現實原則，從而確保了文明與道德。在張愛玲眼中，沒有極善極惡，沒有大是大非，而本能與文明之間，個人與歷史之間，雖然存在著鄭重而輕微的騷動，其實也並非絕然的對立。自我有一種依賴性，即依賴於前個體的、屬系的群集，這些群集在自我發展中具有關鍵性的作用。佛洛伊德在《有止盡與無止盡的分析》表示：「甚至在自我存在之前，發展的連續線、傾向，與那些後來它將會展現出的反應都已經為它展開了。」[51]原始人類的傳統，始終積澱於現代人自我發展的歷程中，佛洛伊德建構人類的史前史是根據原始部落的弒父而走向文明，如此觀點，雖然歷來備受爭議，卻也明確表示其以古代傳統來解釋自我的先天變化的思索——人類普遍的命運存在於本能內驅力之中，文明人格的成熟自我裡尚存古代傳統，這便是張愛玲在《傳奇》增訂版封面中以現代人的眼光瞻望古代世界所追求的普遍性了。人類由來已久的罪疚感是未遂的攻擊的結果，佛洛伊德表示，「一個人是否殺了他的父親或者避免了這種行動都不是決定性的事實，在這兩種情況下，人們一定都會感覺犯了罪，因為罪疚感是表示矛盾心理的衝突，表示愛欲和破壞本能或死的本能之間的永久鬥爭」[52]。或許讀者可以借用這個觀點，來觀察張愛玲糾結於心的生命衝突與晚年創作《對照記》的關係。

---

[51]　佛洛伊德：《有止盡與無止盡的分析》，約瑟夫・桑德勒（Joseph Sandler）主編，劉心蕾等譯：《論佛洛伊德的《有止盡與無止盡的分析》》（臺北市：五南圖書出版公司，2008 年 4 月），頁 29。

[52]　佛洛伊德：《文明及其缺憾》，車文博主編：《弗洛伊德文集》，冊 8，頁 213。

四 強迫重複的復歸

> 陰間的世界，那個龐大的機構，忙忙碌碌，動個不停，在腳下
> 搏動，像地窖裡的工廠。那麼多人，那麼刺激。……她要一次
> 次投胎。變成另一個人！無窮無盡的一次次投胎。[53]

　　從一九五五年赴美發展之後，張愛玲就開始了如王德威所說的
「重複」（repetition）、「迴旋」（involution）、「衍生」（derivation）[54]
敘事的寫作生涯──一九五七年，她擴大了中篇〈金鎖記〉為英文
長篇《Pink Tears》（《粉淚》），一九六七年又改成《The Rouge of the
North》（《北地胭脂》），後譯成中文版《怨女》；她將一九五〇年發
表的〈十八春〉，發展成長篇小說《半生緣》。改寫之外，她更創作
了自傳小說《小團圓》、英文版的《雷峰塔》與《易經》，最後是圖
文對照的《對照記》，內容時有呼應之前發表的諸多作品。最後四十
年的張愛玲，一再周旋在自己的舊作與記憶之中，尤其是成長經驗中
的家庭挫折，更像是揮之不去的夢魘，盤旋纏繞，似無已時。是何種
本能能量形塑了如此特殊的「復歸」的風貌，確實令人玩味。

　　再回到生命本能與死亡本能的討論，佛洛伊德在《超越快樂原
則》中強調：生命本能與死亡本能的共同性大於差異性，其共同性為
一種固存於有機生命中的迫切性，即要恢復一種早期的狀態，這是

---

[53] 張愛玲著，趙丕慧譯：《雷峰塔》（臺北市：皇冠文化出版公司，2010年9月），頁
120。

[54] 王德威：〈張愛玲再生緣──重複、迴旋與衍生的敘事學〉，劉紹銘、梁秉鈞、許
子東編：《再讀張愛玲》（香港：牛津大學出版社，2002年），頁7。

一種在外部破壞力量的壓制下曾為生命體被迫拋棄的狀態。[55]若是如此，張愛玲的「迫切性」是什麼？想要恢復的早期狀態是什麼？又曾經「被迫拋棄」什麼？欲挖掘張愛玲《小團圓》與《對照記》的意義，佛洛伊德後期的本能學說或許可以提供讀者一條解讀的路徑。

　　佛洛伊德發現，猶太教史以殺害摩西為開端，當中出現了弒父、父親的回歸與贖罪的線索。有鑑於上代人與下代人的衝突、反抗權威與隨之而起的懺悔，佛洛伊德提出了「被壓抑的事物的回歸」（return of the repressed）[56]的假說，表示本能是企圖恢復曾經存在過的一種衝動，一種因外部世界干擾而消失了的衝動，此衝動總是向早期狀態倒退。由亢奮到靜定的循環，就是本能的「強迫性重複」。幼兒時期的本能壓抑，是成人後本能壓抑的起源，超我繼承了伊底帕斯情結，於是想回到母親子宮的衝動瞬間遭到超我機制的管控。成熟個體的行為，可以看作是對童年經驗與反應的一再重複，現實原則由是嚴肅的完成其任務。因此人都具有回復到無機界的傾向，此傾向不以意志來決定，所有有機體的本能都十分保守，想要恢復事物最早的狀態。因此，生命的目的就是循著曲折的道路，掙扎著回復到最原始的狀態。

　　不管是少作或是被譽為「爐火純青」的晚年作品，在張愛玲一生的文學歷程中，童年經驗的挫折一直擔任著要角，甚至可以這麼說，在家庭中成長的創傷，打造了張愛玲一生的文學成就。張愛玲在《對照記》裡即言：「我從來沒脫出那『尷尬的年齡』（the awkward age）。」[57]張愛玲二十歲之前的青春，結束在棄離家庭的憂傷中，那時的「仰臉向著當頭的烈日，我覺得我是赤裸裸的站在天底下了，被裁

---

[55] 佛洛伊德：《超越快樂原則》，車文博主編：《弗洛伊德文集》，冊6，頁29。

[56] 佛洛伊德：《摩西與一神教》，車文博主編：《弗洛伊德文集》，冊8，頁293。

[57] 張愛玲：《對照記》，《對照記——散文集三》，《張愛玲典藏》新版冊13（臺北市：皇冠文化出版公司，2010年4月），頁50。

判著像一切的惶惑的未成年的人，困於過度的自誇與自鄙」[58]，遂成告別青春的宣言。得過且過，從此無家。歲月前行，但心理狀態卻永遠停在尷尬的年齡，對性、對自己的存在、對人際關係、對父母的疏離、對家族血脈的延續，一概尷尬，張愛玲觀察入微卻又進退失據。其自誇，鋪衍成極度的自戀，以別出心裁的衣裝，以丰姿綽約的影像；其自鄙，陷入自卑的泥淖，畏懼與人交通。因此，惶惑與焦慮竟成為一種資產，必須以書寫再書寫，以時間為藥方，才能予以治療。

　　必須經由時間治療的創傷，都是刻骨銘心的痛楚。佛洛伊德表示：愛的喪失和失敗，以自戀的傷疤的形式，給自尊留下了永久的傷害，這種自戀的傷疤，對神經症中如此常見的「自卑感」（the sense of inferiority）產生了無與倫比的作用。[59]文學創作作為一種自戀的傷疤，以一則一則「蒼涼」的故事去重新體驗同一事物，是張愛玲快樂的根源，彷彿〈燼餘錄〉中所說的，有傷口的病人「用溫柔的眼光注視新生的鮮肉，對之彷彿有一種創造性的愛」[60]。這種強迫性重複呈現了一種本能的特徵，使得過去的經驗一再復活，雖然這些過去的經驗從未使一直受到壓抑的本能衝動滿足，但是強迫性重複還是能超越快樂原則，比所超越的快樂原則更原始、更基本、更具有本能，它是自我召喚來提供幫助的。晚年的張愛玲從本能的實踐中召喚出不斷的重複來提供幫助，如果重複的目標如佛洛伊德所說，在於無盡的回復到某種較早期的狀態，回復到初始，力圖通過一切迂迴的道路而又回到出發點，而這個出發點是什麼呢？

　　讀者看見，《小團圓》中除卻邵之雍的部分，全書還有一大半在揭露母親不為人知的性事與描述女兒與母親相處的離齬，愛之且深，

58　張愛玲：〈私語〉，《華麗緣——散文集一》，《張愛玲典藏》新版冊11，頁155。

59　佛洛伊德：《超越快樂原則》，車文博主編：《弗洛伊德文集》，冊6，頁16。

60　張愛玲：〈燼餘錄〉，《華麗緣——散文集一》，《張愛玲典藏》新版冊11，頁72。

恨之入骨。本書「戀物論張愛玲」一章，歸結出這是女兒擁抱母親的方式，一種正視母親身體的匱乏而回歸母親身體的方式。《小團圓》的記憶書寫處處是威脅與罪疚，記憶催動了潛意識深處的愛欲表現，若一切本能的目的都在於恢復，在於回到無生命狀態，那麼《小團圓》的潛台詞，便是回歸母親的子宮，甚至回歸到尚未有生命的狀態——死亡。《小團圓》寫戰爭，寫戰爭的死亡焦慮，不是對彼一特定時間與空間的焦慮，而是可以提高到對人的整體存在狀態的焦慮；《小團圓》寫情欲，寫文明，用情欲用文明以詮釋死亡，通入沒有光的所在，滿足死的本能的同時，竟也夾帶一種自戀的歡愉，那是生命的涅槃。

　　記憶書寫是文明的記號，也是人類高等的心理成就。透過《小團圓》可看出，張愛玲拒絕屈從於時間，而要藉著書寫，反抗秩序，在受時間所控制的世界裡戰勝時間，體現「自我保存」（self-preservation）的本能。因此《小團圓》高度凝聚了自戀、戀物、歇斯底里、夢境、伊底帕斯情結等精神分析元素，總結了張愛玲之前發表的所有作品的精神，包括自己活出來的生命痕跡，以及愛欲本能與死亡本能的總體心理能量，因此可視為張愛玲「強迫重複的復歸」的重要標誌。

　　而更具有「復歸」性質的，是張愛玲生前最後的作品《對照記》。一圖一文，從童稚到衰老，由生到死，這些照片的曝光，隱然實現了一種最古老最原始的願望。其中離人的聲笑、家族血脈的止息、年輕容顏裡的憂傷，何嘗不是一記記美麗而蒼涼的手勢、一道道人類死亡本能的照影。死亡終將到來，面對死亡百般無奈（或欣羨）卻又有話要說時，閱覽照片，悠悠傾訴，於是成為最直捷的方

法。張愛玲說：「悠長得像永生的童年，相當愉快地度日如年。」[61]再次強調了滯留童年經驗的重大影響。張愛玲半生流離飄洋，對於親人不太連絡無需見面，最後竟以「我愛他們」[62]回到了家，回到了那個「沉下去沉下去」一如「古墓」的家，而與相片中人一同作為「被吸收到硃紅洒金的輝煌的背景裡去」的「從前的人的怯怯的眼睛」[63]。回歸寂滅，是生命的本質，是生命內在的本能。《對照記》是一本死亡之書，為張愛玲一九九五年的死亡留下了一個恰如其分的位置，彷彿一個預告。張曉風的〈淡出〉一文即言：「她已完成了自己的『關門書』，它是十八本全集裡的第十八本，看來竟像絕筆。作家一旦出了全集，接下來的大事大約就是『死亡』吧？」[64]

其實生命的目標不就是死亡？《對照記》的一幀幀照片，是活過的證明，同時也是通往死亡的印記，迂迴輾轉、丰姿綽約的為讀者展示了生命的真實圖案。那個曾經在中學畢業紀念冊上寫上「最怕死」的女孩，在橫越人生的萬轉千迴之際，竟也對死亡坦然，拈花微笑了。這正如佛洛伊德對死亡的態度，由恐懼到達觀。瓊斯在《弗洛伊德自傳》導言中指出：「死亡這個問題貫穿了佛洛伊德的一生，他先是沉思死亡的意義，繼而害怕死亡，最後渴望得到死亡的解脫。」[65]

從《傳奇》增訂本封面傳統與現代的奇異並置，到小說人物超我與本我的交鋒；從《小團圓》自傳紀實與虛構小說的相互指涉，

---

61 張愛玲：〈對照記〉，《對照記——散文集三》，《張愛玲典藏》新版冊13，頁79。

62 張愛玲：〈對照記〉，《對照記——散文集三》，《張愛玲典藏》新版冊13，頁47。

63 張愛玲：〈傾城之戀〉，《傾城之戀——短篇小說集一》，《張愛玲典藏》新版冊1，頁184。

64 曉風：〈淡出〉，原刊於《中國時報·人間副刊》，1995年9月12日；收錄於陳子善編：《作別張愛玲》（上海市：文匯出版社，1996年2月），頁50。

65 歐內斯特·瓊斯（Emest Jones,1879～1958）：〈《弗洛伊德自傳》導言〉，佛洛伊德著，王思源譯：《弗洛伊德自傳：人類精神捕手》，頁31。

到《對照記》看與被看的景框密談，張愛玲希望作品像流水一樣的暢銷，自己卻大隱於市拒絕人際交流。蘇偉貞在《長鏡頭下的張愛玲》以書信研究歸結了張愛玲的生命圖像：「多年來，她創造了一個與家無涉卻稱不上是虛擬的收信地址，你以為她在那裡，她並不在，你以為她不在，她又在。」[66]張愛玲「她不在，她又在」的生命景觀，將主體增生了一名他者，這何嘗不是一種自我分裂。也許真要一輩子離家、真要手上沒有時間了，那位當年直呼「來不及了，來不及了」[67]的女孩，於垂暮之年才能明白，失去的天堂才是真正的天堂。張愛玲晚年仰賴記憶，回溯家族的歷史，撫摸前人的面容，這樣的快樂與滿足，是一種不需要去憂慮其是否會消逝的快樂與滿足，因而得到了一種永恆性。只有死亡能否定時間，無時間性才是快樂的終極。回溯往事，重塑記憶，也許不是意識上或衍生或迴旋的寫作策略，只是張愛玲潛意識中解放自我不得不的方法。

王朝彥、魯丹成的《蒼涼的海上花──張愛玲創作心理研究》認為：「張愛玲是很知道佛洛伊德的，她的《傳奇》中有不少隱蔽的佛洛伊德。」[68]本書《佛洛伊德讀張愛玲》的旨歸，即是挖掘張愛玲其人其作中「隱蔽的佛洛伊德」，建立兩人對話的可能性。佛洛伊德提出了一種「人」的精神理論，從嬰兒到成長，從意識到潛意識，從個體到人類，一套獨樹一格的人的理解與文明批判典範。佛洛伊德將其批判性，置放在深層的「生物主義」之上，從而說明了成熟的現代人在文明進化之中，那種種神祕而非正常的倒退，究竟是何種邏輯。

66　蘇偉貞：《長鏡頭下的張愛玲：影像・書信・出版》（新北市：INK印刻文學生活雜誌出版有限公司，2011年8月），頁141。

67　張愛玲：〈《傳奇》再版的話〉，《華麗緣──散文集一》，《張愛玲典藏》新版冊11，頁176。

68　王朝彥、魯丹成：《蒼涼的海上花──張愛玲創作心理研究》（武漢市：中國地質大學出版社，2001年3月），頁282。

佛洛伊德認定，生命本能的能量就是力比多，生物層次決定著性格、心理、行為，秉持「生物構造」概念，將研究重點始終放在「嬰兒期」上，而拒絕客體化的社會對人類後來行為的影響，修正者如新佛洛伊德主義的佛洛姆（Erich Fromm, 1900～1980），認為所謂的人格的無限差異，一部分在於後天獲得的精神品質。此外，佛洛伊德拒絕看見人際適應狀態的重要性，也拒絕將異化的個體視為一個「完整的人格」來分析。張愛玲欲寫下「人」的真實故事，雖然也將基礎放在基本的生死本能之上，以追求一種永恆的普遍性，然而作品中依然訴諸於環境壓迫，強調現實的壓迫。佛洛伊德的思想，以二元對立為基礎，生存本能對立於死亡本能，現代文明對立於人類性欲；然而張愛玲卻是一個「參差對照」的擁護者，在蔥綠配桃紅的意識型態下，對現代文明採取既批判卻又迷戀其中的態度。佛洛伊德的精神分析，對於傳統人性觀點而言，對於人道主義的未來理想而言，對於顛撲不破的現實原則而言，一概具有不容小覷的「反抗」意義；而張愛玲的作品中，同樣可以挖掘出這樣的反抗精神，從細節去顛覆大敘述，從安穩去對抗飛揚，從人的欲望去批判現實。

張愛玲的重複與倒退，其實是一種跨越；書寫過去，實際上是面對現在；虛構的目的，是為了尋求真實。時間是生命的死對頭，時間與壓抑秩序的結盟合作，使讀者在張愛玲作品中每每讀到了末日的焦慮、光榮風華的凋零、生命的垂暮，那是時間無處不在的惘惘的威脅。張愛玲睥睨愛欲，彷彿摸清了生命本能追求不到永恆性的底細。馬爾庫塞在《愛欲與文明——對弗洛伊德思想的哲學探討》中闡述了「愛欲」的特質：「愛欲，在追求永恆時冒犯了一些重大禁忌，因為這些禁忌只允許作為一種暫時的、受控制的狀況的力比多快樂存在，

而不允許把這種快樂作為人類生存的持久源泉。」[69]因此，似乎唯有死亡，才能擁抱一種普遍而安穩的永恆性。死亡彌封了時間，征服了時間，張愛玲在《對照記》最後斜舉著「主席金日成昨猝逝」的報紙頭條新聞，彷彿正昭示著死亡本能的召喚與滿足，並附一詩：「人老了大都／是時間的俘虜，／被圈禁禁足。／它待我還好——／當然隨時可以撕票。／一笑。」[70]一笑，將人帶領到一個無欲的狀態，引起生命的涅槃。生命越是接近滿足，生死本能的鬥爭其實越趨參差越趨平靜，因為張愛玲明白，透過書寫，其所愛所念及其無法釋懷的一切，終將不會被世界遺忘。

　　因此張愛玲又肯定愛欲，愛欲是文化的創造者，文學創作成了張愛玲愛欲的內在趨向的自然實踐，此愛欲實踐一方面來自家庭的罪疚感，一方面作為一種認同集體文明的方式。張愛玲晚年雖然獨居，不太與外界連絡，然而其創作正表明了一種個體進入人群的方式。愛欲在擺脫了壓抑之後，重新得到加強，它同化了死亡本能的目標，而完全容受死亡此一不可改變的終局，默認死亡，屈從死亡，從而產生放棄的心理，欽羨之情遂油然而生。蘇偉貞在張愛玲去世後，曾以「不斷放棄，終於放棄」[71]為張愛玲的生命下了註腳，貼切的點出了張愛玲一生可能為人不解的種種行徑。這位十九歲就確知自己性格「古怪」[72]的女孩，終以循序而透徹的放棄走到了生命的寂滅，也因而擁抱生命之愛，換得了遼闊如海的自由。

69　馬爾庫塞：《愛欲與文明——對弗洛伊德思想的哲學探討》，頁181。
70　張愛玲：《對照記》，《對照記——散文集三》，《張愛玲典藏》新版冊13，頁80。
71　蘇偉貞：〈不斷放棄，終於放棄——張愛玲奇異的自尊心〉，《長鏡頭下的張愛玲：影像・書信・出版》，頁281。
72　張愛玲曾表示：「我是一個古怪的女孩，從小被目為天才，除了發展我的天才外別無生存的目標。」見張愛玲：〈天才夢〉，《華麗緣——散文集一》，《張愛玲典藏》新版冊11，頁8。

參考文獻

　　所列包含主要引述資料與對本書頗具啟發功能之參考資料，共分七類：一、張愛玲著作。二、佛洛伊德著作。三、張愛玲相關專著。四、佛洛伊德相關專著。五、其他專著。六、學位論文。七、期刊論文。

一　張愛玲著作

（一）張愛玲典藏新版

《傾城之戀——短篇小說集一》　張愛玲典藏新版冊1　臺北市　皇冠文化出版公司　2010年6月

《紅玫瑰與白玫瑰——短篇小說集二》　張愛玲典藏新版冊2　臺北市　皇冠文化出版公司　2010年6月

《色，戒——短篇小說集三》　張愛玲典藏新版冊3　臺北市　皇冠文化出版公司　2010年6月

《半生緣》　張愛玲典藏新版冊4　臺北市　皇冠文化出版公司　2010年1月

《秧歌》　張愛玲典藏新版冊5　臺北市　皇冠文化出版公司　2010年8月

《赤地之戀》　張愛玲典藏新版冊6　臺北市　皇冠文化出版公司　2010年8月

《怨女》　張愛玲典藏新版冊7　臺北市　皇冠文化出版公司　2010年

8月

《小團圓》 張愛玲典藏新版冊8 臺北市 皇冠文化出版公司 2009年3月

《雷峰塔》 張愛玲典藏新版冊9 趙丕慧譯 臺北市 皇冠文化出版公司 2010年9月

《易經》 張愛玲典藏新版冊10 趙丕慧譯 臺北市 皇冠文化出版公司 2010年9月

《華麗緣——散文集一》 張愛玲典藏新版冊11 臺北市 皇冠文化出版公司 2010年4月

《惘然記——散文集二》 張愛玲典藏新版冊12 臺北 皇冠文化出版公司 2010年4月

《對照記——散文集三》 張愛玲典藏新版冊13 臺北市 皇冠文化出版公司 2010年4月

《張愛玲譯作選》 張愛玲典藏新版冊17 臺北市 皇冠文化出版公司 2010年2月

（二）其他版本

《張愛玲文集》（1～4卷） 金宏達、于青編 合肥市 安徽文藝出版社 1992年7月

《張愛玲散文全編》 來鳳儀編 杭州市 浙江文藝出版社 1992年7月

《張愛玲散文全集》 吳丹青編 鄭州市 中原農民出版社 1996年12月

《張愛玲私語錄》 張愛玲、宋淇、宋鄺文美著 宋以朗主編 臺北市 皇冠文化出版公司 2010年7月

《一曲難忘》 張愛玲 北京市 北京十月文藝社 2010年11月

《六月新娘》 北京市 北京十月文藝出版社 2010年11月

二　佛洛伊德著作

（一）《弗洛伊德文集》

《癔症研究》　弗洛伊德文集冊1　車文博主編　長春市　長春出版社
　　2006年6月

《釋夢》　弗洛伊德文集冊2　車文博主編　長春市　長春出版社
　　2006年6月

《性學三論與論潛意識》　弗洛伊德文集冊3　車文博主編　長春市
　　長春出版社　2006年6月

《精神分析導論》　弗洛伊德文集冊4　車文博主編　長春市　長春出
　　版社　2006年6月

《精神分析新論》　弗洛伊德文集冊5　車文博主編　長春市　長春出
　　版社　2006年6月

《自我與本我》　弗洛伊德文集冊6　車文博主編　長春市　長春出版
　　社　2006年6月

《達‧芬奇對童年的回憶》　弗洛伊德文集冊7　車文博主編　長春市
　　長春出版社　2006年6月

《圖騰與禁忌》　弗洛伊德文集冊8　車文博主編　長春市　長春出版
　　社　2006年6月

（二）其他版本

《佛洛依德自傳》　游乾桂校閱　臺北市　桂冠圖書公司　1992年

《精神分析引論、精神分析新論》　二冊合訂本　葉頌壽譯　臺北市
　　志文出版社　1997年1月　再版

《性慾三論》　趙蕾、宋景堂譯　北京市　國際文化出版公司　2000
　　年10月

《夢的解析》　陳名之等譯　北京市　國際文化出版公司　2001年2月

《佛洛依德之性愛與文明》　楊韶剛譯　臺北縣　百善書房　2004年4月

《朵拉：歇斯底里案例分析的片斷》　劉慧卿譯　臺北市　心靈工坊文
　　化事業公司　2004年9月

《論女性：女同性戀案例的心理成因及其他》　劉慧卿、楊明敏譯　臺
　　北市　心靈工坊文化事業公司　2004年9月

《達文西對童年的回憶》　劉平、孫慶民等譯　臺北市　胡桃木文化
　　2006年10月

《歇斯底里症研究》　金星明譯　臺北市　胡桃木文化　2007年1月

《弗洛伊德自傳：人類精神捕手》　王思源譯　哈爾濱市　黑龍江教育
　　出版社　2011年9月

三　張愛玲相關專著

于青、金宏達編　《張愛玲研究資料》　福州市　海峽文藝出版社
　　1994年1月

于青編著　《尋找張愛玲》　北京市　中國友誼出版公司　1995年12月

子通、亦清編　《張愛玲評說六十年》　北京市　中國華僑出版社
　　2001年6月

子通、亦清編　《張愛玲文集・補遺》　北京市　中華華僑出版社
　　2002年4月

王一心　《張愛玲與胡蘭成》　哈爾濱市　北方文藝出版社　2001年9月

王一心　《色，戒不了》　北京市　廣播電視出版社　2008年1月

王一心　《他們仨：張愛玲・蘇青・胡蘭成》　上海市　東方出版中心

2008年6月

王一心 《《小團圓》對照記》 上海市 文匯出版社 2009年11月

今冶編著 《張迷世界》 廣州市 花城出版社 2001年9月

止庵、萬燕編著 《張愛玲畫話》 天津市 天津社會科學院出版社 2003年10月

水 晶 《張愛玲的小說藝術》 臺北市 大地出版社 1993年7月

水 晶 《張愛玲未完》 臺北市 大地出版社 1996年12月

水 晶 《替張愛玲補妝》 濟南市 山東畫報出版社 2004年5月

王朝彥、魯丹成 《蒼涼的海上花——張愛玲創作心理研究》 武漢市 中國地質大學出版社 2001年3月

王德威 《落地麥子不死：張愛玲與張派傳人》 濟南市 山東畫報出版社 2004年5月

孔慶茂 《魂歸何處——張愛玲傳》 海口市 海南國際新聞出版中心發行 1996年10月

司馬新著 徐斯、司馬新譯 《張愛玲與賴雅》 臺北市 大地出版社 1996年5月

古蒼梧 《今生此時今世此地——張愛玲、蘇青、胡蘭成的上海》 香港 牛津大學出版社 2002年

朱映曉 《海上繁花：張愛玲與《海上花》》 北京市 九州出版社 2011年2月

任茹文、王艷 《沉香屑裡的舊事——張愛玲傳》 北京市 團結出版社 2001年1月

宋明煒 《浮世的悲哀》 臺北縣 業強出版社 1996年12月

李岩煒 《張愛玲的上海舞臺》 上海市 文匯出版社 2003年9月

余 斌 《張愛玲傳》 臺中市 晨星出版社 1997年3月

李歐梵 《蒼涼與世故：張愛玲的啟示》 香港 牛津大學出版社

2006年

沈雙主編 《零度看張——重構張愛玲》 香港 中文大學出版社
　　2010年1月

金宏達編 《回望張愛玲‧昨夜月色》 北京市 文化藝術出版社
　　2003年1月

金宏達編 《回望張愛玲‧華麗影沉》 北京市 文化藝術出版社
　　2003年1月

金宏達編 《回望張愛玲‧鏡像繽紛》 北京市 文化藝術出版社
　　2003年1月

金宏達 《平視張愛玲》 北京市 文化藝術出版社 2005年6月

周芬伶 《艷異——張愛玲與中國文學》 臺北市 元尊文化企業公司
　　1999年2月

周芬伶 《孔雀藍調——張愛玲評傳》 臺北市 麥田出版 2005年9月

林幸謙 《張愛玲論述——女性主體與去勢模擬書寫》 臺北市 洪葉
　　文化事業公司 2000年1月

林幸謙 《歷史、女性與性別政治——重讀張愛玲》 臺北市 麥田出
　　版 2000年7月

林幸謙編 《張愛玲：文學‧電影‧舞台》 香港 牛津大學出版社
　　2007年

林幸謙編 《張愛玲：傳奇‧性別‧系譜》 臺北市 聯經出版事業公
　　司 2012年6月

唐文標 《張愛玲卷》臺北市 遠景出版事業公司 1982年1月

唐文標 《張愛玲研究》臺北市 聯經出版事業公司 1984年2月

高全之 《張愛玲學》臺北市 麥田出版 2011年7月

淳　子 《在這裡：張愛玲城市地圖》 北京市 人民文學出版社
　　2006年11月

許子東　《張愛玲的文學史意義》　香港　中華書局　2011年10月

陳子善編　《私語張愛玲》　杭州市　浙江文藝出版社　1995年11月

陳子善編　《作別張愛玲》　上海市　文匯出版社　1996年2月

陳子善　《說不盡的張愛玲》　臺北市　遠景出版事業公司　2001年7月

陳子善編　《張愛玲的風氣——1949年前張愛玲評說》　濟南市　山
　　東畫報出版社　2004年5月

陳子善　《記憶張愛玲》　濟南市　山東畫報出版社　2006年3月

陳子善編　《重讀張愛玲》　濟南市　上海書店出版社　2008年12月

陳子善　《研讀張愛玲長短錄》　臺北市　九歌出版社公司　2010年8月

陳子善　《沉香譚屑——張愛玲生平和創作考釋》　香港　牛津大學出
　　版社　2012年

張子靜　《我的姊姊張愛玲》　臺北市　時報文化出版公司　1996年1月

陶方宣　《霓裳・張愛玲》　香港　三聯書店　2009年8月

張　均　《月光下的悲涼：張愛玲傳》　廣州市　花城出版社　2011
　　年11月

清秋子　《愛恨傾城小團圓：張愛玲的私人生活史》　北京市　京華出
　　版社　2009年4月

莊信正　《張愛玲來信箋註》　臺北縣　ＩＮＫ印刻出版公司　2008
　　年3月

陳炳良　《張愛玲短篇小說論集》　臺北縣　遠景出版事業公司　1983
　　年4月

張　健　《張愛玲新論》　臺北市　書泉出版社　1996年1月

陳　暉　《張愛玲與現代主義》　廣州市　新世紀出版社　2004年2月

費　勇　《張愛玲傳奇》　廣州市　廣東人民出版社　1996年10月

費　勇　《美麗又蒼涼的手勢——張愛玲》　臺北縣　雅書堂文化
　　2003年1月

黃修己　《張愛玲名作欣賞》　北京市　中國和平出版社　1996年2月

傅葆石等著　《超前與跨越：胡金銓與張愛玲》　香港　第廿二屆香港
　　國際電影節刊物　1998年3月

瑋清等著　《女生張愛玲》　北京市　世界知識出版社　2004年12月

萬　燕　《海上花開又花落——讀解張愛玲》　南昌市　百花洲文藝出
　　版社　1996年8月

楊澤編　《閱讀張愛玲——張愛玲國際研討會論文集》　臺北市　麥田
　　出版　1999年10月

劉川鄂　《張愛玲傳》　北京市　北京十月文藝出版社　2000年1月

鄧如冰　《人與衣——張愛玲《傳奇》的服飾描寫研究》　桂林市　廣
　　西師範大學出版社　2009年12月

閆　紅　《死生契闊張愛玲——以及她愛過的那些人》　臺北市　聯合
　　文學出版社　2011年1月

劉琅、桂苓編　《女性的張愛玲》　北京市　中國有誼出版社　2005
　　年1月

劉紹銘、梁秉鈞、許子東編　《再讀張愛玲》　香港　牛津大學出版社
　　2002年3月

劉紹銘　《到底是張愛玲》　上海市　上海書店出版社　2007年3月

劉紹銘　《張愛玲的文字世界》　臺北市　九歌出版社公司　2007年8月

蔡登山　《傳奇未完張愛玲》　臺北縣　天下遠見文化事業群　2003
　　年2月

蔡登山　《色戒愛玲》　臺北縣　ＩＮＫ印刻出版社公司　2007年9月

蔡鳳儀編　《華麗與蒼涼——張愛玲紀念文集》　臺北市　皇冠文學出
　　版公司　1996年3月

劉鋒杰　《想像張愛玲：關於張愛玲的閱讀研究》　合肥市　安徽教育
　　出版社　2004年6月

劉鋒杰、薛雯、黃玉蓉 《張愛玲的意象世界》 銀川市 寧夏人民出版社 2006年3月

劉鋒杰解讀 《張愛玲一百句》 上海市 復旦大學出版社 2009年6月

劉鋒杰 《小團圓的前世今生》 合肥市 安徽文藝出版社 2009年9月

鄭樹森編 《張愛玲的世界》 臺北市 允晨文化實業公司 1990年11月

盧正珩 《張愛玲小說的時代感》 臺北市 麥田出版 1994年7月

聯合文學主編 《張愛玲學校》 臺北市 聯合文學出版社公司 2011年9月

魏可風 《張愛玲的廣告世界》 臺北市 聯合文學出版社公司 2002年10月

蕭進編著 《舊聞新知張愛玲》 上海市 華東師範大學出版社 2009年6月

嚴紀華 《看張‧張看——參差對照張愛玲》 臺北市 秀威資訊科技公司 2007年3月

蘇偉貞 《孤島張愛玲：追蹤張愛玲香港時期（1952～1955）小說》 臺北市 三民書局公司 2002年2月

蘇偉貞編 《張愛玲的世界‧續編》 臺北市 允晨文化出版公司 2003年11月

蘇偉貞 《長鏡頭下的張愛玲：影像‧書信‧出版》 臺北縣 INK印刻文學生活雜誌出版公司 2011年8月

四 佛洛伊德相關專著

尹鴻 《徘徊的幽靈——弗洛伊德主義與中國20世紀文學》 昆明市 雲南人民出版社 1995年7月

吳立昌編　《精神分析狂潮——弗洛伊德在中國》　南昌市　江西高校
　　出版社　2009年5月

何仲生、余鳳高編著　《弗洛伊德：文明的代價》　瀋陽市　遼海出版
　　社　1999年4月

吳光遠、徐萬里編著　《弗洛伊德：欲望決定命運》　北京市　新世界
　　出版社　2005年12月

汪　暉　《作為哲學人類學的佛洛伊德理論》　臺北市　遠流出版事業
　　公司　1988年12月

孫乃修　《佛洛伊德與二十世紀中國作家》　臺北縣　業強出版社
　　1999年5月

徐信華　《弗洛伊德傳》　石家庄市　河北人民出版社　1998年1月

高宣揚編　《佛洛伊德傳》　臺北市　自華書店　1986年12月

楊明敏　《克萊恩觀點下的男性特質——以佛洛伊德的個案「鼠人」
　　為例》　臺北市　五南圖書出版公司　2002年12月

楊　照　《頹廢、壓抑與昇華——解析《夢的解析》》　臺北市　左岸
　　文化事業公司　2010年6月

Catherine Meyer（卡特琳・梅耶爾）主編　郭慶嵐、唐志安譯　《弗洛
　　伊德批判：精神分析黑皮書》　濟南市　山東人民出版社　2008
　　年1月

Christfried Tögel（克利斯菲德・圖戈爾）著　劉慧萍、闕旭玲、林雪
　　芳譯　《夢一場→佛洛伊德》　臺北市　商周出版　2006年7月

Edward Timms、Naomi Segal合著　黃偉卓譯　《流放中的佛洛依德：
　　精神分析及其變遷》　臺北市　圖書出版公司　2011年6月

Ethel Spector Person主編　韓誠一等譯　《論佛洛伊德的「一個正挨打
　　的小孩」》　臺北市　五南圖書出版公司　2008年4月

Ethel Spector Person等編　盧志彬、范鈞傑譯　《論佛洛伊德的「移

情 愛的觀察」》 臺北市 五南圖書出版公司 2009年4月

Herbert Marcuse（赫伯特・馬爾庫塞）著 黃勇、薛民譯 《愛欲與文明——對弗洛伊德思想的哲學探討》（Eros and Civilization） 上海市 上海譯文出版社 2005年7月

Joseph Sandler、Ethel Spector Person、Peter Foangy著 《佛洛伊德的「論自戀」：一篇導論」》 臺北市 五南圖書出版公司 2009年4月

Leo Bersani（利奧・博薩尼）著 潘原譯 《弗洛依德式的身體——精神分析與藝術》 上海市 上海三聯書店 2009年4月

Paul-Laurent Assoun（保羅・羅宏・亞舜）著 楊明敏譯 《佛洛伊德與女性》 臺北市 遠流出版社 2002年7月

Peter D. Kramer（彼得・克拉瑪）著 連芯譯 《佛洛伊德：幽微的心靈世界》 臺北市 左岸文化事業公司 2010年5月

Peter Gay（彼得・蓋伊）著 梁永安等譯 《弗洛依德傳》 臺北縣 立緒文化事業公司 2002年10月

五 其他專著

王國芳、郭本禹 《拉岡》 臺北縣 生智文化事業公司 1997年8月

王溢嘉編著 《精神分析與文學》 臺北縣 野鵝出版社 1989年10月

王 寧 《文學與精神分析學》 臺北市 洪葉文化事業公司 2003年5月

方漢文 《後現代主義文化心理：拉康研究》 上海市 三聯書店 2000年11月

王德威 《小說中國：晚清到當代的中文小說》 臺北市 麥田出版 1993年6月

王德威 《跨世紀風華：當代小說20家》 臺北市 麥田出版 2002

年8月

沈志中　《瘖啞與傾聽：精神分析早期歷史研究》　臺北市　行人出版
　　社　2009年6月

孟悅、戴錦華　《浮出歷史地表：中國現代女性文學研究》　臺北市
　　時報文化出版企業公司　1993年9月

徐　揮　《藝術家人格的心理學分析》　武漢市　華中師範大學出版社
　　1999年9月

張小虹　《自戀女人》　臺北市　聯合文學出版社公司　1996年10月

張小虹　《慾望新地圖》　臺北市　聯合文學出版社公司　1996年10月

張小虹　《怪胎家庭羅曼史》　臺北市　時報文化出版企業公司　2000
　　年3月

張小虹　《在百貨公司遇見狼》　臺北市　聯合文學出版社公司　2002
　　年9月

張小虹　《穿衣與不穿衣的城市》　臺北市　聯合文學出版社公司
　　2007年1月

張小虹　《身體褶學》　臺北市　有鹿文化事業有限公司　2009年11月

陳少華　《閹割、篡弒與理想化：論中國現代文學中的父子關係》　廣
　　州市　廣東人民出版社　2005年7月

郭永玉　《孤立無援的現代人——弗洛姆的人本精神分析》　臺北市
　　貓頭鷹出版社　2000年11月

張京媛主編　《中國精神分析學史料》　臺北市　唐山出版社　2007
　　年12月

陸　揚　《精神分析文論》　濟南市　山東教育出版社　1998年12月

張瑞芬　《臺灣當代女性散文史論》　臺北市　麥田出版　2007年4月

張瑞芬　《鳶尾盛開：文學評論與作家印象》　臺北市　聯合文學出版
　　社公司　2009年6月

陳鼓應編 《存在主義》 臺北市 臺灣商務印書館 1992年11月

鄒 謙 《普通心理學》 臺北 鄒謙自印 1958年7月

陳耀成 《最後的中國人》 香港 素葉出版社 1998年8月

趙山奎 《精神分析與西方現代傳記》 北京市 中國社會科學出版社 2010年3月

藍棣之 《現代文學經典：症候式分析》 北京市 人民文學出版社 2006年

嚴家炎 《中國現代小說流派史》 北京市 人民文學出版社 1989年8月

蘇偉貞 《描紅──臺灣張派作家世代論》 臺北市 三民書局公司 2006年9月

（清）蘇馥編 《香閨鞋襪典略》 臺北縣 文海出版社 1974年

Albert Mordell（阿爾伯特‧莫德爾）著 劉文榮譯《文學中的色情動機》（*The Erotic Motive in Literature*）上海市 文匯出版社 2006年2月

Andreas Huyssen（安德里亞斯‧胡伊森）著 王曉玨、宋偉杰譯 《大分裂之後：現代主義、大眾文化與後現代主義》 臺北市 麥田出版 2010年4月

Bärbel Wardetzki（芭貝‧瓦德茲基）著 林敏雅譯《女性自戀》 臺北市 商周出版 2005年4月

Carl Gustav Jung（卡爾‧榮格）著 張舉文、榮文庫譯 《人及其象徵》（*Man And His Symbols*） 瀋陽市 遼寧教育出版社 1988年

Diniel Widlöcher著 李郁芬等譯 《精神分析的新版圖》 臺北市 五南圖書出版公司 2006年1月

Donald Meltzer著 樊雪梅譯 《精神分析歷程》（*The Psycho-Analytical Process*） 臺北市 五南圖書出版公司 2009年8月

Dylan Evans（狄倫・伊凡斯）著　劉紀蕙等譯　《拉岡精神分析辭彙》
　　臺北市　巨流圖書公司　2009年10月

Fritz Riemann（弗里茲・李曼）著　楊夢茹譯　《恐懼的原型：分裂、
　　憂鬱、強迫、歇斯底里人格深度探索》　臺北市　臺灣商務出版
　　社　2003年10月

J. Allen Hobson（霍布森）著　潘震澤譯　《夢的新解析》（*Dreaming:
　　An Introduction to The Science of Sleep*）　臺北市　天下遠見出版
　　公司　2005年10月

Jean Baudrillard（尚・布希亞）著　林志明譯　《物體系》　臺北市
　　時報文化出版企業公司　1997年6年

Julia Segal（荼麗亞・希格爾）著　陳逸群譯　《克萊恩：兒童精神分
　　析之母》　臺北市　生命潛能文化事業公司　2001年5月

Laura Mulvey（勞拉・穆爾維）著　鍾仁譯　《戀物與好奇》　上海市
　　上海人民出版社　2007年2月

Markos Zafiropoulos（馬可・薩非洛普洛斯）著　李郁芬譯　《拉岡與
　　李維史陀：1951～1957回歸佛洛伊德》　臺北市　心靈工坊文化
　　事業公司　2009年5月

Melanie Klein（梅蘭妮・克萊恩）著　林玉華譯　《兒童精神分析》
　　臺北市　心靈工坊文化事業公司　2005年6月

Melanie Klein（梅蘭妮・克萊恩）著　丘羽先譯　《兒童分析的故事》
　　臺北市　心靈工坊文化事業公司　2006年5月

Melanie Klein（梅蘭妮・克萊恩）著　呂煦宗等譯　《愛、罪疚與修
　　復》　臺北市　心靈工坊文化事業公司　2009年12月

Peter Brooks（彼得・布魯克斯）著　朱生堅譯　《身體活：現代敘述
　　中的慾望對象》　北京市　新星出版社　2005年4月

R.D. Laing（賴恩）著　李永久譯　《分裂的自我》　臺北市　國際文

化事業公司　1976年4月

Roland Barthes（羅蘭・巴特）著　敖軍譯　《流行體系——符號學與服飾符碼》　臺北市　桂冠圖書公司　1998年2月

Ronald Britton等著　林玉華編譯　《伊底帕斯情結新解——臨床實例》（*The Oedipus Complex Today: Clinical Implications*）　臺北市　五南圖書出版公司　2003年12月

Stephen A.Mitchell（史蒂芬・米契爾）、Margaret J.Black（瑪格麗特・布萊克）著　白美正譯《超越佛洛伊德：精神分析的歷史》　臺北市　心靈工坊文化事業公司　2011年6月

Thomas Ogden（托馬斯・奧格登）著　張旭譯　《精神分析藝術》（*This Art of Psychoanalysis*）　北京市　北京大學出版社　2008年9月

Tzvetan Todorov（茨維坦・托多羅夫）著　王國卿譯　《象徵理論》（Théories du Symbole）　北京市　商務印書館　2004年5月

今村仁司等著　卞崇道、周秀靜等譯　《馬克思、尼采、弗洛伊德、胡塞爾：現代思想的源流》　石家庄市　河北教育出版社　2001年8月

李歐梵著　毛尖譯　《上海摩登——種新都市文化在中國1930～1945》　香港　牛津大學出版社　2000年

夏志清著　劉紹銘編譯　《中國現代小說史》　臺北市　傳記文學出版社　1991年11月

六　學位論文

朱雯彥　《張愛玲小說人物之變態心理研究》　桃園市　中央大學中國文學系碩士論文　2007年

林姿梅　《張愛玲《傳奇》之精神分析顯影》　臺北市　國立臺北教育
　　　大學語文與創作學系碩士論文　2010年

莊宜文　《張愛玲的文學投影──臺港滬三地張派小說研究》　臺北市
　　　東吳大學中國文學系博士論文　2001年10月

黃瓊慧　《張愛玲及其小說中母親形象研究》　彰化市　彰化師範大學
　　　國文學系碩士論文　2006年

溫毓詩　《張愛玲文本中的人物心理與殖民文化研究》　高雄市　中山
　　　大學中國語文學系碩士論文　2000年

鍾正道　《張愛玲小說的電影閱讀》　臺北市　東吳大學中國文學系博
　　　士論文　2003年6月

七　期刊論文

尹　笛　〈用心演繹作品人物的心路歷程──對張愛玲小說的心理透
　　　析〉《湖北師範學院學報》（哲學社會科學版）　第28卷　2008
　　　年2期

王樂芝　〈從女性心理痼疾看張愛玲小說的現實意義〉《長春大學學
　　　報》　2003年2期

王瑩來　〈自生存的悵惘威脅──從精神分析學看張愛玲小說的心理
　　　刻畫〉《思想戰線》　2003年5期

白海君　〈曹七巧變態行為精神分析學探析〉《遼寧教育行政學院學
　　　報》　2005年7期

成秀萍　〈欲望中的沉浮和掙扎──弗洛伊德精神分析學說在張愛玲
　　　小說創作中的映射〉《江蘇大學學報》（社會科學版）　2004年
　　　4期

李云川　〈淺析《心經》中的戀父情結〉《電影文學》　2007年20期

李　芳　〈本我缺席：析張愛玲《沉香屑　第二爐香》〉《安徽文學（下半月）》　2007年2期

李富華　〈母性精神之塔的坍塌──張愛玲小說中母親形象探析〉《雁北師範學院學報》　1997年6期

李瑞睿　〈寒冷的悲哀──張愛玲作品精神內核淺析〉《平原大學學報》　1999年

余遜濤　〈論張愛玲小說中的佛洛依德學主義〉《東南大學學報》　2003年9期

宋廣文　〈張愛玲創作心理的精神分析學解讀〉《心理世界》　2006年5期

林俊男　〈愛情（無）隱喻：論張愛玲的〈色，戒〉〉《中外文學》　第40卷第2期　2011年6月

武曉蘭　〈論張愛玲小說的人物精神特征及其成因〉《紹興文理學院學報》　2001年4期

侯入元　〈陷在心獄裡的鏡像──論張愛玲《茉莉香片》〉《大眾文藝》　2010年24期

胡小娜　〈墮落的天使──從精神分析學角度看葛薇龍的墮落〉《西昌學院學報》　社會科學版　23卷3期　2011年9月

郎學初　〈試論精神創傷對張愛玲創作的影響〉《齊齊哈爾大學學報》　哲學社會科學版　2003年2期

徐　濤　〈精神分析學對張愛玲小說的影響──以《留情》為例〉《牡丹江大學學報》　17卷8期　2008年8月

秦艷萍　〈弗洛伊德精神分析視角的《紅字》與張愛玲作品比較研究〉《學術論壇》　2011年9月

張玉秀　〈弗洛伊德精神分析理論對張愛玲創作的影響〉《廣西廣播電視大學學報》　2003年1期

常立偉　〈從《雷峰塔》、《易經》看張愛玲的家庭敘述及創作動機〉
　　　《廈門廣播電視大學學報》　第3期　2011年8月

陳　宏　〈時代棄女的精神失落和心理變態──論凌叔華、張愛玲的
　　　閨秀文學〉《福建論壇》　人文社會科學版　1992年6期

曹　旻　〈佛洛德精神分析理論對張愛玲的影響〉《湖南第一師範學
　　　報》　9卷3期　2009年6月

陳亭匀　〈論張愛玲自傳體小說的夢欲象徵〉《雲漢學刊》　23期
　　　2011年8月

張淑賢　〈精神分析與張愛玲的《傳奇》〉《阜陽師範學院學報》　社
　　　會科學版　1989年2期

陳　暉　〈張愛玲小說創作對弗洛伊德學說的詮釋〉《忻州師範學院
　　　學報》　19卷2期　2003年4月

張瑞芬　〈一枝花話・話一枝花──論張愛玲、胡蘭成與朱天文〉
　　　《INK印刻文學生活誌》　11期　2004年7月

黃力黎　〈從拉康的視角解讀張愛玲〉《南方論刊》　2008年5月

黃支東　〈瞬間的永恒──張愛玲和茨威格筆下的潛意識〉《文教資
　　　料》　2006年29期

賀國光　〈曹七巧和她的夢──對金鎖記的一種精神分析學解釋〉
　　　《棗莊學院學報》　26卷6期　2009年12月

賈　茜　〈華麗與蒼涼──張愛玲作品中人物的精神分析〉《安徽文
　　　學（下半月）》　2009年2期

萬　燕　〈論張愛玲對其小說人物的精神俯視〉《文藝理論研究》
　　　1994年5期

楊　曙　〈精神分析學說與張愛玲小說〉《現代語文（文學研究版）》
　　　2006年4期

趙　銳　〈〈金鎖記〉中曹七巧的精神三境〉《文學教育》　2009年08期

劉春香　〈五四文學精神的回響──談張愛玲散文的精神特徵〉《現代語文》　文學研究版　2006年1月

劉　倩　〈從精神分析學看張愛玲小說的心理刻畫〉《黑龍江教育學院學報》　25卷1期　2006年1月

劉　莉　〈一個豐富的精神分析文本──張愛玲散文〈愛〉的寓意解說〉《名作欣賞》　2008年12期

劉婷婷　〈醒著做夢以忘卻生的悲哀──論張愛玲的早期家庭生活及其影響〉《安徽文學（下半月）》　2008年3期

劉　筠　〈從精神分析學看〈金鎖記〉中的曹七巧〉《信陽師範學院學報》　哲學社會科學版　28卷4期　2008年8月

劉　慧　〈張愛玲與精神分析學說〉《鄂州大學學報》　2000年4期

劉繼紅　〈黃金枷鎖下的病態情欲──從弗洛伊德的精神分析理論談曹七巧悲劇成因〉《北方論叢》　2003年2期

錢麗麗　〈力比多消解親情──張愛玲小說中的佛洛德主義分析〉《南昌高專學報》　2007年第5期　總第72期　2007年10月

蕭　瑤　〈對《沉香屑　第一爐香》的精神分析批評〉《安徽文學（下半月）》　2008年5期

韓燕紅　〈弗洛伊德的精神分析學說與張愛玲的期待視野〉《河北工程大學學報》　社會科學版24卷2期　2007年6月

嚴紀華　〈棄兒的家庭傳奇──論張愛玲《茉莉香片》〉《華文文學》　2009年4月

文學研究叢書·現代文學叢刊 0806004

佛洛伊德讀張愛玲

作　　　者	鍾正道	
責任編輯	吳家嘉	
特約校稿	林秋芬	
發 行 人	陳滿銘	
總 經 理	梁錦興	
總 編 輯	陳滿銘	
副總編輯	張晏瑞	
編 輯 所	萬卷樓圖書股份有限公司	
排　　　版	浩瀚電腦排版股份有限公司	
印　　　刷	百通科技股份有限公司	
封面設計	斐類設計工作室	

發　　　行　萬卷樓圖書股份有限公司

　　臺北市羅斯福路二段 41 號 6 樓之 3

　　電話 (02)23216565

　　傳真 (02)23218698

　　電郵 SERVICE@WANJUAN.COM.TW

大陸經銷　廈門外圖臺灣書店有限公司

　　電郵 JKB188@188.COM

香港經銷　香港聯合書刊物流有限公司

　　電話 (852)21502100

　　傳真 (852)23560735

ISBN 978-957-739-770-6

2017 年 8 月初版六刷

2012 年 8 月初版一刷

定價：新臺幣 500 元

如何購買本書：

1. 劃撥購書，請透過以下郵政劃撥帳號：

　　帳號：15624015

　　戶名：萬卷樓圖書股份有限公司

2. 轉帳購書，請透過以下帳戶

　　合作金庫銀行 古亭分行

　　戶名：萬卷樓圖書股份有限公司

　　帳號：0877717092596

3. 網路購書，請透過萬卷樓網站

　　網址 WWW.WANJUAN.COM.TW

大量購書，請直接聯繫我們，將有專人為您服務。客服：(02)23216565 分機 10

如有缺頁、破損或裝訂錯誤，請寄回更換

國家圖書館出版品預行編目資料

佛洛伊德讀張愛玲 / 鍾正道著.

-- 初版. -- 臺北市：萬卷樓, 2012.08

面 ；　公分. -- (文學研究叢書)

ISBN 978-957-739-770-6(平裝)

1.張愛玲 2.傳記 3.精神分析

782.886　　　　　　　　　　101017371